지속 불가능 자본주의

지속 불가능 자본주의

기후 위기 시대의
자본론

사이토 고헤이 지음
김영현 옮김

다다
서재

SDGs는 '현대의 아편'이다!

지구 온난화에 대처하기 위해 당신은 무엇을 하고 있는가? 비닐 봉지를 줄이려고 에코백을 샀는가? 페트병에 담긴 음료를 구입하지 않기 위해 텀블러를 들고 다닐까? 하이브리드 자동차를 구입했을까?

단언한다. 당신의 그런 선의만으로는 무의미할 뿐이다. 오히려 유해하기까지 하다.

왜 그럴까? 온난화 대책으로 스스로 무언가를 한다고 믿는 당신이 진정 필요한 더 대담한 활동을 하지 않게 되기 때문이다. 오늘날 에코백과 텀블러 등을 구입하는 소비 행동은 양심의 가책을 벗게 해주며 현실의 위기에서 눈을 돌리는 것에 대한 면죄부가 되고 있다. 그런 소비 행동은 그린 워시green wash, 즉 자본이 실제로는 환경에 유해한 활동을 하면서도 환경을 위하는 척 소비자를 기만하는 행위에 너무도 간단히 이용되고 만다.

그렇다면 UN이 강조하고 각국 정부와 대기업이 적극적으로 추진하는 'SDGs지속 가능한 발전 목표, Sustainable Development Goals'는 지구 전체의 환경을 바꿀 수 있을까? 그 역시 잘 풀리지는 않을 것이다. 정부와 기업이 SDGs에 맞춘 몇몇 지침을 따른다고 해서 기후 변화가 멈추지는 않는다. SDGs는 알리바이 공작이나 다름없으며 눈앞의 위기를 가려주는 효과 정도밖에 없다.

일찍이 카를 마르크스Karl Marx는 자본주의의 고달픈 현실이 불러일으키는 고뇌를 완화해주는 '종교'를 가리켜 '인민의 아편'이라고 비판했다. SDGs는 그야말로 현대판 '대중의 아편'이라 할 수 있다.

아편으로 도망치지 않고 똑바로 바라봐야 하는 현실은 무엇일까. 우리 인간이 더 이상 돌이킬 수 없을 정도로 지구를 바꿔버리고 있다는 것이다.

인류의 경제 활동이 지구에 끼친 영향은 너무 크다. 1995년 노벨 화학상을 받은 파울 크뤼천Paul J. Crutzen은 지난 2000년 지구가 새로운 지질시대에 접어들었다며 '인신세Anthropocene'*라는 이름을 붙였다. 인간이 활동한 흔적이 지구 표면을 뒤덮은 시대라는 뜻이다.

---

* 'Anthropocene'에서 'anthropo-'는 '인류'를, 지질학적 시대를 지칭하는 '-cene'는 '새로운'을 뜻한다. '인류세'라고 옮기는 경우가 많지만, 아직 역어가 명확히 합의되지는 않았다. 이 책에서는 저자의 의도를 존중해 '인신세(人新世)'라고 옮긴다.

실제로 빌딩, 공장, 도로, 농지, 댐 등이 지구 표면에 가득하며, 바다에는 수많은 미세 플라스틱이 떠다니고 있다. 인공물이 지구에 큰 변화를 일으키고 있는 것이다. 인류의 활동으로 인해 특히 대기 중 이산화탄소가 비약적으로 증가하고 있다.

이산화탄소는 대표적인 온실가스 중 하나다. 온실가스는 지표에서 방사된 열을 흡수하는데, 그 덕에 지구의 대기 온도가 따뜻하게 유지된다. 온실효과 덕분에 지구의 기온이 인류가 살아가기 적당했던 것이다.

그렇지만 산업혁명 이후 인류가 석탄과 석유 등 화석연료를 쓰며 막대한 이산화탄소가 배출되기 시작했다. 산업혁명 이전에는 280ppm이던 대기 중 이산화탄소 농도가 2016년에는 마침내 남극에서까지 400ppm을 넘어서버렸다. 무려 400만 년 전의 수치와 비슷하다고 한다. 이 수치는 지금 이 순간에도 끊임없이 높아지고 있다.

400만 년 전인 '선신세'의 평균 기온은 지금보다 2~3도 높았다. 남극과 그린란드의 빙하는 녹아 있었고, 해수면은 지금보다 적어도 6미터 이상 높았다고 한다. 해수면이 10~20미터나 높았다고 하는 연구 결과도 있다.

'인신세'의 기후 변화는 400만 년 전 선신세와 비슷하게 지구 환경을 변화시킬까? 인류가 쌓아올린 문명이 존속의 위기에 직면한 것만은 틀림없다.

근대화에 의한 경제 성장은 분명 풍요로운 생활을 약속했다. 하지만 '인신세'의 환경 위기로 인해 점점 명확해지는 사실은, 얄궂게도 경제 성장이야말로 인류의 번영을 기반부터 무너뜨리는 주범이라는 것이다.

기후 변화가 급격히 진행되어도 초부유층은 지금까지처럼 방만한 생활을 계속할 수 있을 것이다. 하지만 우리 같은 서민 대부분은 일상 자체를 잃어버리고 살아남을 방법을 필사적으로 찾아 헤매게 될 것이다.

그런 사태를 피하기 위해서는 더 이상 정치가나 전문가에게만 위기 대응을 맡겨서는 안 된다. '남에게 맡기면' 결국 초부유층의 배만 불릴 것이다. 더 좋은 미래를 선택하기 위해서는 시민 개개인이 당사자로서 일어나 목소리를 높이고 행동해야 한다. 다만 그저 무턱대고 소리를 지른들 귀중한 시간을 낭비하게 될 뿐이다. 올바른 방향을 목표하는 게 무엇보다 중요하다.

올바른 방향을 알아내려면 먼저 기후 위기의 원인까지 거슬러 올라가야 한다. 그 원인의 열쇠를 쥐고 있는 것이 바로 자본주의다. 이산화탄소 배출량이 급격히 늘어난 시점이 산업혁명 이후, 즉 자본주의가 본격적으로 시동을 건 이후이기 때문이다.

그 무렵, 자본에 대해 진지하게 고찰한 사상가가 있었다. 그렇다, 바로 카를 마르크스.

이 책에서는 때때로 마르크스의 『자본』을 참조하면서 인신세의 자본과 사회와 자연의 관계에 대해 분석할 것이다. 물론 지금까지 보아왔던 마르크스주의를 재탕할 생각은 없다. 150년 동안 잠들어 있던 마르크스 사상의 완전히 새로운 면을 '발굴'하여 펼쳐 보이겠다.

기후 위기의 시대에 이 책은 더 좋은 사회를 만들어내기 위한 상상력을 촉발해줄 것이다.

차례

기후 변화와
제국적 생활양식

Das Kapital im Anthropozän

노벨 경제학상의 죄

2018년 노벨 경제학상을 받은 예일대학교의 윌리엄 노드하우스 William Nordhaus는 기후 변화의 경제학을 전문 분야로 삼고 있다. 그런 인물이 노벨상을 수상했으니 기후 위기와 직면한 현대 사회에 바람직한 일이라고 여길지도 모르겠다. 하지만 일부 환경운동가들은 노드하우스의 수상을 강하게 비판했다.[1] 왜 그랬을까?

비판하는 이들이 도마 위에 올린 것은 노드하우스가 1991년 발표한 논문이었다. 이 논문은 노드하우스가 노벨상을 받을 수 있게 해준 일련의 연구에 발단이 되었다.[2]

1991년은 냉전이 막 종결된 시기로, 세계화가 진행되어 이산화탄소 배출량이 급격히 증가하기 직전이었다. 당시 노드하우스는 누구보다 먼저 기후 변화 문제를 경제학에 끌어들였다. 그는 경제학자답게 탄소세 도입을 주창했고, 최적의 이산화탄소 삭감률을 정하기 위한 모델을 만들어내려고 했다.

문제는 그가 이끌어낸 최적의 답이었다. 노드하우스는 말했다. 너무 높은 삭감률을 목표로 정하면 경제 성장이 둔화되고 만다, 그러니 중요한 것은 '균형'이다.[3] 그런데 노드하우스가 설정한

'균형'이란 너무나 경제 성장 쪽으로 치우친 것이었다.

노드하우스에 따르면 우리는 기후 변화를 지나치게 걱정하기보다 하던 대로 경제 성장을 계속하는 게 낫다. 경제가 성장하면 세상이 풍요로워지고 새로운 기술도 태어난다. 경제 성장을 계속해야 미래 세대가 고도의 기술을 이용해서 기후 변화에 대처할 수 있다. 경제 성장과 신기술 개발을 계속할 수 있으면 굳이 현재와 같은 수준의 자연환경을 미래 세대에게 남겨줄 필요가 없다. 노드하우스는 이렇게 주장했던 것이다.

그렇지만 노드하우스가 제창한 이산화탄소 삭감률을 준수하면, 지구의 평균 기온은 2100년까지 무려 섭씨 3.5도(이후 섭씨는 생략)나 올라가버린다. 이 말은 경제학이 도출한 최적의 답은 '기후 변화에 실질적으로 아무런 대처도 하지 않는 것'이라는 뜻이다.

참고로 2016년에 발효된 파리협정Paris Agreement의 목표는 2100년의 기온이 산업혁명 이전과 비교해 2도 미만(가능하다면 1.5도 미만) 상승하도록 억제하는 것이다.

오늘날 많은 과학자들은 파리협정의 2도 미만이라는 목표조차 대단히 위험하다고 경고한다. 그런데 노드하우스의 모델은 기온이 무려 3.5도 상승해도 적절하다고 판단한 것이다.

당연하지만 기온이 3.5도 상승하면 아프리카와 아시아의 개발도상국을 중심으로 괴멸에 가까운 피해가 발생한다. 단, 세계 전체의 GDP(국내총생산)에서 개발도상국들이 차지하는 비중은 매우 낮긴 하다. 또한 기온이 3.5도 상승하면 전 세계의 농업이 심각한 타격을 입을 텐데, 농업 역시 세계의 GDP에서 차지하는 비율은 '겨우' 4퍼센트에 불과하다. '겨우 4퍼센트인데 괜찮지 않나? 아프리카와 아시아 사람들이야 피해를 입든 말든.' 이런 발상이 노벨 경제학상을 받은 연구의 이면에 있는 것이다.

노벨상을 받은 만큼, 환경경제학에 미치는 노드하우스의 영향력은 막대하다. 환경경제학이 강조하는 것은 자연의 한계이자 자원의 희소성이다. 희소성과 한계를 고려하여 가장 적절한 분배를 계산하는 것이 경제학의 특기이다. 그래서 환경경제학이 도출해 낸 최적의 답은 자연과 사회에 '윈-윈'인 해결책이라고 여겨지곤 한다.

노드하우스의 해결책은 무척 받아들이기 쉽다. 어떤 경제학자들은 그 해결책을 국제기관 등에서 자신의 존재감을 뽐내기 위한 전략으로 이용하여 효과를 보고 있다. 하지만 그 대가로 거의 아무것도 하지 않는 것이나 다름없는 느슨한 기후 변화 대책이 정당화되고 있다.

노드하우스와 같은 사고방식은 파리협정에도 영향을 미쳤다. 앞서 파리협정은 기온 상승을 2도 미만으로 억누르려 한다고 했다. 그런데 그 목표도 말뿐인 약속에 불과하다는 비판이 있다. 각국이 파리협정을 준수해도 실제로는 기온이 3.3도 상승한다는 것이다.[4] 노드하우스 모델이 도출한 결과와 비슷한 수치다. 세계 각국의 정부들 또한 경제 성장을 최우선하며 환경문제를 나중으로 미루고 있는 셈이다.

SDGs 같은 대책을 미디어에서도 크게 다루는데 왜 세계의 이산화탄소 배출량은 매년 늘어날까? 앞선 설명을 보았으니 더 이상 의아하지 않을 것이다. 문제의 본질은 유야무야된 채 '인신세'의 기후 위기는 점점 심각해지고 있다.

돌이킬 수 없는 지점

이쯤에서 한 가지 분명히 짚고 넘어갈 것이 있다. 기후 위기는 2050년 전후에 서서히 일어나는 일이 아니다. 위기는 이미 시작되었다.

예전 같았으면 '100년에 한 번꼴'이라고 할 만한 이상 기상현상이 매년 세계 각지에서 일어나고 있다. 비가역적인 변화가 급격하게 일어나 더 이상 이전 상태로 돌아갈 수 없는 지점point of no return이 이미 코앞까지 닥쳐왔다.

2020년 6월에는 시베리아의 기온이 38도까지 올랐다. 북극권 사상 최고 기온일 가능성이 있다. 영구동토가 녹으면 메탄가스가 대량으로 방출되어 기후 변화가 더욱 빠르게 진행된다. 영구동토

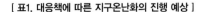

[표1. 대응책에 따른 지구온난화의 진행 예상]

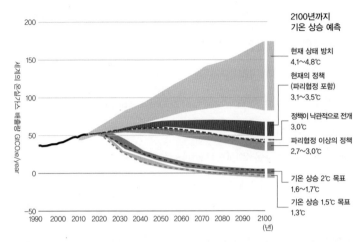

국제적인 민간 연구기관 기후행동추적(Climate Action Tracker)이 2018년 발표한 '2100 온난화 예상(2100 warming projections)'을 기초로 작성.*

에서 수은이 유출되거나 탄저균 같은 세균과 바이러스가 퍼져 나

갈 위험성도 있다. 북극곰 역시 둥지를 잃을 것이다.

　위기는 복합적으로 심각해지고 있다. '시한폭탄'에 정말로 불

이 붙으면 도미노처럼 위기가 연쇄 반응을 일으킬 것이다. 그렇

---

*　기후행동추적이 2020년에 발표한 예상에서는 수치가 조정되었다.
· 현재 상태 방치: 4.1~4.8℃
· 현재의 정책(파리협정 포함): 2.7~3.1℃
· 파리협정 이상의 정책: 2.3~2.6℃
· 탄소중립 정책이 낙관적으로 전개: 2.1℃
· 기온 상승 2℃ 목표: 1.6~1.7℃
· 기온 상승 1.5℃ 목표: 1.3℃

게 되면 인간은 더 이상 감당하지 못한다.

그런 파국을 피하기 위해서 과학자들은 이렇게 요구한다. 2100년의 평균 기온이 산업혁명 전과 비교해 1.5도 미만 상승하도록 억눌러야 한다고 말이다.

이미 산업혁명 전과 비교해 기온이 1도 상승했으니 1.5도 미만으로 억제하려면 지금 당장 행동에 나서야 한다. 구체적으로 이산화탄소 배출량을 2030년까지는 절반 가까이 줄이고, 2050년까지 순배출량(총배출량 - 총흡수량)을 0으로 해야 한다.

지금처럼 이산화탄소를 배출한다면 2030년에는 기온 상승이 1.5도를 넘어서고, 2100년에는 4도 넘게 상승할 것이라고 예측되고 있다.(19면 표1 참조)

지구온난화의 피해 예측

기온이 급격하게 싱승하면 누구도 무사할 수 없다. 기온이 2도 상승하기만 해도 바닷속의 산호가 전멸하며 어업에 큰 피해가 일어난다. 여름의 폭염이 극심해져서 농작물도 막대한 영향을 받는다. 매년 각지에 깊은 흉터를 남기는 태풍 역시 한층 더 거대해질 것이다.

호우 피해도 커질 것이다. 예를 들어, 2018년 서일본의 호우

[표2. 기온이 4℃ 상승했을 때 침수되는 일본의 수도권]

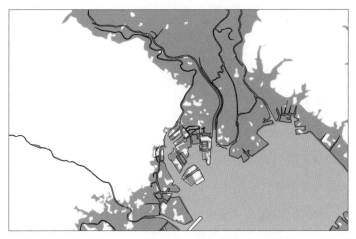

Surging Seas: Sea Level Rise Analysis by CLIMATE CENTRAL(https://sealevel.climatecentral.org)

피해 총액은 1조 2000억 엔에 달했다. 이런 규모의 호우가 이미 매년 쏟아지고 있는데, 그 빈도가 더욱 잦아질 것이다.

남극의 빙하가 녹아서 해수면이 상승하는 것 역시 심각한 위기를 초래한다. 기온이 4도 상승하면 당연히 큰 피해를 입을 텐데, 일본을 예로 들면 도쿄 각지가 만조 시에 침수될 것이라고 예측된다.(표2 참조) 오사카 역시 요도가와강 유역의 넓은 지역이 물에 잠긴다고 한다. 연안을 비롯해 일본 전역에서 1000만 명이 영향을 받으리라 예상되기도 한다.[5]

세계 규모로 예측해보면 억 단위의 사람들이 현재 거주지에서 이주하게 될 것이다. 나아가 인류에게 필요한 식량 공급이 불가

제1장 기후 변화와 제국적 생활양식

능해진다. 경제적 손실이 연간 27조 달러에 이른다는 계산도 있다. 이런 피해가 계속되는 것이다.

대가속 시대

당연하지만 기후 변화에는 각국의 책임이 크다. 일본만 해도 이산화탄소 배출량이 세계 5위다. 이산화탄소 배출량 상위 5개국이 전 세계 이산화탄소 배출에서 차지하는 비중은 60퍼센트에 가깝다.(표3 참조)

기후 변화가 후대에 미칠 영향이 얼마나 클지 고려하면 현대를 살아가는 우리가 무관심하게 있어서는 안 된다. 지금이야말로 '커다란 변화'를 추구하며 나아가야 한다. 그리고 이 책이 최종적으로 말하고 싶은 '커다란 변화'란 자본주의 시스템 그 자체에 도전하는 것이다.

다만 비현실적으로 보이는 요구를 서둘러 외치기에 앞서 일단 기후 변화라는 현상으로 나타나고 있는 환경 위기의 원인을 똑바로 짚고 넘어가야 한다.

그래프를 하나 더 살펴보겠다.(24면 표4 참조) 이 그래프만 보아도 산업혁명 이후 인류의 경제 활동이 지구 시스템에 가해지는 부담을 늘렸다는 사실은 일목요연하다.

[표3. 나라별 이산화탄소 배출 비율(2017년 기준)]

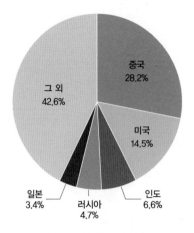

다음 책에 기초해 작성. 日本エネルギー経済研究所計量分析ユニット編, 『EDMC/エネルギー・経済統計要覧 2020年版』 省エネルギーセンター 2020.

　2차 세계대전 이후 경제 활동이 급성장하며 그에 따라 환경 부하가 비약적으로 늘어난 시기를 '대가속 시대great acceleration'라고 부른다. 환경 부하의 가속은 냉전 체제가 무너진 후 더욱 빨라졌다. 이런 시대가 지속 가능할 리 있을까. 역시 '인신세'는 파국으로 치닫는 것 같다.

　왜 이런 상황이 되어버렸을까. 그 이유를 밝히려면 우선 자본주의의 세계화와 환경 위기의 관계를 이해해야 한다. 제1장의 목표가 바로 그것이다.

[표4. 대가속 시대 중 인류 활동과 지구 시스템의 변화]

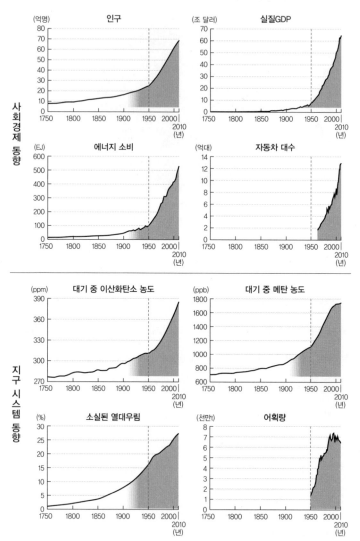

다음 논문에 기초해 작성. Will Steffen et al., "The trajectory of the Anthropocene: The Great Acceleration," *The Anthropocene Review*, vol 2, no.1, 2015.

글로벌 사우스에서 반복되는 인재

'인신세'의 자본주의와 환경 위기가 어떤 관계인지 분석하기 위해 먼저 글로벌 사우스Global South에 주목해보자.

글로벌 사우스란 자본주의의 세계화로 인해 피해를 입고 있는 지역과 그곳의 주민을 통틀어 가리키는 말이다. 사실 글로벌 사우스가 끌어안고 있는 문제들은 예전부터 '남북문제North-South Problem'라고 불려왔다. 다만 신흥국이 대두하고 선진국으로 이민이 증가하면서 '남북' 격차는 점점 지리적 위치와 상관없는 문제가 되고 있다. 그렇기에 이 책에서는 남북문제가 아닌 글로벌 사우스라는 표현을 사용하고자 한다.

자본주의의 역사를 돌이켜보면 선진국의 풍요로운 생활 이면에서는 남북문제를 포함하여 수많은 비극이 벌어졌다. 이른바 자본주의의 모순이 글로벌 사우스에 응축된 것이다.

최근의 주요 사건을 예로 들면, 영국의 에너지 기업 BP사가 일으킨 멕시코만 원유 유출 사고, 다국적 농업 기업들이 난개발을 벌인 아마존 열대우림의 화재, 상선미쓰이가 운항하는 화물선이 모리셔스 앞바다에서 일으킨 중유 유출 사고 등 얼마든지 꼽을 수 있다.

피해 규모 또한 막대하다. 2019년 브라질 브루마지뉴 지역에서 일어난 광산 댐 붕괴 사고로 250명 이상이 사망했다. 이 댐은 세계 3대 자원 기업인 발리Vale사가 소유한 것으로 철광석의 미광(선철 과정에서 생겨나는 폐기물로 물과 광물이 뒤섞인 진흙 같은 물질)을 저장해두는 시설이었다.

발리사는 2015년에도 다른 댐에서 비슷한 사고를 일으켰는데, 또다시 허술한 관리 탓에 붕괴 사고가 일어났고, 수백만 톤에 달하는 폐기물이 근처 마을들을 단숨에 덮쳤다. 미광이 일대로 쏟아져 나온 탓에 하천이 오염되었고 생태계도 심각한 피해를 입었다.

이런 사고들이 단순히 '불운한' 일들일까? 아니, 그렇지 않다. 전문가, 노동자, 일대 주민들이 이미 수차례 사고 위험을 경고했었다. 그럼에도 정부와 기업은 경비 절감을 우선하여 유효한 대책을 세우지 않은 채 방치하기만 했다. 일어나리라 예견되었던 '인재'인 것이다.

멀리 지구 반대편인 멕시코와 브라질에서 벌어진 사건에 우리의 관심이 미치지 않을지도 모른다. 나와 전혀 상관없는 일이라고 치부하는 독자도 분명 있을 것이다. 하지만 이 '인재'에는 우리 '선진국 사람들'도 분명히 가담해왔다.

자동차에 쓰이는 철, 가솔린, 옷을 만드는 섬유, 저녁 식탁의 소고기 등이 모두 그 지구 반대편에서 우리에게 온 것들이다. 글로벌 사우스에서 노동력을 착취하고 천연자원을 수탈하지 않으면 우리의 풍요로운 생활은 불가능하기 때문이다.

희생에 기초한 제국적 생활양식

독일의 사회학자 울리히 브란트Ulrich Brand와 마르쿠스 비센 Markus Wissen은 글로벌 사우스에서 자원과 에너지를 수탈함으로 써 성립되는 선진국의 라이프 스타일을 '제국적 생활양식imperiale Lebensweise'이라고 불렀다.

제국적 생활양식이란 간단히 말해 글로벌 노스Global North의 대량 생산·대량 소비 사회를 가리키는 것이다. 제국적 생활양식은 선진국에서 살아가는 우리에게 풍요로운 생활을 실현해주기 때문에 보통 바람직하고 매력적인 것으로 여겨진다. 하지만 그 이면에는 글로벌 사우스의 사회집단과 지역에서 벌어지는 수탈, 나아가 우리가 누리는 풍요로운 생활의 대가를 글로벌 사우스에 떠넘기는 구조가 존재한다.

문제는 수탈과 대가의 전가 없이는 제국적 생활양식이 유지될 수 없다는 사실이다. 글로벌 사우스에서 살아가는 사람들의 생활 조건이 악화되는 것은 자본주의의 전제 조건이며, 남북 사이의 지배종속 관계는 예외적 사태가 아니라 '평상시 상태'인 것이다.[6]

한 가지 예를 들어보겠다. 우리 생활에 깊숙이 자리 잡은 패스트 패션의 옷을 만드는 이들은 열악한 조건에서 일하는 방글라데시 노동자들이다. 2013년, 5개의 봉제공장이 입주해 있던 방글라데시의 빌딩 '라나 플라자'가 붕괴되어 1000명 이상이 목숨을 잃었다.

방글라데시에서 생산되는 옷들의 원료인 목화를 재배하는 이들은 40도가 넘는 폭염 속에서 작업하는 인도의 가난한 농민들이다.[7] 패션 업계에서 목화 수요가 늘어나며 농장은 유전자 조작을 한 목화를 대규모로 도입하고 있다. 그 결과 농가에서 자가 채취하던 종자가 사라졌고, 농민은 매년 유전자 조작을 한 종자, 화학비료, 제초제를 구입할 수밖에 없게 되었다. 가뭄과 무더위 탓에 흉작이 들면 적지 않은 농민이 빚에 쫓겨 자살하기도 한다.

비극은 제국적 생활양식의 생산과 소비에 기대고 있는 글로벌 사우스 역시 글로벌 자본주의의 구조적 이유 때문에 '평상시 상태'에 의존할 수밖에 없다는 것이다.

앞서 설명했듯 브라질 사람들도 브루마지뉴의 광산 댐이 무너질지 모른다는 걸 알고 있었다. 이미 비슷한 사고가 있었기 때문이다. 하지만 **그럼에도 불구하고** 채굴을 계속할 수밖에 없었던 것이다. 노동자들은 생활을 위해 채굴 현장에서 일하며 그 근처에 거주하기까지 했다.

방글라데시의 라나 플라자에 있던 봉제공장에서도 사고 전날 노동자들이 벽과 기둥에서 이상 징후를 발견했다. 하지만 그들의 목소리는 무시당했다. 인도의 농민들도 제초제가 인체와 자연에 유해하다는 사실을 알고 있다. 알면서도 갈수록 시장이 확대되는 전 세계 패션 업계의 수요를 충족시키기 위해 생산을 계속할 수밖에 없다.

희생이 늘어날수록 대기업의 수익 역시 늘어난다. 이것이 자본의 논리다.

희생을 보이지 않게 하는 외부화 사회

이처럼 신랄한 지적은 전혀 새로운 이야기가 아니다. 지금까지 수많은 이들이 말해왔다. 하지만 우리는 얼마간의 돈을 기부하는 정도로 이런 일을 금세 잊어버리고 만다. 글로벌 사우스에서 벌어지는 일들이 우리 일상에서는 보이지 않기 때문이다.

뮌헨대학교의 사회학자 슈테판 레세니히Stephan Lessenich는 대가를 먼 곳으로 전가하여 보이지 않게 하는 것이 선진국 사회의 '풍요'를 지키기 위해 불가결하다고 지적한 바 있다. 그는 이를 '외부화 사회'라고 부르며 비판했다.

선진국은 글로벌 사우스를 희생시키며 '풍요'를 누리고 있다. 그리고 '오늘뿐 아니라 내일도, 미래에도' 선진국이 이런 특권적 지위를 유지하려 한다고 레세니히는 죄를 묻는다. '외부화 사회'는 끊임없이 외부성을 만들어내며 그곳에 온갖 부담을 떠넘기고 있다. 우리 사회는 그렇게 해야 번영할 수 있었던 것이다.[8]

노동자도 지구 환경도 착취하라

널리 알려진 이매뉴얼 월러스틴Immanuel Wallerstein의 '세계체제론'을 이용하여 선진국의 자본주의와 글로벌 사우스의 희생 사이에 어떤 관계가 있는지 간단히 정리해보겠다.

월러스틴의 견해에 따르면 자본주의는 '중심부'과 '주변부'로 구성된다. 글로벌 사우스라는 주변부에서 저렴한 노동력을 착취하고 그 생산물을 마구 사들임으로써 중심부는 더욱더 큰 이윤을 올려왔다. 월러스틴은 노동력의 '부등가 교환'에 의해 선진국의 '과잉 발전'과 주변부 국가들의 '과소 발전'이 일어나고 있다고 생각했다.

그런데 자본주의의 세계화가 지구 구석구석까지 미치면서 새로운 수탈의 대상이 될 '미개척지'가 소멸해버렸다. 지금껏 작동한 이윤 획득 과정이 한계에 도달한 것이다. 수익률이 저하된 결과, 자본 축적과 경제 성장이 어려워졌고 '자본주의의 종언'이라는 말이 나올 정도가 되었다.⁹

여기에서 지적하고 싶은 것은 더 나아간 이야기다. 월러스틴이 주로 다룬 착취 대상은 인간의 노동력인데, 그래서는 자본주의의 한쪽 면만 살펴본 것이기 때문이다.

또 다른 본질적 측면, 그것은 지구 환경이다. 자본주의가 착취하는 대상은 주변부의 노동력뿐 아니라 지구 환경 전체인 것이다. 선진국은 자원, 에너지, 식량 모두 '부등가 교환'을 하면서 글로벌 사우스에서 앗아가고 있다. 인간을 자본 축적의 도구로 사용하는 자본주의는 자연 역시 약탈할 대상으로 여긴다. 이것은 이 책의 기본적인 주장 중 하나다.[10]

지금 같은 사회 시스템이 무한한 경제 성장을 목표하면 지구 환경은 위기 상황에 빠질 수밖에 없다. 당연한 귀결이다.

외부화되는 환경 부하

월러스틴의 이론을 확장해보면, 중심부는 주변부의 자원을 약탈하는 동시에 경제 발전의 이면에 숨은 대가와 부담 등을 주변부에 떠넘겨왔다고 정리할 수 있다.

우리 식생활에서 숨은 주인공이라 할 수 있는 팜유를 예로 들어보겠다. 팜유는 저렴할 뿐 아니라 쉽사리 산화되지 않기에 가공식품, 과자, 패스트푸드 등에 널리 쓰이고 있다.

이런 팜유의 주생산지는 인도네시아와 말레이시아다. 팜유의 원료인 기름야자의 재배 면적은 21세기 들어 배 이상 넓어졌는데, 열대우림을 난개발하면서 밀림이 급속하게 파괴되고 있다.

팜유 생산이 급증하며 미치는 영향은 열대우림의 생태계 파괴에 그치지 않는다. 대규모 개발은 열대우림의 자연에 의존해 생활하던 사람들에게도 파괴적인 영향을 끼치기 때문이다. 예를 들면, 열대우림을 기름야자 농장으로 개간한 결과 토양침식이 일어났고 비료와 농약 등이 하천으로 흘러들어 물고기가 줄어들었다. 하천의 물고기로 단백질을 섭취하던 이 지역 사람들은 물고기가 줄어든 탓에 전보다 돈이 필요해졌다. 그래서 돈을 목적으로 야생동물, 그중에서도 오랑우탄과 호랑이 등 멸종위기종의 불법 거래에 발을 들이기도 한다.

이처럼 중심부 사람들이 누리는 저렴하고 편리한 생활의 이면에 주변부에서 이뤄지는 노동력 착취만 있는 것은 아니다. 주변부 자원의 약탈과 그에 따른 환경 부하의 전가 역시 빠뜨려서는 안 된다.

바로 그렇기에 환경 위기로 지구상 모든 사람들이 똑같이 피해를 입으며 괴로워한다고는 할 수 없다. 식량, 에너지, 원료의 생산·소비가 연결된 환경 부하는 불평등하게 분배되고 있다.

'외부화 사회'라는 개념으로 선진국을 규탄한 레세니히에 따르면, '어딘가 먼 곳'의 사람과 자연환경에 부담을 전가하고 그 진정한 비용은 떼어먹는 것이야말로 우리가 누리는 풍요로운 생활의 전제 조건이다.

가해자 의식의 부정과 뒤로 미루기의 응보

앞서 설명한 제국적 생활양식은 우리의 일상생활에서 끊임없이 재생산되고 있다. 그러나 그 폭력성은 멀리 떨어진 곳에서 드러나기 때문에 우리 눈에는 보이지 않는다.

환경 위기라는 말을 듣고 많은 이들이 면죄부를 구하듯 에코백을 '구입'할 것이다. 하지만 그 에코백조차 디자인이 바뀌며 차례차례 신제품이 발매되고, 광고에 끌린 사람들은 이미 에코백이 있음에도 새로운 것을 구입해버린다. 그리고 면죄부가 안겨주는 만족감 때문에 에코백이 만들어지는 과정에서 멀리 떨어진 나라의 사람과 자연이 폭력에 노출된다는 사실에는 점점 무관심해진다. 자본의 속임수인 그린 워시는 바로 이렇게 사람들을 구워삶고 있다.

선진국 사람들이 단순히 환경 부하의 '전가'에 대해 '무지'할 것을 강제당하고 있다고 생각해서는 안 된다. 사람들은 자신의 생활을 풍요롭게 해주는 제국적 생활양식을 바람직한 것으로 여기며 점점 적극적으로 내면화하고 있다. 사람들은 스스로 무지한 상태에 있길 욕망하며, 진실과 마주하길 겁내게 되었다. '몰라.'에서 '알고 싶지 않아.'로 변해가는 것이다.

그런데 우리는 이미 은연중에 내 풍요로운 삶이 누군가의 희생 위에 있다는 걸 알고 있지 않을까?

제1장 기후 변화와 제국적 생활양식

오늘날 독일을 대표하는 철학자 중 한 명인 마르쿠스 가브리엘Markus Gabriel이 말했듯, 사람들은 제국적 생활양식의 불공정을 "우리와 상관없는 일이라고, (…) 보지 않으려 하는 것"일 뿐이다. 진실을 견딜 수 없기에 "우리가 그 불공정을 일으키는 원인이라는 걸 알면서도 현재의 질서가 유지되길 내심 바라는 것이다".[11]

이렇게 제국적 생활양식은 한층 단단해졌고, 위기 대응은 나중으로 밀렸다. 우리 한 명 한 명이 불공정에 가담해온 것이다. 하지만 그 응보가 마침내 기후 위기라는 재앙으로 중심부에도 다가오고 있다.

'네덜란드의 오류'—선진국은 친환경적이다?

물론 앞선 지적은 그다지 새로운 것이 아니다. 공해문제와 남북문제로 뜨겁게 토론했던 1970~80년대에 이미 비슷한 논의가 펼쳐진 바 있다.

그 한 가지 예가 '네덜란드의 오류Netherlands Fallacy'다.

네덜란드 같은 선진국의 생활은 지구에 큰 부담을 지우고 있다. 그럼에도 이런 나라들의 대기오염과 수질오염은 비교적 심하지 않다. 반면 개발도상국은 대기오염, 수질오염, 쓰레기 처리 등 수많은 환경문제로 골머리를 앓고 있다. 사람들이 검소한 생활을 하는데도 말이다.

얼핏 보면 모순되는 이런 상황이 어째서 벌어질까? 이러한 의문에 대한 답으로 기술의 진보를 들기도 한다. 경제 성장이 일궈낸 발전된 기술 덕에 공해를 일으키는 오염 물질을 제거하거나 아예 배출하지 않을 수 있게 되었다는 것이다.

그렇지만 환경오염을 줄이면서 경제 성장도 이루었다고 선진국이 자축하는 것이야말로 바로 '오류'다. 선진국의 환경오염이 개선된 것은 단순히 기술 발전에 의한 결과가 아니며, 자원 채굴과 쓰레기 처리 등 경제 발전에 따라오게 마련인 부정적 영향의 적지 않은 부분을 글로벌 사우스라는 외부로 떠넘긴 결과에 지나지 않는다.[12]

국제적인 전가를 무시한 채 선진국이 경제 성장과 기술 발전으로 환경 문제를 해결했다고 믿는 것이 바로 '네덜란드의 오류'다.

외부를 모두 소진한 '인신세'

인류의 경제 활동이 전 지구를 뒤덮은 '인신세'란, 수탈과 전가를 하기 위한 '외부가 모두 소진된 시대'라 해도 지나치지 않다.

그간 자본은 석유, 토양 양분, 희소금속稀少金屬 등 쓸모가 있는 것이라면 죄다 쥐어짜왔다. 이런 '채굴주의extractivism'는 지구에 큰 부담을 지울 수밖에 없다. 자본이 이윤을 추구하기 위해 필요한 '저렴한 노동력'이라는 미개척지가 더 이상 없듯이, 채굴과 전가를 위해 필요한 '저렴한 자연'이라는 외부도 점점 사라지고 있다.

아무리 자본주의가 잘 굴러가는 듯이 보여도, 궁극적으로 지구는 유한하다. 외부화의 여지가 없어지자 채굴주의의 확장이 일으킨 부정적인 결과가 드디어 선진국으로 돌아가고 있다.

이런 흐름에는 자본의 힘으로 극복할 수 없는 한계가 존재한다. 자본은 무한한 가치 증식을 목표하지만 지구는 유한하기 때문이다. 외부를 모두 소진하면 지금껏 해왔던 방식이 통하지 않게 된다. 위기가 시작되는 것이다. 이것이 '인신세의 위기'의 본질이다.

기후 변화 대책의 제한 시간이 임박한 가운데 과연 우리는 무엇을 해야 할까?

냉전 종결 이후 무의미하게 버린 시간

경제학자 케네스 볼딩Kenneth E. Boulding은 일찍이 "유한한 세상에서 지수함수 같은 성장이 영원히 계속되리라 믿는 이는 정신 나간 사람이거나 경제학자, 둘 중 하나다."라고 한 바 있다. 그로부터 반세기 넘게 시간이 흘러 환경 위기가 심각해졌음에도 우리는 여전히 경제 성장만 좇으며 지구를 파괴하고 있다. 경제학자의 사고방식이 우리 일상에 그토록 깊게 뿌리를 내린 것이다. 우리는 "정신 나간 사람"인지도 모른다.

어른과 달리 아이들은 이성을 유지하고 있다. 어른들이 은폐한 기후 변화 대책의 위선을 파헤친 사람은 바로 스웨덴 환경운동가 그레타 툰베리Greta Thunberg다. '학교 파업'으로 유명해진 그레타 툰베리는 고등학생이던 15세 때, 정치가들이 인기를 끌기 위해 '환경친화적이며 영원히 계속되는 경제 성장만 말한다'고 엄중하게 비판했다. 2018년에 열린 COP24(유엔기후변화협약 당사국 총회)에서 있었던 일이다.[13]

그레타 툰베리는 자본주의가 경제 성장을 우선하는 이상 기후 변화는 해결되지 않는다고 주장한다. 그렇게 주장하는 마음이 충분히 이해된다. 실제로 자본주의는 냉전 체제가 무너진 후 세계화와 금융시장의 규제 완화 덕에 생겨난 돈벌이 기회를 좇는 데 정신이 팔려서 기후 변화 대책을 세울 수 있었던 귀중한 30년을 무의미하게 흘려보냈다.

잠시 역사를 돌이켜보자. 1988년, NASA(미국항공우주국)의 연구자였던 제임스 핸슨James Hansen은 "99퍼센트 확률로" 기후 변화가 인위적으로 일어나고 있다고 미국 의회에서 경고했다. 게다가 그해에는 IPCC(기후변화에 관한 정부 간 협의체)가 UNEP(유엔환경계획)와 WMO(세계기상기구)에 의해 설립되었다.

그 무렵에는 기후 변화 대책을 위한 국제협정이 체결될 희망이 있었다. 만약 그때부터 대책을 세우기 시작했다면, 이산화탄소 배출량을 매년 약 3퍼센트씩 천천히 줄이는 방식으로 기후 변화 문제를 충분히 해결할 수 있었을 것이다.

그렇지만 핸슨의 경고는 타이밍이 좋지 않았다. 그 직후에 베를린 장벽이 무너졌으며 나아가 소련이 붕괴하면서 미국형 신자유주의가 전 세계를 뒤덮었기 때문이다. 구舊 공산권의 저렴한 노동력과 시장을 눈독 들인 자본주의는 새로운 미개척지를 향해 진격했다.

경제 활동이 점점 확대되면서 자원의 소비도 한층 가속했다. 인류가 지금껏 사용한 화석연료 중 약 절반이 1989년 냉전 종결 후에 소모되었을 정도다.[14] 그에 따른 이산화탄소 배출량의 증가는 표5를 보면 한눈에 알 것이다.

앞서 노드하우스가 이산화탄소 삭감률 관련하여 너무 안이한 논문을 썼다고 했는데, 바로 이 시기에 발표한 것이다. 그런 식으로 기후 변화 대책을 세울 수 있었던 귀중한 30여 년이 낭비되었고, 결국 오늘날 상황은 눈에 띄게 악화되었다.

그레타 툰베리가 그토록 격렬하게 어른들을 비판한 이유는 눈앞의 이익만 좇느라 귀중한 기회를 날려버린 무책임함에 분노했기 때문이다. 그리고 여전히 경제 성장을 우선하려 하는 정치가

[표5. 지역별 이산화탄소 배출량]

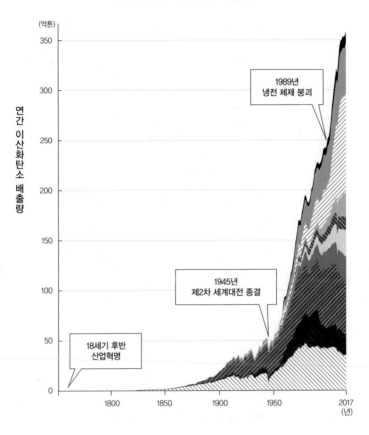

(억톤)

연간 이산화탄소 배출량

350

300

1989년
냉전 체제 붕괴

250

200

150

1945년
제2차 세계대전 종결

100

18세기 후반
산업혁명

50

0

1800   1850   1900   1950   2017
(년)

- EU 회원국
- EU 회원국 외 유럽 국가
- 미국
- 미국 외 아메리카 국가
- 중동
- 아프리카
- 인도
- 중국
- 중국·인도·중동을 제외한 아시아 태평양 국가
- 국제 수송

이산화탄소 정보분석센터(CDIAC)와 글로벌 카본 프로젝트(GCP)의 자료들을 참고하여 작성.

제1장 기후 변화와 제국적 생활양식

와 엘리트의 태도가 툰베리의 불타는 분노에 기름을 부은 것이다. "당신들이 과학에 귀 기울이지 않는 것은 지금까지의 생활을 계속할 수 있는 해결책에만 관심이 있기 때문이다. 그런 해결책은 더 이상 없다. 당신들, 어른들이 행동하지 않고 시간을 버렸기 때문이다."[15]

여기까지 악화된 이상 지금의 시스템으로는 해결책이 나올 수 없으니 "시스템 그 자체를 바꿔야 한다"고 그레타 툰베리는 COP24에서 한 연설을 마무리했다. 전 세계의 젊은이들은 그레타 툰베리를 열광적으로 지지했다.

아이들의 주장에 부응하려면 우리 어른들은 우선 현재 시스템의 본질을 꿰뚫어보고 다음 시스템을 준비해야 한다. 당연하지만, 그레타 툰베리가 대책 없는 시스템이라 한 것은 자본주의를 가리킨다.

마르크스, 환경 위기를 예언하다

자본주의의 역사를 돌이켜보면, 이제 와서 국가와 대기업이 충분한 규모의 기후 변화 대책을 세울 것이라는 예상은 쉬이 들지 않는다. 그간 자본주의가 제공해온 것은 해결책이 아니라 수탈과 부하의 외부화·전가 같은 것뿐이었기 때문이다. 모순을 먼 곳으로 떠넘기고, 문제 해결을 나중으로 미루기만 한 것이다.

사실 이처럼 부하를 전가함으로써 만들어지는 외부성과 그 문제점에 대해서 일찍이 19세기 중반에 분석했던 이가 있다. 바로 카를 마르크스다.

마르크스는 다음과 같이 강조했다. 자본주의는 내부의 모순을 다른 곳으로 전가하여 보이지 않게 한다. 그 전가로 인해 모순이 더욱 심각해지는 참상이 필연적으로 일어난다.

자본이 시도하는 전가는 최종적으로 파탄에 이른다. 이 결과가 자본에 있어 극복할 수 없는 한계가 될 것이라고 마르크스는 생각했던 것이다.

오늘날 자본주의의 한계를 드러내기 위해서 마르크스를 참조하며 전가를 기술적, 공간적, 시간적으로 나누어 정리해보겠다.

기술적 전가—생태계 교란

첫 번째 전가 방법은 환경 위기를 기술 발전으로 뛰어넘겠다는 것이다.

마르크스는 토양의 양분이 고갈되어 피폐해지는 농업의 문제를 다룬 바 있다. 당시 마르크스는 동시대 화학자 유스투스 폰 리비히Justus von Liebig의 '약탈 농업 비판'을 참조했다.

리비히에 따르면 토양의 양분, 그중에서도 칼륨과 인 같은 무기질은 암석이 풍화됨으로써 식물이 이용할 수 있는 형태가 된다. 다만 풍화 속도는 무척 느려서 식물이 이용할 수 있는 상태의 양분은 한정되어 있다. 그렇기 때문에 지력을 유지하기 위해서는 곡물이 흡수한 만큼 무기질을 토양에 반드시 제대로 돌려주어야 한다.

리비히는 이를 '보충의 법칙Gesetz des Ersatzes'이라고 불렀다. 간단히 말해 농업이 지속 가능하려면 토양 양분이 순환해야 한다는 뜻이다.

자본주의가 발전하여 도시와 농촌 사이에 분업이 진행되면서, 농촌에서 수확한 곡물이 도시의 노동자들에게 판매되기 시작했다. 그렇게 되자 도시에서 소비된 곡물에 흡수되었던 양분은 더 이상 원래의 토양으로 돌아가지 못했다. 도시 노동자들이 섭취하고 소화한 다음에는 수세식 화장실을 통해 하천으로 흘러갔기 때문이다.

문제는 자본주의 아래에서 이뤄지는 농업 경영에도 있었다. 단기적인 목표만 바라보는 농장 경영자는 지력을 회복시키기 위해 땅을 묵히기보다 돈벌이를 위해 매년 경작을 하길 원한다. 땅을 기름지게 하는 관개시설에도 최소한만 투자한다. 자본주의에서는 단기적인 이윤이 무엇보다 중요하기 때문이다. 그렇게 토양의 양분 순환에 '균열'이 생겨나고, 토양은 양분을 돌려받지 못한 채

일방적으로 빼앗기며 피폐해진다.

이처럼 단기 이윤을 위해 지속 가능성을 포기하는 불합리한 농업 경영을 리비히는 '약탈농업'이라고 부르며 비판했다. 유럽 문명이 붕괴할 위기라며 경종을 울렸던 것이다.[16]

그렇지만 역사를 보면 리비히가 경고한 대로 토양 피폐에 의한 문명의 위기는 찾아오지 않았다. 왜일까? 20세기 초반에 '하버·보슈법'이라는 암모니아 합성법이 개발되면서 화학비료가 저렴하게 대량 생산되었기 때문이다.

다만 '하버·보슈법'이 개발되었다고 해서 순환의 '균열'이 회복되었다는 말은 아니다. '전가'되었을 뿐이라는 것이 핵심이다.

하버·보슈법으로 암모니아(NH_3)를 제조하려면 대기 중 질소(N)뿐 아니라 화석연료(주로 천연가스)에서 유래한 수소(H)도 필요하다. 전 세계의 농지만큼 비료를 제조하려면 당연히 막대한 화석연료가 쓰일 수밖에 없다.

실제로 오늘날 암모니아 제조에 쓰이는 천연가스는 생산량의 3~5퍼센트나 차지한다.[17] 다시 말해 현대 농업은 토양에 본래 있었던 양분 대신 또 다른 한정된 자원을 낭비하고 있는 것이다. 물론, 암모니아 제조 과정에서도 이산화탄소가 대량 발생한다. 이것이 기술적 전가의 본질적인 모순이다.

게다가 막대한 화학비료를 사용하는 농업이 발전하면서 질소화합물의 유출에 따른 지하수의 질산 오염과 부영양화에 의한 적조 등 여러 문제가 발생했다. 식수와 어업까지 영향을 받는 것이다. 이처럼 기술을 이용한 전가는 한 곳의 토지를 피폐하게 만드는 데 그치지 않고 대규모 환경문제를 일으키기에 이르렀다.

문제는 여기서 끝이 아니다. 대량의 화학비료를 사용함으로써 토양 생태계에도 교란이 일어나고 있다. 흙이 수분을 보존하는 힘인 보수력이 저하되고, 식물과 동물 사이에 전염병이 유행하는 것이다. 그럼에도 여전히 시장에서는 벌레 먹지 않아 깨끗하고 크기가 균일하며 저렴한 채소를 원한다. 그 때문에 현대 농업에서는 갈수록 화학비료, 농약, 항생물질이 불가결해지고 있다. 물론 농업에 쓰인 화학물질은 자연환경으로 흘러들어 생태계에 교란을 일으킨다.

이런 상황임에도 생태계 교란에 원인을 제공한 기업은 자신들의 책임이라는 인과관계를 증명할 수 없다고 버티며 보상하지 않는다. 환경문제는 보상한다고 해도 원래대로 회복되지 않는 경우가 많지만 말이다.

이렇듯 기술적 전가는 환경문제의 해결책이 될 수 없다. 오히려 기술이 남용되면서 모순이 더욱 심각해질 뿐이다.

공간적 전가—외부화와 생태제국주의

부하를 떠넘기는 두 번째 방법은 공간적 전가다. 마르크스는 이에 대해서도 토양의 문제를 중심으로 고찰했다.

아직 하버·보슈법이 개발되지 않았던 마르크스의 시대에 대체비료로 주목받았던 것은 구아노guano였다. 남아메리카 페루의 해안에는 무척 많은 바닷새가 서식했는데, 구아노란 그 바닷새들의 배설물이 퇴적되어 석화한 것이다. 페루에는 구아노가 마치 섬처럼 쌓여 있었다.

구아노는 새의 배설물이 건조된 것이라 식물에 필요한 무기질이 다량 함유되어 있고, 다루기도 무척 쉽다. 실제 현지 주민들은 전통적으로 구아노를 비료로 활용했다고 한다. 비료로서 구아노의 효용을 가장 먼저 깨달은 유럽인은 19세기 초에 남아메리카를 답사했던 알렉산더 폰 훔볼트Alexander von Humboldt다.

구아노는 토양의 피폐를 해결해줄 구세주로 일약 스타가 되었고, 대량의 구아노가 남아메리카에서 미국과 유럽으로 수출되기 시작했다. 구아노 덕분에 영국과 미국의 지력이 유지되었고 도시의 노동자들에게 식량이 공급된 것이다.

그러나 이 이야기에서도 '균열'은 회복되지 않았다. 수많은 노동자들이 동원되어 구아노를 일방적으로 앗아간 것이다. 그 결과는 원주민을 향한 폭력적인 억압, 무자비하게 착취당한 9만여

명의 중국인 쿨리coolie,* 그리고 바닷새의 격감에 따른 구아노의 급속한 고갈이었다.[18] 심지어 고갈되는 자원을 둘러싸고 구아노 전쟁(1864~66년)과 초석硝石 전쟁**(1879~84년)이 발발하기도 했다.

구아노의 사례에서 알 수 있듯이 중심부에만 유리한 방식으로 모순을 해소하려 하는 전가는 '생태제국주의ecological imperialism'로 나타난다. 생태제국주의는 주변부를 약탈하는 데 의존하는 동시에 모순을 주변부로 떠넘기는데, 그런 행위야말로 원주민의 생활과 생태계에 커다란 피해를 입히며 점점 모순을 심각하게 한다.[19]

시간적 전가—"대홍수여, 내가 죽은 뒤에 와라!"

마지막 세 번째 방법은 시간적 전가다. 마르크스는 삼림의 과잉 벌목 문제를 다루었는데, 실은 오늘날 시간적 전가가 가장 뚜렷이 이뤄지고 있는 분야가 기후 변화다.

---

* 육체노동에 종사하는 중국인·인도인 하층 노동자를 일컫는 말. 19세기에 아프리카·인도·아시아의 식민지에서 혹사당했는데, 특히 페루의 구아노 산지에는 중국인 노동자가 많았다.

** 초석은 질산염 광물로 구아노와 더불어 비료와 화약의 주된 원료였다. 남아메리카 서부의 아타카마 사막에는 초석이 풍부했는데, 그 자원을 둘러싸고 볼리비아·페루 동맹군과 칠레가 전쟁을 벌였다.

화석연료의 대량 소비 때문에 기후 변화가 일어난다는 것은 틀림없는 사실이다. 그런데 그 영향이 전부 즉각적으로 나타나지는 않는다. 기후 변화는 종종 수십 년이나 지체된 끝에 나타나기도 하는 것이다. 자본은 그 지체를 이용해서 이미 투입한 채굴기와 파이프라인으로부터 최대한 이익을 얻으려 한다.

자본주의는 현재 있는 주주와 경영자의 의견은 반영하지만, 아직 존재하지 않는 미래 세대의 의견은 무시한다. 그럼으로써 부하를 미래로 전가하여 외부성을 만들어낸다. 현재가 번영하기 위해 미래를 희생시키는 것이다.

자본가가 부하를 전가하는 대가로 미래 세대는 자신들이 배출하지도 않은 이산화탄소 때문에 고통을 겪게 될 것이다. 이러한 자본가의 태도를 마르크스는 "대홍수여, 내가 죽은 뒤에 와라!"라며 비꼬아 말한 바 있다.

이쯤에서 반론하는 사람이 있을지도 모르겠다. 시간적 전가가 반드시 부정적이지는 않다, 오히려 위기에 대처하기 위한 기술 개발에 시간을 벌어주지 않는가, 하고 말이다. 실제로 앞서 소개했던 노드하우스처럼 일부 학자들은 지나친 이산화탄소 삭감으로 경제에 악영향을 미치기보다는 경제 성장을 계속해서 사회를 풍요롭게 하고 기술 개발을 추진하는 게 현명한 판단이라고 주장하기도 한다.

그렇지만 언젠가 신기술이 개발된다고 해도, 그 기술이 사회 전체에 보급되는 데는 다시 긴 시간이 필요하다. 귀중한 시간이 흘러가는 사이, 위기를 더욱 가속·악화시키는 작용(양의 되먹임 positive feedback)이 강해져 환경 위기가 더더욱 심각해질지도 모른다. 그렇게 되면 신기술로도 대응하지 못할 수 있다. 기술이 전부 해결해주리라는 바람이 배신당하는 것이다.

당연한 이야기지만 '양의 되먹임'이 큰 효과를 낼수록 경제 활동에도 막대한 부정적 영향이 미친다. 환경이 악화되는 속도를 신기술이 따라잡지 못하면, 더 이상 인류에게는 손 쓸 방법이 없다. 미래 세대는 환경문제 앞에서 손 놓을 수밖에 없을 것이며, 경제 활동에도 부정적인 영향이 나타날 것이다. 즉, 미래 세대는 어쩔 수 없이 극히 가혹한 환경에서 살아가야 하는 데다 경제적으로도 힘겨운 상황에 놓인다는 말이다.

그야말로 최악의 결과다. 바로 이 때문에 우리는 기술에 의존해 겉으로 드러난 증상만 치료할 게 아니라 근본적인 원인을 찾아내 기후 변화를 멈춰야 한다.

주변부의 2중 부담

지금까지 마르크스를 따라 세 종류의 전가에 대해 살펴봤다. 자본은 지금까지 그랬듯이 앞으로도 온갖 수단을 이용해서 부정적인 결과를 끊임없이 주변부로 떠넘길 것이 틀림없다.

그 결과, 주변부는 2중 부담과 마주하게 된다. 생태제국주의의 약탈에 시달린 다음에는 전가가 미치는 파괴적 영향을 불평등하게 일방적으로 떠맡게 되는 것이다.

예컨대, 남아메리카의 칠레에서는 유럽과 미국 사람들의 '건강한 식생활'을 위해서, 즉 제국적 생활양식을 위해서 수출용 아보카도를 재배해왔다. '숲의 버터'라 불리는 아보카도 재배에는 무척 많은 물이 필요하다. 또한 아보카도가 토양의 양분을 전부 빨아들이기 때문에 한번 아보카도를 기른 땅에서는 다른 작물을 재배하기가 어렵다. 칠레는 아보카도를 위해 자신들의 생활용수와 식량 생산을 희생해온 셈이다.

그런 칠레에 최근 몇 년간 최악의 가뭄이 일어나 심각한 물 부족 사태가 벌어졌다. 이 가뭄 역시 기후 변화의 영향이라고 하는데, 앞서 살펴봤듯이 기후 변화는 전가의 결과다. 게다가 신형 코로나 바이러스의 확산에 따른 팬데믹도 연달아 칠레를 덮쳤다. 그런데 칠레에서는 가뭄 탓에 귀해진 물이 코로나 전염 방지를 위한 손 씻기가 아니라 수출용 아보카도 재배에 쓰인다고 한다. 상수도가 민영화되었기 때문이다.[20]

이처럼 코로나 바이러스 확산에 따른 팬데믹과 유럽과 미국의 소비주의적 생활방식이 일으킨 기후 변화로 인한 피해에 가장 먼저 노출되는 것은 주변부다.

자본주의보다 지구가 먼저 없어진다

앞서 살펴본 대로 위험과 기회는 전 세계에 매우 불평등하게 분배되어 있다. 중심부가 계속 승리하기 위해서는 주변부가 계속 패배해야 하는 것이다.

물론 중심부 역시 자연 조건의 악화가 미치는 영향에서 완전히 자유로울 수는 없다. 그나마 전가 덕에 지금 당장은 자본주의가 붕괴할 만큼 치명적인 상처를 입지 않고 있을 뿐이다. 이를 뒤집어 보면, 선진국 사람들이 커다란 문제와 직면한 순간에는 이미 이 행성의 적지 않은 부분이 생태적으로 돌이킬 수 없는 상태일 것이라는 뜻이 된다. 자본주의가 붕괴하는 것보다 앞서 지구에 인류가 거주할 곳이 사라진다는 말이다.

미국을 대표하는 환경운동가 빌 맥키번Bill McKibben은 자신의 책에 다음과 같이 썼다. "이용 가능한 화석연료가 감소하는 것만이 우리가 직면한 한계가 아니다. 실제로 이는 가장 중요한 문제조차 아니다. 석유가 없어지기 전에 지구가 없어져버리고 말 테니까."[21]

이 문장에서 석유를 자본주의로 바꿔도 무방할 것이다. 지구가 망가지면 인류 전체가 '게임 오버'라는 사실은 두말할 필요도 없다. 지구에 '플랜 B'는 존재하지 않으니까.

드러나기 시작한 위기

단기적이며 표면적인 관점으로는 자본주의사회가 아직까지 호조인 것처럼 보일지 모르겠다. 그렇지만 중국과 브라질 등 그간 외부화의 대상이 되던 나라들까지 급속한 경제 발전을 해내면서 자본주의가 외부화와 전가를 할 여지는 급속도로 사라지고 있다.

모든 나라가 동시에 외부화를 하기란 논리적으로 불가능하다. 그리고 외부를 잃은 '외부화 사회'는 치명상을 입을 수밖에 없다.

실제로 노동력을 저렴하게 제공할 나라들이 없어진 결과, 선진국 내부에서 수익률 저하를 만회하기 위해 노동자 착취가 극심해지고 있다. 그와 동시에 환경적 부담을 글로벌 사우스에 전가하거나 외부화하는 것도 한계에 달하고 있기에 그 모순이 선진국에서도 드러나기 시작했다. 노동 조건이 악화되는 것은 선진국에 거주하는 우리도 매일 실감하지 않는가. 환경 파괴의 응보를 우리가 통감하게 될 날도 머지않았다. 더 이상 남 일이 아닌 것이다.

월러스틴의 주장을 다시 떠올려보자. 문제는 지구가 하나밖에 없으며 모든 것은 연결되어 있다는 사실이다. 외부화와 전가가 어려워지면 최종적으로 그 대가는 우리에게 돌아오게 마련이다. 그동안 바다로 흘려보내며 모른 척했던 플라스틱 쓰레기는 미세플라스틱으로 어패류와 물에 섞여서 우리 생활로 되돌아오고 있다. 이미 우리는 매주 신용카드 한 장만큼 플라스틱을 먹고 있다고 한다. 이산화탄소 역시 기후 변화를 일으키고 있으며, 그 결과 우리는 매년 이상 고온과 초대형 태풍을 경험하고 있다.

유럽으로 눈을 돌리면 시리아 난민이 심각한 사회문제가 되어 우파 포퓰리즘이 대두될 여지를 주었고, 그로 인해 민주주의가 위협을 받고 있다. 그런데 실은 시리아 내전 역시 기후 변화로 인한 결과라고 분석되고 있다. 시리아 일대에 오랫동안 계속된 가뭄으로 흉작이 이어져 사람들이 곤궁해졌고, 그만큼 사회적 분쟁이 일어날 가능성이 커졌다는 것이다.[22]

미국도 마찬가지 상황에 처해 있다. 허리케인이 점점 대형화하는 것은 물론이고, 온두라스의 난민들이 카라반 행렬을 만들어 미국의 국경으로 밀려들고 있다. 온두라스의 난민들 역시 단순히 폭력과 정치적 불안정으로부터 도망친 것이 아니다. 그들은 기후 변화 때문에 농업이 어려워지면서 빈곤이 심각해졌다고 호소하고 있다.[23] 그럼에도 당시 미국의 트럼프 대통령은 밀려드는 환경 난민들을 무자비하게 대하여 그들을 열악한 상태에 구류하고 입국을 절대 허가하지 않았다. 심지어는 멕시코와 미국의 국경에 높다란 장벽을 건설하고 있다.* EU도 비슷하게 밀려드는 난민을 터키에 떠넘기고 있다.

---

* 조 바이든 대통령은 취임 직후 미국-멕시코 국경 장벽 건설을 중지했다.

이런 떠넘기기를 계속할 수는 없을 것이다. 기후 변화와 환경 난민은 지금껏 선진국에서 볼 수 없었던 제국적 생활양식의 모순을 물질적·신체적으로 가시화하며 기존 질서를 전복하려 하고 있다.

커다란 분기의 시대

외부가 모두 소진되면서 위기를 외면하기가 점점 어려워지고 있다. 더 이상 "대홍수여, 내가 죽은 뒤에 와라!" 하고 우아하게 있을 수 없는 것이다. '대홍수'가 우리 '코앞'까지 닥쳐왔기 때문이다.

기후 위기는 인류에게 냉혹한 현실을 들이밀고 있다. 바로 채굴주의와 외부화에 기초한 제국적 생활양식을 근본적으로 재검토해야 한다는 현실 말이다.

그렇지만 전가가 더 이상은 어렵다는 사실이 판명되고 사람들 사이에 위기감과 불안이 싹트자, 배외주의적 운동이 세력을 넓히기 시작했다. 우파 포퓰리즘은 기후 위기를 자신들의 선전에 이용하며 배외적인 국가주의를 선동할 것이다. 그렇게 사회에 분단이 일어나면 민주주의 역시 심각한 위기에 빠지게 된다. 그 결과 권위주의적인 리더가 지배자의 자리에 앉으면 어떻게 될까? '기후 파시즘'이라고 할 만한 통치체제가 들어설지도 모른다. 이 위험성에 대해서는 제3장에서 자세히 다루겠다.

그렇지만 위기의 순간에야말로 기회가 있는 법이다. 기후 위기 때문에 선진국 사람들은 자신들의 행동이 불러일으킨 현실을 직시해야 하는 상황에 놓였다. 외부성이 소진되면서 마침내 자신들까지 피해자가 되고 있기 때문이다. 이 기회를 살리면 지금껏 했던 생활양식을 바로잡아서 더욱 공정한 사회를 만들자고 하는 요구와 행동이 광범위한 지지를 얻을 수도 있다.

월러스틴의 표현을 빌리면, 이것이야말로 자본주의 시스템의 위기가 가져다준 '분기'라고 할 수 있다. 외부의 소진은 기존 시스템이 기능 부전을 일으키는 역사의 갈림길로 우리를 인도한 것이다.

세상을 떠나기 전에 월러스틴은 다음과 같은 문장을 남겼다. "외부화를 '정상 관행'으로 보던 태도는 먼 과거의 기억이 되어버렸다."[24]

외부화가 불가능해지면 지금까지처럼 자본을 축적할 수 없게 되고, 환경 위기 역시 심각해진다. 그 결과 자본주의 시스템의 정당성이 크게 흔들리며 기존 체제에 반대하는 운동도 거세게 일어날 것이다.

그 때문에 외부가 소진된 지금이야말로 역사의 갈림길이라고 월러스틴은 말한 것이다. 자본주의 시스템이 붕괴되어 혼탁한 상태에 빠질 것인가, 아니면 새로운 안정된 사회 시스템으로 갈아

탈 것인가. 자본주의의 종언을 향한 '분기'가 바로 지금 시작되고 있다.[25]

"사회주의냐, 야만이냐." 하는 로자 룩셈부르크Rosa Luxemburg의 경구가 21세기의 커다란 분기에서 다시금 현실성을 띠고 있다. '야만'을 막기 위해서는 과연 어떻게 해야 할까? 분명한 점은 단계적 개량으로는 도저히 제한 시간에 맞출 수 없다는 것이다.

그렇다면 우리는 어떤 대담한 대책을 세울 수 있을까? 다음 장에서는 유럽과 미국에서 '희망'이라고 여겨지는 '그린 뉴딜'에 대해 검토해보겠다.

'기후 케인스주의'의 한계

Das Kapital im Anthropozän

그린 뉴딜은 희망일까

제1장에서는 자본주의가 인간뿐 아니라 자연환경도 약탈하는 시스템임을 살펴봤다. 자본주의는 부하를 외부로 전가함으로써 경제 성장을 계속해왔다. 외부화가 뜻대로 이뤄지는 동안, 선진국에서 살아가는 우리는 환경 위기의 피해를 입지 않으며 풍요로운 생활을 누릴 수 있었다. 그 때문에 우리는 풍요로운 생활의 '진짜 대가'가 무엇인지 그간 진지하게 고민하지 않았다.

다시 말하지만 자본주의 시스템이야말로 환경 위기를 이토록 심각하게 만든 원인이다. 선진국에 사는 우리가 어렴풋이 위화감을 느끼면서도 자본주의의 부하가 보이지 않는 것에 의문을 품지 않고 현실을 외면하다 대처가 늦어진 것이다.

우리가 이러쿵저러쿵하는 사이 '진짜 대가'는 더 이상 무시할 수 없는 것이 되고 있다. 돌이킬 수 없는 선까지 얼마 남지 않은 상황이 되자 드디어 선진국에서도 유례없이 '대담'한 정책이 가능할지 논의되기 시작했다.

그중에서도 가장 큰 기대를 모으고 있는 정책 계획 중 하나가

'그린 뉴딜Green New Deal'이다. 미국에서는 토머스 프리드먼Thomas Friedman과 제러미 리프킨Jeremy Rifkin 같은 지식인들이 그린 뉴딜을 제창하며 그 필요성을 주장하고 있다. 버니 샌더스, 제러미 코빈, 야니스 바루파키스 등 세계적으로 유명한 정치가들도 세부 내용에 결정적인 차이는 있을지언정 그린 뉴딜이라는 간판을 선거 공약으로 내걸었다.

그린 뉴딜은 재생에너지와 전기자동차 등을 보급하기 위해 막대한 자금을 투입하고 공공 투자를 벌인다. 그렇게 고임금에 안정된 일자리를 창출하여 유효수요를 늘림으로써 경기를 자극하는 것을 목표한다. 호경기가 또 다른 투자를 불러일으키면 지속 가능한 녹색 경제로 이행하는 속도가 빨라지리라 기대하는 것이다.

20세기 대공황에서 자본주의를 구원한 뉴딜 정책이 돌아오길 바라는 마음이 '그린 뉴딜'이라는 명칭에서 읽힌다. 위기의 시대에 신자유주의는 더 이상 소용없다, 긴축과 '작은 정부'는 환경 위기에 대응하지 못한다, 앞으로는 새로운 녹색 케인스주의, 즉 '기후 케인스주의'의 시대다, 하는 것이다.

그런데 과연 모든 일이 바라는 대로 돌아갈까? 정말로 그린 뉴딜은 '인신세'의 구세주가 될 수 있을까? 이번 장에서는 그린 뉴딜의 문제점을 검토해보겠다.

'녹색 성장'이라는 사업 기회

그린 뉴딜을 주장하는 사람들 중에서도 '경제 성장'을 크게 기대하는 이가 바로 경제 저널리스트 토머스 프리드먼이다. 그는 자신의 희망을 '그린 혁명green revolution'이라고 부르며 다음처럼 썼다. "그린 혁명을 사업 기회로 바라봐야 하며, 우리에게는 미국을 재생할 수 있는 가장 중요한 기회가 될 것이다."[1]

프리드먼은 소련 붕괴 후 세계화와 정보기술의 발전 덕에 세계가 '평평화flattening'하여 모든 사람들이 연결되고 있다고 오랫동안 주장해왔다. 그런 흐름에 '그린 혁명'이 가세하면 평평해진 세계가 진정 지속 가능한 것이 되리라 프리드먼은 생각했다.

프리드먼의 글에서 알 수 있듯이 기후 케인스주의가 우리에게 주는 것은 '희망'이다. 기후 변화를 호기로 삼으면 지금까지 해온 것 이상의 경제 성장이 이어질 수 있다는 '희망' 말이다. 다르게 표현하면, 기후 케인스주의에 근거한 '녹색 성장'이야말로 자본주의가 '평상시'를 유지하기 위한 '마지막 보루'가 된 것이다.

SDGs─무한한 성장이 가능할까

그 '마지막 보루'가 깃발로 내건 것이 바로 'SDGs'다. UN, 세계은행, IMF(국제통화기금), OECD(경제협력개발기구) 등 국제기관들도 SDGs를 강조하며 '녹색 성장'을 열심히 좇고 있다.

예컨대 영국과 한국을 포함해 7개국이 함께 세운 '경제와 기후에 관한 국제위원회The Global Commission on the Economy and Climate'에서는 『새로운 기후 경제 보고서The New Climate Economy Report』를 발행하고 있다. 그 보고서에서는 "급속한 기술 혁신, 지속 가능한 인프라 투자, 자원 생산성 증대 등의 요소들이 어우러지면 지속 가능한 성장을 추진할 수 있다."라고 정리하며 SDGs를 높게 평가한다. 또한 "우리는 경제 성장의 새로운 시대로 돌입하고 있다."라고 칭송한다.[2] 엘리트들이 모인 국제조직에서 기후 변화 대책을 새로운 경제 성장의 '찬스'로 여긴다는 사실을 분명히 알 수 있다.

실제로 프리드먼과 리프킨이 제창한 기후 케인스주의는 경제 성장을 한층 가속할 것이다. 태양광 패널 설치뿐 아니라 전기자동차와 급속충전기 보급, 나아가 바이오 에너지* 개발까지 경제의 대전환이 이뤄져야 할 텐데, 그러기 위해서는 막대한 투자와 일자리 창출이 필요하기 때문이다. 기후 위기의 시대에 접어들었으니 기존 사회 인프라를 통째로 바꾸는 대규모 투자가 필요하다

---

* 식물, 동물, 미생물의 유기물 등을 연료 삼아 얻는 에너지. 나무를 직접 태우거나 동물의 배설물을 발효시키거나 농작물에서 액체 연료를 제조하는 등의 방법으로 에너지를 만들어낸다.

는 주장 역시 당연하다.

그렇지만 여전히 의문은 남는다. 기후 케인스주의가 말하는 새로운 성장과 지구의 한계가 양립할 수 있을까? '녹색'이라는 말로 치장했지만, 탐욕스럽게 끝없이 성장을 추구하다 보면 결국은 지구의 한계를 넘어버리지 않을까?

지구 한계

그렇다면 어떻게 해야 할까? 경제 성장을 목표하되 지속 가능한 경제로 대전환을 하는 과정에서 생겨나는 추가적인 환경 부하가 돌이킬 수 없는 선을 넘지 않도록 그 한계를 정해둘 필요가 있다. 환경학자 요한 록스트룀Johan Rockström이 그렇게 생각했다. 그의 연구팀은 2009년 '지구 한계planetary boundaries'라는 개념을 내놓았다.

먼저 지구 한계가 무엇인지 간단히 설명하겠다.

지구 시스템에는 자연의 타고난 복원력resilience이 있다. 하지만 일정 이상 부하가 가해지면 복원력이 사라져서 극지의 빙하가 녹거나 야생동물이 대량 멸종되는 등 급격하고 돌이킬 수 없는 파괴적인 변화가 벌어질 수 있다. 이런 변화가 일어나는 시점을 임계점tipping point이라 한다. 물론 임계점을 넘어서는 것은 인류에게 매우 위험한 일이다.

록스트룀은 아홉 개 영역에 걸쳐 임계점을 계산하고 파악함으로써 인류가 안정적으로 생존할 수 있는 한계를 정해두려 했다. (참고로 아홉 개 영역이란 기후 변화, 생물 다양성의 손실, 질소와 인의 순환, 토지 이용의 변화, 해양 산성화, 담수 소비량 증가, 오존층 파괴, 대기 중 에어로졸 부하, 화학물질에 의한 오염이다.)

지구 한계란 이런 배경에서 만들어졌다. 록스트룀은 한계를 넘지 않는 '안전한 인류의 활동 범위'를 확정하려 했던 것이다.

당연하게도 지구 한계는 SDGs에도 큰 영향을 미쳤다. 지구 한계가 기술 혁신과 효율화를 진행하기 위한 목표치가 된 것이다.

성장하면서 이산화탄소 배출량을 줄일 수 있을까

눈길을 끄는 사실이 있는데, 록스트룀의 측정에 따르면 기후 변화와 생물 다양성 손실 등 네 개 영역에서는 이미 인류의 경제 활동 때문에 지구 한계를 넘어섰다고 한다.[3]

이 사실은 '인신세'의 현황을 잘 보여준다. 인류가 자연을 지배하려 한 결과, 지구 환경이 돌이킬 수 없을 만큼 크게 변해버린 것이다. 그리고 이제 인류는 어찌할 도리가 없는 위기 상황으로 돌입하려 하고 있다. 이런 와중에 '기후 케인스주의'가 주장하는

'녹색 성장'을 추구해도 정말로 괜찮을까?

이쯤에서 록스트룀이 2019년 공개한 논문에 주목해보려 한다. 지구 한계를 제창하고 10년이 지나 록스트룀이 발표한 논문의 제목은 "녹색 성장이라는 현실도피".[4] 강렬하기 이를 데 없다.

그때까지 록스트룀은 다른 많은 연구자들처럼 지구의 한계를 넘지 않는 '녹색 성장'을 실현해내면 기온 상승을 1.5도 미만으로 억누를 수 있다고 상정하면서 연구를 해왔다. 그렇지만 마침내 기존의 입장을 버리고 자기비판을 했다. 다시 말해 '경제 성장' 또는 '기온 상승 1.5도 미만 억제' 중 하나밖에 선택할 수 없음을 공개적으로 인정한 것이다. 조금 전문적인 용어를 사용하면, 경제 성장과 환경 부하의 '디커플링decoupling'이 현실에서는 극히 어렵다고 록스트룀은 판단했다.

디커플링이란 무엇인가

디커플링이란 '떼어냄', '분리' 등을 뜻한다. 일상생활에서는 들을 기회가 적지만, 경제와 환경 분야에서는 널리 쓰이는 개념이다.

지금 이 책에서 다루는 내용만 설명하겠다. 보통 '경제 성장'에 따라 '환경 부하'는 증가하게 마련이다. 그동안 연동해서 증대되었던 두 현상을 새로운 기술을 이용해 서로 떼어내는 것이 바로 디커플링이다. 즉, 경제가 성장해도 환경 부하가 커지지 않는 방법을 찾는 것이다. 기후 변화와 관련한 디커플링이란, 신기술을 개발하여 경제 성장과 이산화탄소 배출량 삭감을 동시에 실현하는 것이다.

개발도상국을 예로 들겠다. 발전소와 전력망 등 인프라를 정비하고 주택과 자동차 등을 소비하는 것은 개발도상국의 경제 성장을 촉진하는데, 동시에 대량의 이산화탄소를 배출하기도 한다. 만약 개발도상국이 선진국의 지원을 받아 효율적인 새로운 기술을 도입한다면, 낡은 기술인 채로 인프라 정비와 소비가 이뤄질 때보다는 이산화탄소 배출량이 '완만하게' 상승할 것이다.

이처럼 효율화를 해내어 경제 성장률과 비교해 이산화탄소 배출량의 증가율을 상대적으로 저하시키는 것을 '상대적 디커플링'이라고 한다.

이산화탄소의 절대적인 양을 줄여야 하는 이유

사실 '상대적 디커플링'은 기후 변화 대책으로 적절하지 않다. 배출되는 이산화탄소의 절대적인 양을 줄이지 않으면 기온 상승을 멈출 수 없기 때문이다. 그래서 '절대적 디커플링'은 절대적인 이산화탄소 배출량을 줄이면서 경제 성장도 목표한다.

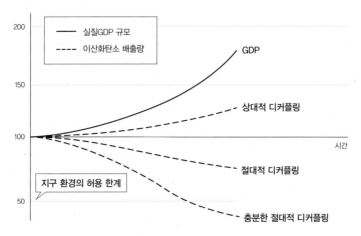

[표6. 실질GDP와 이산화탄소 배출량의 디커플링]

다음 책을 참고하여 작성했다. 케이트 레이워스 지음, 홍기빈 옮김, 『도넛 경제학』 학고재 2018.

　표6은 특정 시점에서의 실질GDP와 이산화탄소 배출량을 100으로 두고 시간에 따른 추이를 표현한 것이다. '상대적 디커플링'과 '절대적 디커플링'을 비교해보면 줄여야 하는 이산화탄소 배출량이 크게 차이 나는 것이 눈에 띈다.

　'절대적 디커플링'의 사례 중 하나는 이산화탄소를 배출하지 않는 전기자동차를 보급하는 것이다. 가솔린 자동차를 줄여서 이산화탄소 배출량을 삭감하는 동시에 전기자동차를 생산·판매함으로써 경제도 성장시키는 것이다.

　또 다른 예를 들면, 비행기를 타고 출장 가는 대신 온라인으로 화상회의를 하는 것도 '절대적 디커플링'에 공헌한다. 석탄화력

발전에서 태양광발전으로 전환하는 것도 마찬가지다. 경제가 성장하고, 동시에 이산화탄소 배출량은 줄어든다. 다시 말해 '경제 성장 → 배출량 증가'라는 상관관계가 끊어지고 서로 멀어지는 것이다. 이런 대책들을 계속해서 세우고 실행하면, 경제 성장을 유지하면서 절대적인 이산화탄소 배출량을 줄일 수 있을지도 모른다.

이처럼 프리드먼 등이 제창한 그린 뉴딜은 GDP를 지금까지 해왔듯 성장시키는 동시에 기온 상승 1.5도 미만 억제라는 목표를 달성하기 위해 이산화탄소의 순배출량을 0으로 만들려고 한다. 목표 달성을 위해 고도의 기술 혁신이 필요한 것은 두말할 필요도 없다. 그린 뉴딜은 '절대적 디커플링'이라는 목표를 향한 세기의 프로젝트인 것이다.

경제 성장의 함정

앞으로 기술 혁신이 얼마나 가능할까. 재생에너지와 정보기술은 꽤 빠르게 발전할 듯하다. 그 때문에 '절대적 디커플링은 비교적 간단'하다고 낙관하는 환경경제학자가 적지 않다.[5]

그런데 정말로 '절대적 디커플링'을 실현할 수 있을까?

이 질문에 대한 답은 '탈탄소 사회'의 실현을 '언제'로 목표하느냐에 따라 크게 달라진다. 가령 지금부터 100년 뒤에 탄소 배출량을 0으로 줄이겠다는 목표는 충분히 실현할 수 있다.

그렇지만 100년 뒤는 늦어도 너무 늦다. 과학자들의 경고를 다시 떠올려보기 바란다. 2030년까지 이산화탄소 배출량을 반감하고, 2050년까지는 0으로 줄여야 한다. 즉, 앞으로 10년에서 20년 사이에 기후 변화를 멈출 만큼 '충분한 절대적 디커플링'이 가능한지가 관건인 셈이다.

록스트룀조차도 디커플링에 의한 녹색 성장은 '현실도피'라고 인정했다. 기온 상승 1.5도 미만 억제라는 목표를 달성하기 위한 '충분한 절대적 디커플링'은 불가능한 것이다.

왜 불가능할까? 디커플링에는 단순하고 강고한 딜레마가 따라붙기 때문이다. 경제 성장이 순조로울수록 경제 활동의 규모는 커지게 마련이다. 그러다 보면 자원 소비량이 늘어나고 이산화탄소 배출량을 줄이기 어려워진다. 경제 성장과 이산화탄소 삭감 중 무엇도 선택하기 힘든 딜레마와 마주하게 되는 것이다.

요약하면, 녹색 성장이 잘 풀리는 만큼 이산화탄소 배출량이 증가한다는 말이다. 그렇게 되면 우리는 더욱 극적인 효율화를 목표해야 할 것이다. 바로 이것이 '경제 성장의 함정'이다. 우리가 이 함정에서 빠져나갈 수 있을까?

결론부터 말하면 아쉽게도 우리가 함정에서 빠져나갈 것이라고 예상하기는 어렵다. 2~3퍼센트 수준의 GDP 성장을 유지하면서 1.5도 목표를 달성하려면 당장이라도 이산화탄소 배출량을 매년 약 10퍼센트씩 줄여야 한다. 하지만 지금처럼 시장에 맡긴 채로는 연 10퍼센트씩 급속하게 이산화탄소 배출량을 삭감하기란 불가능하다.

생산성의 함정

'경제 성장의 함정'을 진지하게 고찰한 록스트룀이 앞서 언급한 논문에서 내린 결론은, 경제 성장을 포기하자는 것이었다. 이유는 단순하다. 성장을 포기하고 경제 규모를 축소하면 그만큼 이산화탄소 삭감 목표를 달성하기 쉬워지기 때문이다.

록스트룀의 결론은 지구 환경의 파괴를 막아서 인류가 번영할 조건을 보전하기 위한 일종의 결단이라 할 수 있다. 그리고 자본주의가 결코 받아들이지 않을 결단이기도 하다. 왜냐하면 자본주의에는 또 다른 함정, '생산성의 함정'이 있기 때문이다.[6]

자본주의는 경비 절감을 위해 노동 생산성을 향상시키려 한다. 노동 생산성이 올라가면 더욱 적은 인원으로도 같은 양을 생산할 수 있기 때문이다. 여기서 문제는 경제 규모가 커지지 않으면 노동 생산성이 올라가는 만큼 실업자가 생겨난다는 것이다. 자본주의사회에서 실업자는 생활할 방법이 없고 정치가도 높은 실업률을 싫어한다. 결국 채용을 유지하기 위해 끊임없이 경제 규모가 커지도록 강한 압력이 가해진다.

이처럼 자본주의사회에서는 생산성을 향상시키는 만큼 경제 규모 역시 키울 수밖에 없다. 이것이 '생산성의 함정'이다.

자본주의는 '생산성의 함정'에서 빠져나가지 못하며, 경제 성장 또한 포기하지 못한다. 그래서 경제 성장을 유지하면 기후 변화 대책을 실행해도 자원 소비량이 늘어나는 '경제 성장의 함정'에 빠져버린다.

이런 함정들 앞에서 과학자들도 자본주의의 한계를 깨닫기 시작했다.

디커플링은 환상이다

'성장 따위 그만둬.' 하는 록스트룀의 결론은 아직 독자 여러분께 난폭한 주장으로 들릴 것이다. 기후 케인스주의가 상식적으로 타당하게 들릴 것이고, 경제 성장을 그만두면 안 된다는 생각이 강하게 들 것이다. 게다가 자연과학자는 경제에 정통하지 않을 듯하고 말이다.

그래서 좀더 자세히 디커플링의 어려움에 관한 실증연구를 소개하겠다. 영국의 유명한 환경경제학자 팀 잭슨Tim Jackson이 쓴

베스트셀러 『성장 없는 번영』이다.

잭슨은 에너지 소비의 효율화가 선진국의 산업 부문을 중심으로 이뤄지고 있다고 말한다. 미국과 영국에서는 1980년과 비교했을 때 40퍼센트나 개선되었다는 것이다. 영미뿐 아니라 OECD 회원국을 중심으로 실질GDP 대비 에너지 소비율이 큰 폭으로 낮아졌는데, 선진국에서는 '상대적 디커플링'이 분명히 진행되었다는 것을 뜻한다.

그렇지만 선진국의 경향과 정반대로 브라질과 중동에서는 실질GDP 대비 에너지 소비율이 급속하게 나빠지고 있다. 눈앞의 경제 성장을 우선하여 구식 기술인 채로 막대한 투자가 이뤄지는 탓에 '상대적 디커플링'조차도 되지 않는 상황인 것이다.

에너지 소비의 효율이 나빠지면 당연히 실질GDP 대비 이산화탄소 배출량의 비율도 개선되지 않는다. 경제 성장의 중심이 중국과 브라질로 옮겨 갔기 때문에 세계 규모로 따져보면 2004년부터 2015년 사이에 실질GDP 대비 이산화탄소 배출량의 비율은 해마다 불과 0.2퍼센트 낮아지는 데 그쳤다.[7](표7 참조)

요약하면, 전 세계 규모에서는 이산화탄소 배출과 경제 성장의 '상대적 디커플링'조차 최근 몇 년 동안 거의 이뤄지지 않았다는 말이다. 이런 상황에서 2050년까지 이산화탄소 배출량 0을 달성해야 하는 '절대적 디커플링'은 언감생심 꿈도 꾸지 못할 일이다.

몇몇 선진국에서는 리먼 브라더스 사태 이후 오랫동안 이어진

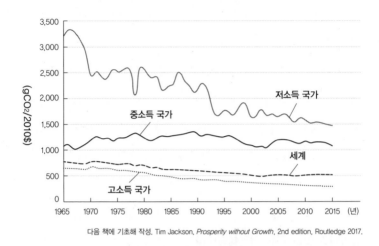

[표7. 실질GDP(2010년 미국 달러 고정가 기준)당 이산화탄소 배출량(1965~2015)]

다음 책에 기초해 작성. Tim Jackson, *Prosperity without Growth*, 2nd edition, Routledge 2017.

경기 침체 때문에 이산화탄소 배출량이 감소하고 있긴 하다. 이를테면 영국은 2000년부터 2013년 사이에 GDP가 27퍼센트 증가했는데, 이산화탄소 배출량은 9퍼센트 감소했다. 독일과 덴마크에서도 절대적 디커플링이 일어나고 있다.

그렇지만 전 세계적으로 따져보면 신흥국의 현저한 경제 성장 때문에 이산화탄소 배출량이 계속 늘어나고 있다. 그렇다, 현실에서는 '절대적 디커플링' 덕에 이산화탄소 배출량이 줄어들기는커녕 단순하게 계속 늘어난 것이다. 이 데이터는 이미 앞서 살펴보았다.(39면 표5 참조) 결국, 세계의 이산화탄소 배출량은 매년 약 2.6퍼센트씩 증가하고 있다. 선진국 중에서도 미국의 배출량은 연율 1.6%씩 증가하고 있다.[8] 기온 상승을 2도 미만으로 억누르겠다는 목표를 달성하기 위한 '충분한 절대적 디커플링'은 현실에서는 가망 없어 보인다.

팀 잭슨은 디커플링론이 '신화'에 불과하며 '전혀 설득력이 없다'고 결론을 내리면서 녹색 성장 지지자들을 비판한다. 자본주의 아래에서 진행되는 기술 혁신이 기후 변화를 멈춰줄 것이라는 '단순한 상정想定'은 '환상'일 뿐이라고 단언하는 것이다.[9]

일어나고 있는 것은 리커플링이다

팀 잭슨이 제시한 데이터를 보고 신흥국의 급속한 경제 성장 때문에 세계적으로 이산화탄소 배출량이 증가했으니 신흥국이 책임져야 한다고 생각할지도 모르겠다.

그런 생각은 제1장에서 언급했던 '네덜란드의 오류'를 되풀이하는 것이다.(34면 참조) 선진국에서 이산화탄소 배출량이 감소했다는 사실에만 주목하는 건 잘못된 길로 들어서는 셈이다. 왜냐하면 중국, 브라질, 인도 등에서 채집된 자원과 생산된 상품 중 적지 않은 것들이 선진국으로 수출되어 소비되기 때문이다.

다시 말해 선진국에서 일어나는 '겉보기' 디커플링의 배후에는 부정적인 부분(이 경우에는 경제 활동에 따른 이산화탄소 배출)

을 어딘가 외부로 떠넘기는 전가가 있다. OECD 회원국의 디커플링은 기술 혁신만의 공적이 아니며, 최근 30년에 걸쳐 국내에서 소비하는 제품과 식량의 생산을 글로벌 사우스로 전가한 결과인 것이다.

그 때문에 팀 잭슨은 수출입을 감안한 탄소 발자국을 살펴보면 '상대적 디커플링'조차 일어나지 않았다고 말했다.[10] (탄소 발자국이란 상품과 서비스의 원재료 조달부터 폐기에 이르기까지 과정 전체에서 배출된 온실가스의 양을 이산화탄소로 환산한 것이다.)

이처럼 '절대적 디커플링'은 이론상 가능해 보이지만, 리먼 브라더스 사태나 코로나 팬데믹 같은 비상 사태와 경기 후퇴기를 제외하면 대규모 디커플링이 지속적으로 일어날 가능성은 극히 희박하다.

애초에 아무리 기술이 진보한다 해도 효율화에는 물질적 한계가 있는 법이다. 효율성을 올린다고 해서 자동차의 원료를 절반으로 줄일 수는 없듯이 말이다.

산업혁명 이후의 자본주의 역사를 돌이켜보면 알 수 있듯이 20세기의 경제 성장은 화석연료를 어마어마하게 사용했기에 가능했다. 경제 성장과 화석연료는 떼어내기 어려울 만큼 밀접하게 관련되어 있는 것이다. 그렇기 때문에 기존대로 경제 성장을 유지하면서 이산화탄소 배출량을 줄이는 과정에는 물리적인 어려움이 있을 수밖에 없다.

지금까지 이야기한 것을 고려하면, 기후 위기에 맞서 '절대적 디커플링'에 근거한 경제 성장을 희망으로 삼는 것은 잘못된 선택이라 할 수 있다. 마치 '절대적 디커플링'이 간단한 일인 듯이 '환상'을 전파하는 '녹색 성장'의 전략은 바로 그래서 위험하기 그지없다.

제번스의 역설—효율화가 환경 부하를 가중한다

더욱 불편한 진실이 있다. 효율화는 디커플링의 필수 요소이지만, 역설적으로 효율화 때문에 기후 위기에 대처하기가 더욱 어려워진다는 것이다.

예를 들어보겠다. 현재 전 세계에서 재생에너지에 대한 투자가 늘어나고 있다. 그럼에도 불구하고 화석연료 소비량은 줄어들지 않고 있다. 재생에너지가 화석연료의 대체재로 쓰이지 않기 때문이다. 재생에너지는 경제 성장에 따라 늘어나는 에너지 수요를 감당하는 식으로, 즉 기존 화석연료에 더해 추가적으로 쓰이고 있다.(표8 참조)

왜 이렇게 되었을까? 재생에너지를 둘러싼 사태를 설명하는 이론 중 하나가 '제번스의 역설Jevons paradox'이다. 19세기 경제학자 윌리엄 스탠리 제번스William Stanley Jevons는 1865년 발표한 『석

[표8. 전 세계 에너지 소비량(테라와트시 기준)]

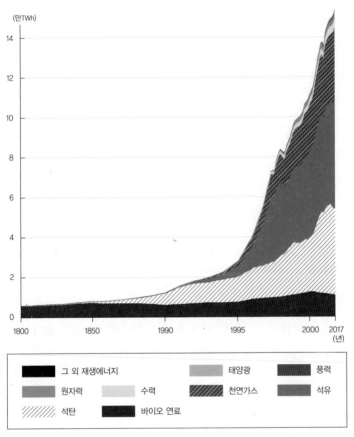

바츨라프 스밀(2017) 및 BP사의 세계 에너지 통계 리뷰(Statistical Review of World Energy)의 데이터에 기초하여 작성.

탄 문제*The Coal Question*』라는 소책자에서 이 역설을 제기했다.

당시 영국에서는 석탄을 전보다 효율적으로 이용할 수 있게 해주는 기술 진보가 이뤄지고 있었다. 하지만 석탄 사용량은 줄어

제2장 '기후 케인스주의'의 한계

들지 않았다. 오히려 석탄이 저렴해지면서 전보다 많은 분야에서 석탄이 쓰이게 되었고, 그에 따라 석탄 소비량도 증가했다. 즉, 효율화 덕에 환경 부하가 줄어들 것이라는 일반적인 예상과 다르게 기술 진보가 환경 부하를 더 가중하고 말았다. 제번스는 일찍이 이런 현실을 지적했다.

오늘날에도 같은 일이 벌어지고 있다. 신기술이 개발되어 효율성이 높아져도, 상품이 그만큼 저렴해지는 바람에 결국은 소비가 증가하는 현상이 종종 일어나고 있다. 이를테면 텔레비전은 갈수록 전력 소모가 적은 제품이 출시되고 있지만, 사람들이 더 큰 텔레비전을 구입하는 탓에 전체적인 전력 소비량은 외려 증가하고 있다. SUV 같은 대형차 판매가 늘어나서 자동차의 연비 향상이 무의미해지는 것도 같은 역설에 해당한다. 신기술 덕에 효율성이 올라가 '상대적 디커플링'이 일어나는 듯해도 소비량이 증가하여 효율화 효과가 상쇄되고 무의미해지는 것이다.

또한 효율화 덕에 어느 부문에서 '상대적 디커플링'이 일어나도, 절약된 자본과 수입이 에너지와 자원을 더욱 많이 소비하는 상품의 생산과 판매에 쓰여서 절약이 의미 없어지기도 한다. 가령 가정용 태양광 패널이 저렴해져서 아낀 돈으로 사람들은 비행기를 타고 여행을 갈지도 모른다. 기업 역시 잉여금이 생기면 새롭게 투자할 만한 곳을 찾을 것이다. 새로운 투자처가 친환경적일 것이라고 누가 보장할 수 있을까.

얄궂은 일이지만, 어느 부문에서 일어난 '상대적 디커플링'이 전체를 따져보면 '절대적 디커플링'을 방해할 수 있는 것이다.

시장의 힘으로는 기후 변화를 멈출 수 없다

제러미 리프킨 등이 주장하는 기후 케인스주의의 또 다른 문제점을 짚고 넘어가겠다. 기후 케인스주의는 시장을 자극할 뿐, 규제는 하지 않는다. 문제는 시장의 가격 메커니즘이 이산화탄소 배출량 감소를 향해 기능하지 않는다는 것이다.

'피크 오일peak oil'이라는 개념을 예로 들어 시장의 실패를 고찰해보겠다. 피크 오일이란 석유 생산 정점을 가리킨다. 사람들은 석유 생산량이 정점을 지나 공급량이 줄어들면 원유 가격이 상승하고 그 탓에 경제에 악영향을 미칠 것이라고 우려했다. 그래서 피크 오일에 언제 도달할지, 정점을 지나면 경제가 어떤 영향을 받을지 등을 둘러싸고 논쟁이 벌어졌다.

시장근본주의자는 이렇게 예상했다. 석유 가격이 급등하면 재생에너지 같은 신기술은 상대적으로 저렴해진다. 저렴하기에 재생에너지 개발이 더욱더 빠르게 진행된다. 그 결과 자연스레 석유 소비량이 줄어들 것이다.

현실은 그런 예상과 달랐다. 원유 가격이 오르자 자본주의는 지금껏 채산採算이 맞지 않았던 오일샌드oil sand*와 오일셰일oil shale**에서 원유를 제조하려고 들었다. 기업은 원유 가격이 오르는 위기를 돈벌이를 할 절호의 기회로 바꾸려 한 것이다.

그럼에도 반론하는 사람이 있을지 모르겠다. 계속해서 혁신이 진행되면 재생에너지가 저렴해지고 석유는 점점 채산이 맞지 않을 것이라고 말이다. 실제로 제러미 리프킨은 시장 메커니즘에 따른 '화석연료 문명의 붕괴'를 열심히 주장하고 있다.[11]

정말로 재생에너지가 빠르게 발달한다고 가정해보자. 그래서 석유의 가격 경쟁력이 사라질 것 같으면 석유 산업은 알아서 폐업을 할까? 아니, 당연히 그러지 않을 것이다. 석유의 가격이 무너지는 미래가 확실해질수록 석유 산업은 아예 팔 수 없기 전에 화석연료를 전부 캐내려고 채굴 속도를 올려버릴 것이다. 마지막 발악인 셈이다.

그 발악은 기후 변화처럼 돌이킬 수 없는 문제에 위험하고 치명적인 해를 입힐 것이다. 그렇기 때문에 온실가스를 줄이려면 시장 바깥에 강한 강제력이 있어야 한다.

---

* 원유를 포함하는 모래 또는 사암을 가리킨다. 2톤의 오일샌드에서 약 160리터의 원유를 생산할 수 있다고 하며 대부분 캐나다에 매장되어 있다.
** 석탄·석유가 산출되는 지역에 분포하는 퇴적암. 고분자 유기 화합물이 함유되어 있어 석유를 얻을 수 있으나 개발 비용이 많이 든다.

부유층이 배출하는 대량의 이산화탄소

무슨 수를 써도 대규모 디커플링을 지속하기 어렵다는 말은 기후 케인스주의가 스스로 한 약속을 지키지 못한다는 뜻이다. 그린 뉴딜이라는 화려한 공약 덕에 선거에서 이겼지만, 환경 위기를 해결하겠다는 약속은 실현하지 못하는 것이다.

　문제의 뿌리는 훨씬 깊은 곳까지 뻗어 있다. 지금까지 경제 성장을 떠받쳐 왔던 대량 생산·대량 소비 그 자체를 근본적으로 다시 검토해야 한다. 그래서 2019년에는 1만 명이 넘는 과학자들이 '기후 변화는 유복한 생활양식으로 인한 과잉 소비와 밀접한 관련이 있다'고 외치며 기존 경제 메커니즘을 근본적으로 전환해야 한다고 주장했다.[12]

　물론 '유복한 생활양식'을 누리며 이산화탄소를 많이 배출하는 사람들은 선진국의 부유층이다. 전 세계의 상위 10퍼센트 부유층이 전체 이산화탄소 배출량 중 절반을 차지한다는 놀라운 데이터도 있다.(82면 표9 참조) 특히 자가용 비행기와 고급 스포츠카를 굴리며 대저택을 몇 채씩 소유한 상위 0.1퍼센트의 부유층은 환경에 매우 심각한 부담을 떠넘기고 있다.

　그에 비해 소득 하위 50퍼센트의 사람들은 전체 이산화탄소 배출량 중 불과 10퍼센트만 차지한다. 그럼에도 불구하고 하위 소득 계층이 기후 변화의 영향에 가장 먼저 노출되고 있다. 이 대

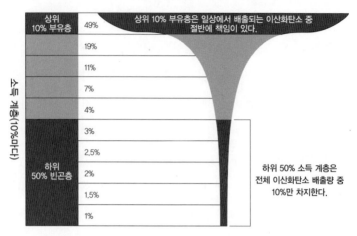

[표9. 소득 계층별 이산화탄소 배출량의 비율]

상위
10% 부유층 | 49% | 상위 10% 부유층은 일상에서 배출되는 이산화탄소 중 절반에 책임이 있다.

19%

11%

7%

4%

3%

2.5%

하위
50% 빈곤층 | 2% | 하위 50% 소득 계층은 전체 이산화탄소 배출량 중 10%만 차지한다.

1.5%

1%

소득 계층(10%마다)

국제구호개발기구 옥스팜이 2015년 발표한 「극단적인 탄소 불평등(Extreme Carbon Inequality)」을 참조해 작성.

목에서도 앞서 살펴봤던 제국적 생활양식과 외부화 사회의 모순이 뚜렷이 드러난다. 그러니 부유층이 앞장서서 이산화탄소 배출량을 줄여야 한다는 비판은 지극히 타당하다 할 수 있다. 제국적 생활양식이 문제이기 때문이다.

실제로 상위 10퍼센트 부유층이 유럽인의 평균적인 수준으로 이산화탄소 배출량을 줄이기만 해도 전 세계 이산화탄소 배출량 중 3분의 1 정도가 줄어든다고 한다.[13] 그만큼 배출량이 감소된다면 지속 가능한 사회 인프라로 전환하기까지 많은 시간을 벌 수 있을 것이다.

여기서 다음과 같은 사실을 지적해야겠다. 선진국에서 살아가는 우리 중 대부분이 상위 20퍼센트 부유층에 해당한다. 일본에서는 많은 사람들이 상위 10퍼센트에 들어갈 것이다. 즉, 우리 자신이 당사자로서 제국적 생활양식을 근본적으로 바꾸지 않는 한 기후 위기에 맞서기란 불가능하다는 뜻이다.

전기자동차의 '진짜 대가'

만약 디커플링의 가능성에 매달려 경제 성장을 이루기 위해 지속적인 친환경 투자로 시장을 키운다면 어떻게 될까? 이 의문을 테슬라 같은 전기자동차를 예로 들어 풀어보겠다.

현재 전 세계에서 가솔린 자동차가 막대한 이산화탄소를 배출하는 것은 틀림없다. 그 때문에 저탄소 차량 도입은 긴급한 사안이며 정부도 적극적으로 지원해야 한다.

게다가 앞서 이야기한 대로 가솔린 자동차를 전부 전기자동차로 바꾸는 과정에서는 거대한 시장과 일자리가 생겨난다. 기후 위기는 물론 경제 위기도 해결할 수 있는 셈이다. 그야말로 기후 케인스주의가 그리는 이상향이다. 하지만 그런 달콤한 미래는 존재하지 않는다.

전기자동차를 둘러싼 문제의 열쇠는 리튬이온전지가 쥐고 있다. 여담이지만 2019년 리튬이온전지를 개발한 전기화학자 요시노 아키라가 노벨상을 받아 주목받기도 했다. 스마트폰과 노트북뿐 아니라 전기자동차에도 리튬이온전지가 필수적인데, 이 전지를 만드는 데 여러 희유금속이 대량으로 쓰인다.

우선 당연히 리튬이 필요하다. 리튬의 대부분은 안데스 산맥을 따라 묻혀 있다. 칠레는 막대한 양의 리튬이 매장된 아타카마 소금 평원이 있어서 세계 최대 리튬 산출국이 되었다.

리튬은 건조한 지역에서 오랜 시간에 걸쳐 지하수에 농축된다. 그래서 소금 호수 등의 지하에서 리튬을 함유한 함수鹹水*를 퍼 올린 다음 수분을 증발시키면 리튬을 얻을 수 있다. 리튬 채굴이란 지하수를 빨아올리는 것과 마찬가지라고 할 수 있다.

문제는 지하수의 양이다. 한 회사가 1초당 1700리터나 지하수를 끌어 올린다고 한다. 건조한 지역에서 그렇게 많은 지하수를 퍼 올리면 일대의 생태계도 큰 영향을 받을 수밖에 없다.

일례로 함수에 서식하는 새우를 먹이로 삼는 안데스 홍학의 개체 수가 감소하고 있다. 또한 급격하게 지하수를 끌어 올린 바람에 인근 주민들이 이용할 수 있는 담수의 양이 줄어들고 있다고도 한다.[14]

선진국이 벌이는 기후 변화 대책이란 석유 대신 다른 한정된 자원을 글로벌 사우스에서 한층 격하게 채굴·수탈하는 것에 불

---

* 염분이 포함된 물.

과하다. 심지어 그 역시 공간적 전가를 함으로써 눈에 띄지 않게 한다.

코발트도 리튬이온전지에 필수 원료다. 여기서 문제는 전 세계 코발트의 약 60퍼센트가 콩고민주공화국, 즉 아프리카에서 가장 가난하며 정치적·사회적으로 불안정한 나라에서 채굴된다는 사실이다.

코발트를 채굴하는 방법은 단순한데, 지층에 묻힌 코발트를 중장비와 인력으로 캐내면 된다. 당연한 사실이지만, 전 세계의 수요를 충당하기 위한 대규모 채굴과 채굴지 확대는 콩고에서 수질 오염과 농작물 오염을 비롯한 환경 파괴, 그리고 경관 파괴를 일으키고 있다.

그와 더불어 열악한 노동 조건 역시 문제다. 콩고 남부에서는 크루저creuseurs(프랑스어로 '채굴자'라는 뜻)라고 불리는 비공식적인 노예 노동과 아동 노동이 만연하고 있다. 노동자들은 끌과 나무망치 같은 원시적인 도구를 이용해 수작업으로 코발트 채굴을 하고 있다. 그중에는 6~7세에 불과한 어린아이도 있으며 일당으로 불과 약 1달러를 받는다고 한다.

위험한 터널에서 채굴이 이뤄지건만 안전 장비도 충분하지 않다. 지하에서 지내는 시간이 24시간에 달할 때도 종종 있는데, 유해물질을 들이마시며 작업하기에 호흡기와 심장 질환은 물론 정신 질환까지 심각한 피해를 입고 있다.[15] 최악의 경우는 작업 중에 사고가 나 산 채로 묻히는 것이다. 사상자 중 어린아이가 있어 국제적으로 비난을 받기도 했다.

국제 공급망에서 콩고 노동자의 반대편에 있는 것은 테슬라를 비롯해 마이크로소프트와 애플 같은 기업들이다. 리튬과 코발트가 어떻게 생산되고 있는지를 그런 기업의 수장들이 모를 리가 없다. 실제로 미국의 인권단체들에 의해 재판도 열리고 있으니 말이다.[16] 그럼에도 시치미를 뚝 떼고는 기술 혁신으로 SDGs를 추진하겠노라 선전하고 있다.

'인신세'의 생태제국주의

'녹색 성장'을 위해서 선진국이 하는 일이란 사회적·자연적 비용을 주변부로 전가하는 데 지나지 않는다. 제1장에서 19세기 페루에서 벌어진 구아노 채굴을 소개했는데, 그와 마찬가지인 생태제국주의의 구조가 희소금속을 둘러싼 일로 겉모습만 바꿔 남아메리카와 아프리카에서 반복되고 있는 것이다.

리튬과 코발트뿐 아니다. 철, 구리, 알루미늄 수요도 GDP 증가에 따라 계속 늘어나고 있다. 이 자원들의 소비량도 급증하고 있는 것이다.(표10 참조)

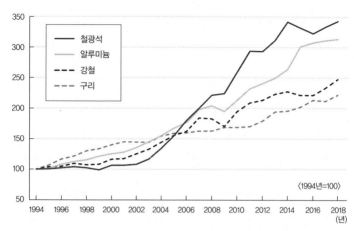

[표10. 광물 산출량의 증가율]

미국 지질조사국(USGS)과 국가광물정보센터(NMIC)가 발표한 「광물 자원 개요(Mineral Commodity Summaries)」의
1994~2019년 데이터에 기초해 작성.

이와 관련해 환경학자 토마스 비트만Thomas Wiedmann의 연구
진은 국제 무역이 미치는 영향을 반영하여 재료 발자국material
footprint을 계산해냈다.**17** 재료 발자국이란 소비된 천연자원을 가
리키는 지표다.

연구 결과에 따르면, 선진국에서도 경제 성장과 재료 발자국
사이에 디커플링이 일어나지 않는다고 한다. 분명히 선진국의 국
내 물질 소비량은 감소하고 있지만, 수입하는 자원의 재료 발자
국을 더해보니 각국의 재료 발자국은 실질GDP와 비슷한 정도로
늘어나고 있다는 사실이 판명된 것이다.(88면 표11 참조) 선진국
에서 일어난 상대적 혹은 절대적 디커플링은 그저 일시적인 현상

[표11. 재료 발자국(1990년을 0으로 둔 비율)]

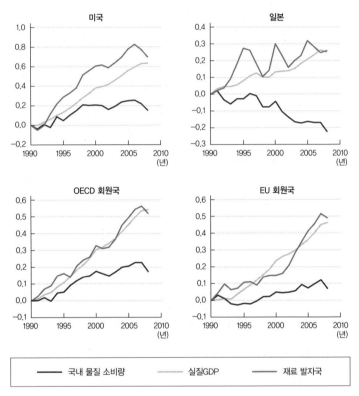

다음 논문에 기초해 작성. Thomas O. Wiedmann et al., "The Material Footprint of Nations," *Proceedings of the National Academy of Sciences of the United States of America* 112, no. 20, 2015.

일 뿐이며, 오히려 최근 몇 년 동안 일어난 것은 GDP와 재료 발자국의 '리커플링(재결합)'이었다.[18]

사실 광물, 광석, 화석연료, 바이오매스 등을 포함한 자원의 총 소비량은 1970년에 267억 톤이었으나 2017년에는 1000억 톤을 넘어서기에 이르렀다. 2050년에는 대략 1800억 톤이 될 것이라 예상된다.

그에 비해 재활용되는 자원의 비율은 8.6퍼센트일 뿐이며, 자원 소비량이 급속히 늘어나는 상황인데도 재활용 비율은 오히려 감소하고 있다. 선진국에서는 ICT(정보통신기술) 산업과 서비스 산업이 발달하며 '자본주의의 탈물질화'가 진행된다고들 하지만, 재료 발자국을 감안하면 탈물질화 따위 전혀 일어나지 않았음을 알 수 있다.[19]

어느 관점에서 보든 지금 같은 경제체제에 지속 가능성이 없음은 분명하다. '충분한 절대적 디커플링'만 어려운 게 아니다. 일부에서는 '순환경제circular economy'가 지속 가능한 사회를 실현할 것이라고 기대를 부추기지만, 그 역시 그릇된 길로 이끄는 것이다. 재활용 등을 활용해 자원을 순환시키는 것만으로는 불충분하며, 자원 소비량 그 자체를 근본적으로 줄여야 한다.

자본주의적인 '녹색 성장'을 추구하는 선진국의 기후 케인스주의가 도달할 미래는 어둡다. 자국 내에서는 '녹색'을 칭송하는 경제 정책이 실행되고 있을지도 모른다. 그렇지만 주변부에서는 갈수록 약탈이 심각해지고 있다. 주변부의 약탈이 중심부가 환경을 보호하기 위한 조건이 되어버린 것이다.

기술 낙관론은 해결책이 아니다

실은 좋지 않은 일이 더 있다. 선진국에서 이뤄지는 친환경 정책의 효과조차 의심스러운 것이다. 애초에 한 가정이 자동차를 여러 대 소유한 사회란, 설령 그 차가 전기자동차라고 해도 지속 가능할 리가 없다. 테슬라와 포드 등은 SUV 전기자동차 판매 계획을 세우고 있는데, 기존 소비문화를 강화하여 더욱 많은 자원을 낭비하겠다는 말이나 다름없다. 그야말로 그린 워시의 전형인 것이다.

실제로 원료를 채굴하여 전기자동차를 생산하는 과정에서도 석유가 연료로 쓰이며 이산화탄소가 배출되고 있다. 그와 더불어 전기자동차 때문에 증대하는 전력 소비량을 감당하기 위해 더욱 많은 태양광 패널과 풍력발전 설비가 필요해질 텐데, 그러기 위한 자원을 채굴하고 발전 장비를 제조하는 과정에서 또다시 이산화탄소가 배출된다. 당연히 환경도 함께 파괴된다. '제번스의 역설'인 셈이다. 결과적으로는 환경 위기가 악화될 것이다.

지금 말한 내용을 확증하는 데이터가 있다. IEA(국제에너지기구)에 따르면 현재 200만 대인 전기자동차가 2040년에는 2억 8000만 대까지 늘어날 것이다. 그런데 그로 인해 줄어드는 전 세계 이산화탄소 배출량은 불과 1퍼센트밖에 안 된다고 한다.[20]

왜 그럴까? 애초에 전기자동차로 바꾼다고 해서 이산화탄소 배출량이 크게 줄어들지는 않는다. 전기자동차의 배터리가 커지면서 제조 공정에서 발생하는 이산화탄소가 점점 늘어나고 있기 때문이다.

지금까지 고찰한 내용에서 알 수 있듯, 녹색 기술이라 칭송받는 것도 생산 공정까지 고려해보면 그다지 친환경적이지 않다.[21] 생산의 실태를 보이지 않게 가린 것인데, 전처럼 한 가지 문제를 다른 문제로 전가하고 있을 뿐이다. 물론 전기자동차와 태양광발전으로 옮겨 가야 하지만, 미래를 기술 낙관론에 모두 맡기겠다는 생각은 치명적인 오류를 저지르는 것이다.

그럼에도 여전히 전기자동차와 재생에너지로 기존의 것을 100퍼센트 대체하겠다는 기후 케인스주의 주장이 매력적으로 들릴지 모르겠다. 왜 그럴까? 기후 케인스주의가 우리의 제국적 생활양식을 바꾸지 않아도―즉, 아무것도 안 해도―미래를 지속가능하게 해주겠다고 약속하기 때문이다. 록스트룀의 말을 빌리면, 그야말로 '현실도피'다.

신기술로 대기 중 이산화탄소를 제거한다고?

전기자동차를 도입해도 이산화탄소 배출량이 감소하지 않는다면, '녹색 성장' 지지파는 더욱 굉장한 기술에 기대를 걸 수밖에 없다. 새로운 기술을 개발해 대기 중에서 이산화탄소를 제거하려 하는 까닭이다. 그런 신기술을 가리켜 이산화탄소 배출량을 역으로(마이너스로) 만드는 기술이라는 의미로 '역배출 기술negative emissions technologies, NETs'이라고 부른다.

만약 역배출 기술이 실현된다면 '절대적 디커플링'은 훨씬 쉬워질 것이다. UN의 IPCC가 2018년 공개한 「지구온난화 1.5℃」 특별 보고서에도 기온 상승을 1.5~2도로 억제하기 위한 시나리오에 역배출 기술 도입이 포함되어 있다. 역배출 기술은 기후 케인스주의의 기대주인 것이다.

그렇지만 기후학자들이 지적하듯이 역배출 기술을 전제로 한 IPCC의 시나리오에는 너무 문제가 많다.[22] 무엇보다 역배출 기술이 실현될지조차 불확실하며, 실현된들 심각한 부작용이 예상되기 때문이다.

역배출 기술의 대표적인 사례 중 '탄소 포집·저장을 갖춘 바이오 에너지bioenergy with carbon capture and storage', 줄여서 BECCS를 살펴보겠다. BECCS는 바이오 에너지(BE)를 도입하여 이산화탄소 배출량을 0으로 줄이는 동시에 대기 중 이산화탄소를 잡아서 땅속이나 바닷속에 모아둠으로써(CCS) 이산화탄소 배출량을 마이너스로 만드는 것을 목표한다.

그렇지만 BECCS가 실현되어도 문제는 간단히 해결되지 않을 것이다. '녹색 성장'이 바라는 대로 경제 규모가 커지면 그에 맞춰서 BECCS의 규모도 확충해야 하기 때문이다.

바이오 에너지의 문제부터 짚자면, 방대한 농지가 필요하다는 점이다. 기온 상승을 2도 미만으로 억제하려면 바이오 에너지를 위해 인도 국토 면적의 두 배에 이르는 농지가 필요하다고 한다. 그 넓은 땅을 대체 어떻게 확보할까? 이번에도 인도와 브라질에 떠넘겨서 현지 사람들이 식량을 기르던 자리를 빼앗을까? 아니면 바이오 에너지용 경작지를 위해 추가로 아마존 열대우림의 나무들을 벨까? 그런다면 이산화탄소 배출량을 줄인 효과가 없어질 것이다.

탄소 포집·저장에도 문제가 있다. 탄소 포집·저장이 가능한 발전 설비에는 물이 대량으로 쓰인다. 미국에서 발전으로 배출되는 이산화탄소를 처리하는 것에만 물이 연간 1300억 톤 필요하다고 할 정도다. 이미 농업용수로 물을 대량 소비하여 문제가 일어나고 있고, 기후 변화 탓에 갈수록 물이 귀중해질 텐데, 탄소 포집·저장을 위해 그만큼 많은 물을 사용할 수 있을 리가 없다. 또한 대량의 이산화탄소를 해저에 주입하면 필연적으로 해양 산성화가 대폭 진행될 것이다.

정리하면, BECCS는 마르크스가 문제시했던 '전가'를 대규모로 실행하는 것에 불과하다.

IPCC의 '지적 유희'

이쯤에서 떠오르는 생각이 있다. 화석연료를 계속 사용하기 위해서 다른 천연자원을 낭비하고 환경에 부하를 더하는 것에 대체 무슨 의미가 있을까? 차라리 화석연료에 의존하지 않는 사회를 고안해야 하지 않을까? 아무리 생각해봐도 BECCS는 질 낮은 해결책일 뿐이다.

그런데 IPCC의 제5차 평가 보고서에는 BECCS처럼 문제 많은 '꿈의 기술'이 거의 모든 기온 상승 억제 시나리오에 포함되어 있다. 보고서 작성에 참여한 전문가들도 BECCS가 비현실적이라는 사실을 모를 리가 없다. 그럼에도 불구하고 비현실적인 과정을 포함한 복잡한 모델을 세우면서 여러 시나리오를 작성한 것이다.

그러니 학자들의 '지적 유희'일 뿐이라고 록스트룀이 비판한 것도 어찌 보면 당연한 일이다. 최고 수준의 전문가들은 더 이상 쓸데없는 시나리오에 시간을 낭비하지 말고 본래의 역할을 해내야 한다. 위기를 막기 위해 무엇을 해야 하는지 알려서 대중을 일깨우고, 더 대담한 대책을 세워서 실행해야 하는 이유를 정치가와 관료에게 분명히 설명해야 하지 않을까.

어째서 IPCC가 이렇게 단순한 자가당착에 빠져버렸을까 의문을 품는 사람도 있을 것이다. 이유는 단순하다. IPCC의 모델은 경제 성장을 전제로 삼았기 때문에 '경제 성장의 함정'에 빠져버린 것이다. 경제 성장을 전제로 삼는 한 역배출 기술 같은 것에 기댈 수밖에 없다.

"멸종에 이르는 길은 선의로 포장되어 있다."

전기자동차를 도입하고 재생에너지로 전환하는 것은 필요하다. 하지만 지금껏 살펴보고 밝혀냈듯이 그런 일들이 현재 생활양식을 유지하겠다는 목표 아래에서 이뤄질 뿐이라면 자본의 논리에 손쉽게 포섭되어 '경제 성장의 함정'(68면 참조)에 빠지고 말 것이다.

함정에 빠지지 않으려면, 자립한 성인에게 자가용 정도는 있어야 한다는 소비문화와 연을 끊고 소비량 그 자체를 줄여야 한다. 신기술을 이용하기 위해서도 먼저 자본주의 자체에 커다란 메스를 들이대어야 한다. 즉, 기후 케인스주의로는 부족하다.

오해가 없도록 마지막으로 한 번 더 반복한다. 그린 뉴딜 같은 국토 개조 정책을 펼치며 큰 투자를 하는 것은 지속 가능한 미래를 위해 필수적인 일이다. 당연히 태양광발전과 전기자동차도 더욱더 널리 퍼져야 한다. 공공 교통의 확충과 무상화, 자전거 도로의 정비, 태양광 패널이 달린 공영주택 건설 등도 대담한 재정 지출로 실행해야 한다.

그렇지만 그것만으로는 부족하다. 역설적으로 들릴지 모르지만, 그린 뉴딜이 진정 추구해야 하는 목표는 파국으로 치닫는 경제 성장이 아니라 경제의 규모 축소scale down와 속도 둔화slow down다.

애당초 기후 변화 대책은 경제 성장을 위한 수단이 아니었다. 기후 변화 저지가 목표였을 터이다. 더 이상 경제 성장을 추구하지 않는다면, 그만큼 기후 변화가 멈출 가능성은 높아질 것이다. 리튬과 코발트 채굴이 칠레와 콩고에 일으키는 문제도 완화될 테고 말이다. (물론 그래도 환경 파괴는 계속되겠지만.)

반대로 무한한 경제 성장을 목표하는 그린 뉴딜에 대해서는 이렇게 말할 수밖에 없다. "멸종에 이르는 길은 선의로 포장되어 있다."[23]

탈물질화 사회라는 신화

많은 독자들에게 이 책의 주장은 틀림없이 거슬리는 소리일 것이다. 하지만 이런 견해에 도달한 이는 록스트룀뿐이 아니다. 빌 게이츠도 애독한다고 하는 역사가 바츨라프 스밀Vaclav Smil 역시 2019년에 출간된 『성장』이라는 책에서 자신의 입장을 명확히 하고 다음처럼 적었다. "물질적 성장이 계속되는 것은 (…) 불가능하다. 탈물질화—더욱 적은 자원으로 더욱 많은 일을 한다고 보증하지만—역시 이 제약을 없애지 못한다."[24]

스밀이 말했듯이 서비스 부문 중심으로 경제가 바뀐다고 해서 문제가 해결되지는 않는다. 이를테면 레저는 비물질적이지만, 여가 활동이 전체 탄소 발자국에서 차지하는 비중은 25퍼센트에 이른다고 한다.[25]

또한 제러미 리프킨이 호평하는 사물인터넷Internet of Things, IoT을 활용한 정보 경제의 발달도 문제 해결책은 아니다. 얼핏 보면 현대 자본주의는 정신노동의 비율을 높여서 탈물질화한 경제 시스템을 만들어내는 것 같다. 하지만 현실에서는 컴퓨터와 서버를 만들고 가동하는 데에 막대한 에너지와 자원이 소비되고 있다. 클라우드화도 마찬가지다. ICT에 근거한 '인지자본주의cognitive capitalism' 역시 탈물질화나 디커플링과는 거리가 멀다. 이들 모두 '신화'라는 말이다.

프리드먼도 리프킨도 자신들의 주장을 향한 의문에 설득력 있는 답을 내놓지 않고 있다. 불리한 사실은 철저히 침묵한 채 좋은 점만 선전하고 있다.

기후 변화를 멈출 수 없을까

이러니 그린 뉴딜을 주장하는 사람들에게 정말로 기후 변화를 멈추려는 의지가 있는지조차 의문이 든다. 기후 변화를 '저지'하거나 '완화'하는 것이 아니라, 기온이 3도 상승한 세상에 '적응'함으로써 경제 성장을 계속하길 목표하는 그런 뉴딜도 있을 법하기 때문이다. 이 '적응 작전'은 역배출 기술이나 원자력발전과 하나로 묶일 것이다.

실은 이것이야말로 미국의 유명한 환경 연구 센터 '브레이크스루 인스티튜트Breakthrough Institute'에서 추진하고 있는 계획이다. 나아가 이런 관점은 스티븐 핑커Steven Pinker와 빌 게이츠를 비롯해 기후 변화에 '적응'하길 중시하는 사람들도 공유하고 있다.

그렇지만 '적응'이란 결국 기후 변화를 더 이상 멈출 수 없다고 전제하는 대처 방법일 뿐이다. 아직 가능성이 있는데도 포기한다니 너무 성급하지 않은가. 일단 할 수 있는 일을 전부 해봐야 하지 않을까.

우리가 추구해야 하는 목표로 종종 언급되는 것이 있는데, 생활 규모를 1970년대 후반 수준으로 떨어뜨려야 한다는 주장이다.[26] 그렇게 할 경우 우리는 뉴욕에서 고작 사흘을 지내려고 비행기를 탈 수는 없을 것이다. 또 매년 해금일에 보졸레 누보를 공수해 마시는 것도 더 이상 하지 못한다.* 그런데 그런 일들을 못한다고 실제로 얼마나 영향을 받을까. 그렇다, 지구의 평균 기온이 3도 오르는 것과 비교하면 사소한 변화에 지나지 않는다. 기온이 3도 오르면 프랑스 와인을 생산할 수 없게 되어 영원히 마시지 못할 테니 말이다.

물론 생활수준을 떨어뜨리자는 미래 비전이 정치적으로 매력 있는 선택지가 되기 어렵다는 점은 너무나 잘 알고 있다. 그렇지만 어렵다는 이유로 현실을 외면하고 오로지 선거에서 승리하기 위해 사람들이 받아들이기 쉬운 '녹색 성장' 정책을 고집하는 것은 아무리 선의에 기초했다고 해도 친환경이라는 탈을 쓴 그린워시라고 할 수밖에 없다.

이와 같은 현실도피는 지금까지 이상으로 제국적 생활양식을 강화하고 주변부를 수탈하며 억압한다. 그런 짓을 했다가는 머지않은 미래에 우리도 그 응보를 겪게 될 것이다.

탈성장이라는 선택지

'녹색 성장'이라는 현실도피를 그만두면, 그 앞에는 여러 험난한 선택이 기다리고 있다. 이산화탄소 배출량 감소에 얼마나 힘을 기울일까? 그 대가는 누가 져야 할까? 선진국은 지금까지 해왔던 제국적 생활양식의 대가를 글로벌 사우스에 얼마나 치러야 할

---

* 보졸레 누보는 매년 11월 셋째 주 목요일을 해금일로 정해 전 세계에서 동시에 판매하기 시작한다. 특히 일본에서는 보졸레 누보의 인기가 높아 매년 축제 같은 분위기로 해금일을 맞이한다.

까? 지속 가능한 경제로 전환하는 과정에서 새롭게 생겨날 환경 파괴 문제에는 어떻게 대처할까?

모두 쉽게 답을 찾을 수 없는 것들이다. 답을 찾기 어렵지만, 이 책에서 제안하고 싶은 한 가지 선택지는 바로 '탈성장'이다. 당연하지만 탈성장으로 나아간다고 만사가 해결되지는 않는다. 제한된 시간에 늦을지도 모른다. 그럼에도 탈성장은 최악의 상황을 피하기 위해 결코 내버려서는 안 되는 이념이다. 그 사실을 다음 장에서 밝히려 한다.

물론 중요한 문제는 '어떤 탈성장을 목표해야 하는가?'이다.

제3장

자본주의 시스템에서
탈성장이 가능할까

Das Kapital im Anthropozän

경제 성장에서 탈성장으로

제2장에서는 경제 성장을 하는 동시에 이산화탄소 배출량을 제한 시간에 맞춰 줄이기란 거의 불가능함을 밝혔다. 디커플링은 어렵다고 말이다. 경제 성장을 포기하고, 기후 변화 대책의 방안으로 탈성장을 진지하게 검토해야 한다. 그렇다면 어떤 탈성장이 필요할까? 이 질문을 살펴보는 것이 이번 장의 과제다.

단, 시작하기 전에 한 가지 짚고 넘어가겠다. 안전하고 깨끗한 물을 구할 수 없고, 전력을 이용할 수 없고, 교육을 받을 수 없으며, 먹을거리조차 충분하지 않은, 그런 상황에 놓인 사람들이 전 세계에 수십억 명이나 있다. 그런 사람들에게는 당연히 경제 성장이 필요하다는 사실을 말해두겠다.

그 때문에 개발경제학에서는 그간 남북문제 해결의 열쇠를 경제 성장이 쥐고 있다고 주장해왔고, 실제로 여러 개발원조가 진행되었다. 그런 원조의 선의와 중요성을 부정할 생각은 없다.

그렇지만 경제 성장을 중심에 둔 개발 모델은 점점 막다른 길로 몰리고 있다. 세계은행과 IMF를 향한 비판이 거세지는 것도

사실이다.[1]

그런 비판자 중에 현재 유럽과 미국에서 주목을 받고 있는 이가 바로 정치경제학자 케이트 레이워스Kate Raworth다. 국제구호개발기구 옥스팜Oxfam에서 오랫동안 남북문제 해결에 매달려온 그는 주류 경제학을 비판하고 탈성장을 지지하게 되었다.

'인신세'에 어떤 탈성장이 필요한지 논하려는 이번 장에서는 레이워스의 이론부터 주목해보겠다.

도넛 경제학—사회적 기초와 생태적 한계

케이트 레이워스 이론은 한 가지 질문에서 출발한다. '지구의 생태적 한계를 고려했을 때, 어느 수준으로 경제가 발전해야 인류 전체가 번영할 수 있을까?' 하는 것이다. 이 의문에 답하기 위해 레이워스가 사용한 개념이 '도넛 경제'다.(표12 참조)

개념도를 보면 알 수 있듯이 도넛 경제 모델의 안쪽 원은 '사회적 기초', 바깥쪽 원은 '생태적 한계'다.

우선 물, 소득, 교육 등 기본적인 '사회적 기초'가 불충분한 상태에서 생활한다면 인류는 결코 번영할 수 없다. 사회적 토대가 결여되었다는 것은 자유롭고 좋은 삶을 위해 '잠재 능력'을 발휘할 물질적 조건이 부족하다는 뜻이다. 사람들이 타고난 능력을

[표12. 도넛 경제 모델의 개념도]

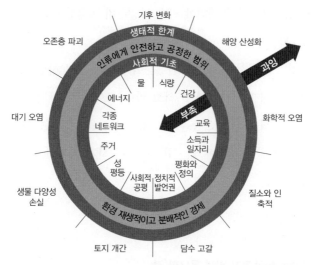

기후 변화

생태적 한계

오존층 파괴   인류에게 안전하고 공정한 범위   해양 산성화

사회적 기초   과잉

물 | 식량 | 건강

에너지

대기 오염   각종 네트워크   부족   화학적 오염

주거   교육

성 평등   평화와 정의   소득과 일자리

생물 다양성 손실   사회적 공평 / 정치적 발언권   질소와 인 축적

환경 재생적이고 분배적인 경제

토지 개간 | 담수 고갈

다음 책을 참고하여 작성했다. 케이트 레이워스 지음, 홍기빈 옮김, 『도넛 경제학』, 학고재 2018.

온전히 꽃피우지 못한다면 '공정'한 사회 역시 일궈낼 수 없다. 바로 지금 개발도상국의 사람들이 이런 상황에 처해 있다.

그렇다고 해서 자신의 잠재 능력을 발휘하기 위해 각자 하고 싶은 대로 행동해도 된다는 뜻은 아니다. 미래 세대까지 번영하려면 지속 가능성이 반드시 필요하다. 그리고 지속 가능성을 실현하려면 현재 세대는 일정한 한계 내에서 생활해야 한다. 그 한계가 제2장에서 살펴본 '지구 한계' 개념에 근거한 '생태적 한계'이며 도넛 경제 모델에서 바깥쪽 원이다.

레이워스의 기본적인 생각을 간단히 정리하면, '생태적 한계'

와 '사회적 기초' 사이에 가능한 많은 사람들이 포함되는 전 세계
적인 경제체제를 설계해야 지속 가능하며 공정한 사회를 실현할
수 있다는 것이다.[2]

그렇지만 앞서 수차례 확인했듯이 지금 선진국 사람들은 지구
한계를 크게 넘어선 생활을 하고 있다. 그에 반해 개발도상국 사
람들은 사회적 기초도 충족되지 않는 생활을 어쩔 수 없이 하고
있다. 오늘날의 경제체제는 환경을 극심하게 파괴할 뿐 아니라,
불공정하다.

불공정을 바로잡기 위해 필요한 것

레이워스의 문제 제기는 커다란 충격을 주었고, 정치경제학을 넘
어서 분야를 넘나드는 연구들이 이뤄지도록 유발했다. 그중 하나
가 환경경제학자 대니얼 오닐Daniel W. O'Neill이 진행한 정량적 연
구다. 이 연구는 레이워스의 '도넛 경제 모델' 개념을 활용하여
약 150개국의 구체적인 수치를 측정한 다음 얼마나 많은 국가가
도넛의 영역 속에서 생활하고 있는지 밝혀냈다.[3] (표13 참조)

그래프에서 가로축은 지구 한계(도넛 경제의 바깥쪽 원)를 넘
어버린 항목의 수이고, 세로축은 사회적 기초(도넛 경제의 안쪽
원)를 달성한 항목의 수다. 즉, 이 그래프에서 왼쪽 위에 자리할

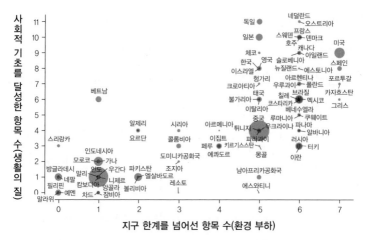

[표13. 생활의 질과 환경 부하의 상관관계]

사회적 기초를 달성한 항목 수(생활의 질)

지구 한계를 넘어선 항목 수(환경 부하)

다음 논문에 기초해 작성. Daniel W. O'Neill et al., "A good life for all within planetary boundaries," *Nature Sustainability* 1, 2018.

수록 '안전하고 공정한 사회'라고 할 수 있다.

그렇지만 실제로는 사회적 기초를 많이 달성한 나라일수록 지구 한계도 많이 넘어서서 (베트남 같은 예외를 제외하면) 그래프에서 오른쪽 위에 자리하고 있다. 대부분의 나라들이 지속 가능성을 희생하면서 사회적 욕구를 채우고 있는 셈이다.

이 그래프는 지난한 현실을 보여준다. 기존의 선진국 모델대로 개발도상국을 도와주어 사회적 기초를 다지는 것은 지구 전체를 파멸로 이끄는 것이나 다름없다는 뜻이기 때문이다.

다만 레이워스에 따르면, 공정을 실현하기 위한 추가적인 자원과 에너지 소비가 물론 필요하긴 하겠지만 일반적인 예상보다 훨

썬 적다고 한다.

몇 가지 예를 들어보겠다. 식량에 관해 살펴보면 전 세계 식
량 공급의 1퍼센트만 있어도 8억 5000만 명을 기아 상태에서 구
할 수 있다. 현재 세계에서 전력을 이용하지 못하는 사람들이 약
13억 명이라고 하는데, 그들 모두에게 전력을 공급해도 이산화탄
소 배출량은 1퍼센트 증가할 뿐이다. 그리고 하루에 1.25달러 이
하로 생활하는 14억 명을 빈곤에서 벗어나게 하는 데에는 세계
전체 소득 중 겨우 0.2퍼센트만 재분배해도 충분하다.[4]

레이워스는 언급하지 않았지만, 민주주의 또한 환경 부하를 늘
리지 않고도 실현할 수 있다.

경제적 평등 역시 군비를 축소하고 석유산업에 주는 보조금을
덜어서 재분배하면 추가적인 환경 부하 없이 실현할 수 있다. 아
니, 환경은 오히려 개선될 것이다.

다시 말해, 경제 성장에 연연하여 환경 파괴를 일으키지 않아
도 남북 사이의 극심한 격차와 불공정함은 어느 정도 바로잡을
수 있다.

경제 성장과 행복도 사이에 상관관계가 있을까

레이워스는 또 다른 중요한 점도 지적했다. 어느 선을 넘어서면

경제 성장과 생활수준 향상 사이에 명확한 상관관계가 보이지 않는다는 것이다. 경제 성장만이 사회에 번영을 가져다준다는 명제가 일정한 경제 수준 이상에서는 뚜렷한 참이 아닌 것이다.

미국과 유럽 각국을 비교해보면 쉽게 알 수 있다. 독일, 프랑스, 북유럽 등 유럽 국가들 중에는 1인당 GDP가 미국보다 낮은 나라가 많다. 하지만 전반적인 사회복지 수준은 미국보다 훨씬 높아서 의료와 고등교육이 무상으로 이뤄지는 나라도 여럿 있다. 그에 비해 미국에서는 의료보험이 없어 병원 진료를 받지 못하거나, 학자금 대출을 상환하지 못해 고생하는 사람이 수없이 많다. 일본 역시 1인당 GDP는 미국보다 현저히 낮지만 평균 수명은 미국인보다 6세 정도 길다.[5]

즉, 생산과 분배를 어떻게 조직하여 사회적 자원을 어디에 얼마나 배치하느냐에 따라서 사회의 번영은 크게 달라진다. 아무리 경제 성장을 해도 그 성과를 일부에서 독점하여 재분배하지 않는다면, 수많은 사람들이 잠재 능력을 발휘하지 못한 채 불행해진다. 이 이야기를 뒤집어 보면, 경제 성장을 하지 않아도 기존 자원을 잘 분배함으로써 사회를 지금보다 번영시킬 수 있다는 뜻이다.

그러니 우리는 공정한 자원 배분이 자본주의 시스템에서 변치 않고 지속될 수 있는지를 좀더 진지하게 고민해야 한다.

공정한 자원 배분을 위하여

어려운 점은 공정한 자원 배분이 단순히 한 나라 안에 한정된 문제가 아니라는 사실이다. 이에 대해 고민하다 보면 전 세계적인 범위에서 공정함과 지속 가능성을 어떻게 해야 양립시킬 수 있을까, 하는 대단히 중요하고 커다란 문제와 직면하게 된다.

위선적인 이야기라고 오해하지 않길 바란다. 기후 변화 문제가 보여주듯이 지구는 단 하나이며, 세상은 연결되어 있다. 선진국이 자국의 제품을 팔아치우면서 낭비를 계속하기 위해 개발도상국도 자기네처럼 경제 발전의 길로 나아가길 원하는 것은 아무리 생각해봐도 지속 가능한 방향이 아니다. 전 세계가 '지속 가능하며 공정한 사회'로 바뀌지 않는다면, 결국에는 지구가 사람이 살 수 없는 별이 되어 선진국의 번영까지 위험해질 것이다.

물론 지금껏 도넛 경제 모델의 안쪽 원(사회적 기초)조차 제대로 충족시키지 못한 사람들의 생활수준을 끌어 올리는 일은 필요하다. 다만 그런 일은 전 세계 재료 발자국 총합의 증가로 이어질 수밖에 없고, 이미 여러 영역에서 지구 한계를 넘어선 현 상황에 치명타가 될 수 있다.

그렇기 때문에 표13(107면 참조)의 오른쪽 상단에 위치한 선진국들이 막대한 에너지를 쓰면서 더욱 경제 성장을 하려고 드는 건 명백하게 불합리한 일이다. 선진국들은 경제 성장을 한들 크게 행복도가 올라가지 않기 때문에 더욱 그렇다.

선진국이 쓰려 하는 자원과 에너지를 글로벌 사우스에서 사용한다면, 그곳에서 생활하는 사람들의 행복도는 틀림없이 크게 올라갈 것이다. 그러니 탄소 예산carbon budget(아직 배출해도 괜찮다고 여겨지는 이산화탄소의 양)을 글로벌 사우스를 위해 남겨둬야 하지 않을까.

'지금 기아에 처한 10억 명은 계속 고통스러워하면 돼.' 혹은 '지구 환경이 악화되어 미래 세대가 괴로워해도 알 게 뭐야.' 하는 입장을 취한다면 모를까, 그렇지 않은 선진국의 우리는 경제 성장을 그만두고 자발적으로 재료 발자국을 줄이는 것을 검토해야 하지 않을까.

바로 그 때문에 레이워스도 오닐도 '탈성장' 혹은 일정 상태를 유지하는 '정상형 경제定常型 經濟, steady state economy'로 전환하는 것을 진지하게 고려해야 한다고 결론을 내린다.[6] 두 사람이 내린 결론에 이 책은 전적으로 동의한다.

공정한 세상을 실현하지 못하는 자본주의

전적으로 동의하지만, 레이워스와 오닐의 이론에는 한 가지 결정적인 의문이 남는다. 그들이 자본주의 시스템의 문제에는 결코 파고들지 않는다는 것이다. 자본주의의 문제를 외면하려 하는 기존 탈성장파의 특징이 엿보인다. 그렇지만 우리가 마주한 문제의 핵심은 '자본주의 아래에서 공정한 자원 분배가 언제까지나 변함없이 이뤄질 수 있는가'라는 점이다.

전 세계 규모의 공정함을 기준으로 살펴보면 자본주의는 전혀 기능하지 못하며 쓸모없을 뿐이다. 제1, 2장에서 고찰했듯이 외부화와 전가에 기초한 자본주의는 결코 공정한 세상을 실현하지 못한다. 그리고 자본주의가 불공정을 방치한 결과 인류의 생존 확률까지 낮아지고 있다.

우리가 환경 위기의 시대에 목표해야 하는 것은 우리만 살아남는 것이 아니다. 당장은 시간을 벌 수 있을지 몰라도 최종적으로는 하나밖에 없는 지구에서 도망칠 곳이 없어질 것이다.

전 세계 소득 상위 10~20퍼센트에 들어가는 선진국 사람들은 현재 평안한 생활을 하는 것처럼 보인다. 하지만 앞으로도 지금 같은 생활을 계속하면 전 세계의 환경 위기는 더욱더 악화될 것이며, 최종적으로는 상위 1퍼센트의 초부유층만이 지금 같은 생활을 유지할 것이다.

전 세계가 공정하길 추구하는 것은 추상적이며 위선적인 인도주의가 아니다. 타인을 배제하기 전에 타인의 입장에 서서 내일은 나도 같은 상황에 처할지 모른다고 상상해보자. 나 자신이 살아남기 위해 더욱 공정하고 지속 가능한 사회를 지향해야 한다.

그래야 최종적으로는 인류 전체의 생존 확률이 올라갈 것이다.

그렇다, 인류 생존의 열쇠는 '평등'이다.

미래를 향한 네 가지 선택지

'평등'을 기준 삼아 생각해봤을 때, '인신세'의 인류가 선택할 수 있는 미래는 어떤 모습일까? 먼저 전체적으로 조망해보자.

표 14(114면 참조)의 가로축은 평등함을 나타낸다. 오른쪽으로 갈수록 평등주의를 추구하며, 왼쪽으로 갈수록 자기책임을 강조하는 경향이 강해진다. 세로축은 권력의 강함을 나타낸다. 위로 갈수록 국가권력이 강한 사회이고, 아래로 갈수록 사람들의 자발적인 상호부조를 중시하는 사회다.

지금부터 미래의 선택지 네 가지를 하나씩 살펴보겠다.[7]

❶ 기후 파시즘

현 상황이 유지되길 강하게 바라서 아무것도 하지 않은 채 자본주의와 경제 성장에 매달린 결과, 기후 변화가 일으키는 막대한 피해를 피하지 못한다. 머지않은 미래에 수많은 사람들이 정상적인 생활조차 일구지 못하게 되고, 살아갈 장소를 잃은 환경난민도 수없이 생겨난다.

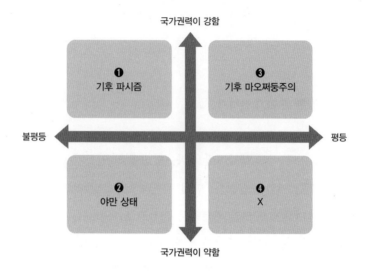

[표14. 네 가지 미래의 선택지]

국가권력이 강함

❶ 기후 파시즘

❸ 기후 마오쩌둥주의

불평등 ← → 평등

❷ 야만 상태

❹ X

국가권력이 약함

단, 일부 초부유층은 예외다. '재난편승형 자본주의'는 환경 위기를 돈벌이 기회로 바꿔 초부유층에게 더욱 많은 부를 안겨준다. 국가는 특권 계급의 이해득실을 우선하여 그 질서를 흔드는 환경 약자 및 난민을 엄격하게 관리한다.

첫 번째 선택지 '기후 파시즘'이 만들어낼 미래다.

❷ 야만 상태

그렇지만 계속해서 기후가 변화하여 환경 난민이 늘어나면, 식량 생산조차 어려워진다. 그 결과 기아와 빈곤에 시달린 사람들이 반란을 일으킨다. 초부유층 1퍼센트 대 나머지 99퍼센트의 대결에서 승자는 나머지 99퍼센트일 것이다. 대중이 반역하여 강권적인 통치체제가 무너지고 세상은 혼란에 빠져든다. 통치 기구를 신뢰하지 못하는 사람들이 자신의 생존만 우선하여 행동하기에 일찍이 토머스 홉스가 "만인의 만인에 대한 투쟁"이라고 표현했던 '자연 상태'로 되돌아가게 된다. 이것이 두 번째 선택지의 결과 '야만 상태'다.

❸ 기후 마오쩌둥주의

사회가 '야만 상태'로 추락하는 최악의 사태를 피하려면 다른 형태의 통치가 필요하다. 빈부 격차에 따른 '1퍼센트 대 99퍼센트'의 대립을 완화하는 동시에 하향식top-down으로 기후 변화 대책을 실행하지 않을까. 그러기 위해 자유시장과 자유민주주의 같은 이념을 버리고 중앙집권적인 독재 국가를 성립하여, 더욱 '효율적'이며 '평등주의적'인 기후 변화 대책을 실행할 가능성도 있다. 이런 방식을 '기후 마오쩌둥주의'라고 부른다.

❹ X

그렇지만 전제적인 국가주의에도 '야만 상태'에도 저항할 수 있는 방법이 분명 있을 것이다. 사람들이 강한 국가에 의지하지 않고 자발적으로 민주주의적인 상호부조를 실천하여 기후 위기에 맞설 가능성은 절대 0이 아니다. 그 가능성이 실현된 곳이야말로 공정하며 지속 가능한 미래 사회일 게 틀림없다. 여기서는 일단 X라고 부르겠다.

여기까지 보면 알 수 있듯 이 책이 최종적으로 목표하는 미래는 마지막 선택지 'X'다. 인류가 자유·평등·민주주의를 지키면서 살아남을 마지막 기회는 X를 선택했을 때만 만날 수 있다. 지금부터 대체 X가 무엇인지 명명백백히 밝히겠다.

왜 자본주의에서는 탈성장을 하지 못하는가

X의 단서가 없지는 않다. 사실 우리 손에 이미 그 단서가 있다. '탈성장'이다.

환경 위기 극복에 왜 '탈성장'이 필수적일까. 그 이유에 대해서는 앞선 내용으로 충분히 설명이 되었으리라 생각한다. 우리는 제2장에서 '녹색 성장' 노선으로는 모든 인류가 살아남을 수 있는 지구 환경을 유지하지 못한다는 사실을 배웠다. 디커플링은 '환상'이며, '녹색'이라는 딱지가 붙어 있든 아니든 경제 성장은 환경 부하를 증대시킬 수밖에 없다. 경제 성장을 추구하는 정책으로는 기후 변화로 상징되는 전 세계적인 환경 위기에서 탈출하지 못한다는 말이다.

그 때문에 우리에게는 기후 케인스주의와 다른, 새로운 합리성이 필요하다. 경제 성장에 의존하지 않는 경제체제, 탈성장을 유력한 후보로 고려해야 하는 것이다. 이것은 케이트 레이워스 등이 내린 결론이기도 하다.

탈성장이란 지나치게 과속하는 자본주의에 제동을 걸고 인간과 자연을 최우선하는 경제를 만들어내려는 프로젝트다. 여기까지는 좋은 말이고, 맞는 말이다.

그렇지만 자본주의 시스템을 유지한 채 '탈성장'이 가능할까? 우리는 이 질문을 진지하게 고민해야 한다.

이제부터 이야기할 것은 레이워스의 생각처럼 신자유주의를 수정해 자본주의를 다시 길들이자는, 즉 자본주의 시스템에서 탈성장을 실현하자는 미적지근한 제안이 아니다. 왜냐하면 지구 환경을 파괴한 범인이 바로 무한한 경제 성장을 좇은 자본주의 시스템이기 때문이다. 그렇다, 자본주의야말로 기후 변화를 비롯해 환경 위기를 초래한 원인이다.

자본주의 시스템은 가치 증식과 자본 축적을 위해 끊임없이 새로운 시장을 개척한다. 그 과정에서 환경 부하는 외부로 전가되고 자연과 인간에게서 약탈이 이뤄진다. 자본은 마르크스가 말했듯 "제한이 없는" 운동을 한다. 이윤을 늘리기 위한 경제 성장을 결코 멈추지 못하는 것이 자본주의의 본질이다.

자본은 경제 성장을 위해 수단을 가리지 않는다. 기후 변화 등

환경 위기가 심각해지는데도 불구하고 자본주의는 그조차 이윤 획득의 기회로 여긴다. 산불이 늘어나면 화재보험을 판다. 메뚜기가 늘어나면 농약을 판다. 역배출 기술은 그 부작용이 지구를 갉아먹는다 해도 자본에는 돈벌이 기회를 줄 것이다. 이것이 이른바 '재난편승형 자본주의'다.

이처럼 전 세계에 위기가 악화되어 고통받는 사람들이 늘어나도 자본주의는 마지막의 마지막까지 온갖 상황에 끈질기게 적응하여 이윤을 획득할 기회를 찾아낼 것이다. 환경 위기를 마주해도 자본주의는 스스로 멈추지 않는다.

이대로 가면 자본주의는 지구의 표면을 빠짐없이 바꿔서 더 이상 인류가 살아갈 수 없는 환경으로 만들어버릴 것이다. 그런 환경이 '인신세'라는 시대가 도달할 종착지다.

그렇기 때문에 무한한 경제 성장을 목표하는 자본주의와 지금 당장 맞서야 한다. 우리 손으로 자본주의를 멈추지 못하면 인류의 역사는 끝날 것이다.

제2장에서 언급했듯이 기후 위기 대책의 일환으로서 생활수준을 1970년대 후반 수준까지 낮추자는 주장이 있다. 그 때문에 누군가는 자본주의를 멈추기보다는 '1970년대의 자본주의'로 돌아가면 환경 위기에서 벗어날 수 있지 않겠느냐고 반론을 제기할지도 모르겠다.

그렇지만 자본주의는 바로 1970년대에 심각한 체제 위기에 빠졌었다. 그 위기를 넘어서기 위해 신자유주의라는 정책 패키지가 전 세계에 도입되었던 것이다. 신자유주의는 민영화, 규제 완화, 긴축 정책 등을 추진하여 금융 시장과 자유무역을 확대했고, 세계화의 단초를 제공했다. 그것이 자본주의가 연명할 수 있는 유일한 방법이었기 때문이다.[8]

그렇기 때문에 이제 와서 '1970년대의 자본주의'로는 돌아갈 수 없으며, 돌아간다 해도 자본주의는 자본의 자기 증식을 꾀하기에 같은 단계에 머무르지 못한다. 혹시라도 같은 단계에 머물러서 이윤의 추구를 그만두면 자본주의는 또다시 체제 위기에 빠질 것이다. 그러면 머지않아 신자유주의라는 길로 다시 나아갈 수밖에 없고, 결국 환경 위기가 심각해질 것이다.

환경 위기에 맞서 경제 성장을 억제하려면 우리 손으로 자본주의를 멈추고 탈성장형 포스트 자본주의를 향해 대전환을 하는 수밖에 없다.

왜 가난은 없어지지 않는가

위기를 넘어서기 위해 '탈성장'이 필요하다는 설명에 틀림없이 많은 독자들이 거부 반응을 보일 것이다.

특히 '탈성장'이라는 말에 곧장 '청빈'이라는 단어를 떠올리지 않을까. 태평하게 청빈이나 운운하는 사람은 진짜 노동자들의 고통을 모르는 부자일 뿐이라고 반응할 수도 있겠다.

많은 사람들이 거시적으로 성장하지 않으면 재분배를 할 만큼 파이가 커지지 않아서 빈곤층까지 부가 전해지지 않는다고 생각할 듯하다. 즉, 낙수 효과가 일어나지 않는다고 말이다.

어떤 면에서 그런 비판은 타당하다. 현재의 체제는 경제 성장을 전제로 제도를 설계하고 있다. 그런 사회에서 성장이 멈추면 당연히 비참한 사태가 일어날 것이다.

그렇지만 의문도 든다. 자본주의가 이만큼이나 발전했는데, 아직도 선진국에서 살아가는 수많은 사람들이 '가난'한 것은 좀 이상하지 않은가?

임금을 받아도 부동산 임대료, 휴대전화비, 교통비, 술값 등으로 순식간에 사라진다. 그래서 음식과 옷, 친목에 드는 비용을 필사적으로 아낀다. 그렇게 아껴도 생활이 아슬아슬할 정도로 임금이 적은데, 학자금 대출과 주택 담보 대출까지 짊어지고 있어 매일 성실하게 일한다. 이보다 청빈한 삶이 있을까?

대체 앞으로 얼마나 경제 성장을 해야 사람들이 풍요로워질까. 경제 성장을 목표하여 '아픔이 동반되는' 구조개혁과 양적완화를 한 끝에 노동분배율*은 저하되고 격차는 계속 커지지 않았는

---

* 한 나라의 경제, 또는 특정 사업이나 기업 등에서 생산된 소득 중 노동에 분배되는 임금 등의 비율.

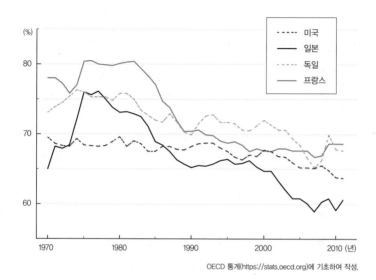

[표15. 세계 각국의 노동분배율 저하]

OECD 통계(https://stats.oecd.org)에 기초하여 작성.

가.(표15 참조) 게다가 경제 성장은 대체 언제까지 자연을 희생 양으로 삼을까.

탈성장론이 인기 없는 이유

경제 성장을 추구하는 것이 이렇게나 불합리한데도 탈성장론이 인기 없는 이유는 무엇일까?

일본의 경우에는 특유한 사정이 있다. 고도 경제 성장 덕에 아득할 만큼 경제적으로 앞서간 단카이团塊 세대*가 이제 와서 탈성장이라는 '허울 좋은 일'을 주장한다고 마뜩잖게 생각하는 사람이 많은 것이다. 젊은 시절에 경제 성장의 과실을 잔뜩 맛본 단카이 세대 중 일부는 일선에서 물러난 뒤부터 "이대로 일본 경제는 천천히 쇠퇴하면 된다."라고 말하기 시작했다. 그런 발언은 취업 빙하기에 처한 젊은 세대의 강한 반발을 샀다. 그런 세대 간 갈등이 우에노 지즈코上野 千鶴子와 기타다 아키히로北田 暁大의 사제 논쟁으로 나타나기도 했다.[9]

이처럼 일본에서는 '탈성장 대 경제 성장'이라는 인류의 생존을 건 대립이 경제적으로 유복한 단카이 세대 대 가난한 취업 빙하기 세대의 대립으로 축소되고 말았다. 그리고 탈성장은 '긴축' 정책과 한데 연결된 것으로 여겨졌다.

한편으로는 단카이 세대의 탈성장론에 대한 안티테제로서 리플레이션파와 현대화폐이론(MMT)이 세계 최첨단의 '반긴축' 사상으로 일본에 소개되어 젊은 세대의 지지를 얻고 있다.

물론 사람들의 기본 생활을 최우선하는 반긴축은 훌륭한 발상이다. 그런데 일본의 반긴축 논의가 결정적으로 빠뜨린 것이 있다. 바로 이 책의 주제인 기후 변화 문제다.

---

* 제2차 세계대전 직후인 1947~49년 사이에 태어난 베이비붐 세대를 일컫는 말이다. 일본이 고도 경제 성장을 하던 1970~80년대에 가장 활발히 경제 활동을 한 세대이기도 하다.

이미 잠깐 다뤘지만, 앞장서서 반긴축을 내걸었던 미국의 버니 샌더스와 영국의 제러미 코빈 모두 반긴축 정책의 핵심에 그린 뉴딜을 두었다. 즉, 인프라 혁신과 생산 과정 변혁은 모두 기후 변화 대책이었던 것이다. 그런데 그들의 반긴축 정책이 일본에 소개될 때는 기후 변화 대책이라는 점이 쏙 빠져버렸다. 그 결과, 일본의 경제 논단에서 '반긴축'은 금융 완화와 재정 지출을 통해 오로지 자본주의적 경제 성장을 추구하는, 기존의 이념과 다를 바 없는 것으로 다뤄졌다.

자본주의를 비판하는 Z세대

일본 밖에서 버니 샌더스를 비롯한 '좌파 포퓰리즘'을 지지하는 이들은 일본에서 반긴축을 주장하는 젊은 세대보다도 어린 밀레니얼 세대와 Z세대. 그들의 두드러진 특징은 환경 의식이 매우 높으며, 자본주의에 비판적이라는 것이다. 오죽하면 '제너레이션 레프트generation left'라고 불릴 정도다. 실제로 미국의 Z세대 중 절반 이상이 자본주의보다 사회주의를 긍정적으로 바라보고 있다.(124면 표16 참조)

흔히 1990년 후반부터 2000년대에 태어난 Z세대를 디지털 네이티브digital native라고 하는데, 그만큼 그들은 최신 기술을 자유자

[표16. 자본주의와 사회주의를 바라보는 미국인의 견해]

	자본주의에 긍정적	사회주의에 긍정적
18~29세	45%	51%
30~49세	58%	41%
50~64세	60%	30%
65세 이상	60%	28%

갤럽이 2018년 조사한 결과에 기초하여 작성.

재로 다루어 전 세계 사람들과 연결되고 있다. 그 덕에 세계 시민에 걸맞은 감각을 길러냈다.

그리고 무엇보다 젊은 세대는 신자유주의가 규제 완화와 민영화를 추진한 결과 격차 문제와 환경 파괴가 한층 심각해지는 것을 직접 체감하며 성장했다. 이대로 자본주의가 계속된들 밝은 미래는 오지 않으며 어른들이 벌인 일을 뒤처리하게 될 뿐이라는 예상에 젊은 세대는 절망하고 분노한다.

그 때문에 Z세대가 스스로 세계 시민이라는 자각을 품고 당장 사회를 바꾸려 하는 것이다. 그레타 툰베리는 그런 Z세대를 상징하는 인물 중 하나라 할 수 있다. 실제로 다양성을 추구하는 Z세대는 그레타 툰베리 같은 흔치 않은 개성도 있는 그대로 받아들이고 지지한다.

일본에서 반긴축을 주장하는 이들은 Z세대의 감각을 직감적으로 이해하지 못할 것이다. Z세대와 밀레니얼 세대야말로 '좌파 포퓰리즘'을 가장 열성적으로 지지하는데도 말이다.

Z세대의 성향 때문에 버니 샌더스와 제러미 코빈은 경제 성장을 하여 일자리를 늘리고 부를 재분배한다는 기존의 논리를 '반긴축' 정책에 포함하지 않았다. 오히려 반反자본주의 노선을 택했다. 단순한 경제 성장 노선을 내걸었다면 '녹색 성장' 지지자인 토머스 프리드먼 같은 이들의 호감을 샀겠지만, 밀레니얼 세대와 Z세대의 지지는 순식간에 잃었을 것이다.[10]

일본의 탈성장 담론이 유럽이나 미국과 사뭇 다른 양상을 보이는 것은 기후 변화와 자본주의를 대하는 자세부터 다르기 때문이다. 유럽과 미국에서는 기후 변화에 대처하기 위해 자본주의 시스템을 뛰어넘어야 한다는 의견이 나오고 있다. 그런 와중에 신세대의 이론으로 대두된 것이 바로 탈성장이다.

뒤처진 일본의 정치

유럽과 미국보다 기후 변화에 관심이 적은 일본에서는 탈성장이 경기 침체 시기였던 '잃어버린 30년'이나 '단카이 세대'와 연결되고 있다. 탈성장 따위 구세대의 이론일 뿐이라는 고정관념이 자리 잡은 것이다. 그 탓에 최근 들어 세계에서 새로운 탈성장 이론이 등장하고 있음에도 일본에는 전혀 소개되지 않고 있다.[11]

이래서야 세계적인 흐름에서 뒤처질 뿐이다. 그 폐해는 현대 일본 사회에서 정치적 가능성이 눈에 띄게 좁아지는 것으로 나타나고 있다.

세계 경제 전체를 둘러보면 일본 정치의 문제를 이해할 수 있다. 계속 경제가 성장하여 그 결과가 많은 사람들에게 분배되던 시절에는 모두가 만족했고 사회도 안정되어 있었다. 하지만 이제는 점점 경제 성장이 어려워지고 경제적 격차가 두드러지며 환경 문제 역시 심각해지는 '인신세'가 되었다.

그 때문에 세계 각국에서는 직접 행동을 일으키는 '혁명적' 환경운동이 등장하고 있다. 영국의 '멸종 저항Extinction Rebellion'*과 미국의 '선라이즈 무브먼트Sunrise Movement'** 등은 경찰에 체포되는 것을 두려워하지 않고 점거 활동 같은 직접적인 행동으로 항의운동을 펼치고 있다. 그 운동에 가담한 사람들은 평범한 시민과 학생부터 할리우드 배우와 올림픽 금메달리스트까지 실로 다양하다. 그들의 목소리가 지배자 계급의 정당성을 흔들기에 새로운 정치적 가능성이 출현하고 있다. 그 가능성에는 자본주의를 뛰어넘을 수 있는 잠재력이 있다.

만약 반긴축을 외치는 일본의 리버럴 좌파가 기후 위기를 외면

---

* 2018년부터 활동한 영국 환경단체. 인간을 포함한 생물종이 기후 위기 때문에 멸종되는 것을 막기 위해 저항한다는 뜻으로 이름 지었다.
** 2017년 출범한 미국 시민단체. 기후 변화 대책을 위한 정치적 행동을 촉구한다.

하고 또다시 경제 성장을 목표한다면, 그들은 결국 기후 케인스주의에 포섭되어 자본주의를 안정시키는 역할만 하고 말 것이다.

지금이 기후 위기의 시대이기에 실은 더욱 혁신적이고 대담한 정치를 향해 활짝 문이 열려 있을 것이다. 그렇지만 일본은 다른 사회를 그려내는 상상력을 해방하는 대신, 환경 파괴의 주범인 경제 성장을 여전히 좇고 있다.

변하지 않는다면, 수십 년 후에는 일본만 대량의 이산화탄소를 배출할 것이다. 그리고 '제너레이션 레프트'가 세상을 이끌 미래에는 다른 국가들이 일본을 삼류 국가로 치부할 것이다.

구세대 탈성장론의 한계

그런데 오래된 탈성장론으로는 왜 부족할까? 오래된 탈성장론은 얼핏 자본주의에 비판적인 듯이 보이지만, 결국에는 자본주의를 받아들이기 때문이다. 자본주의라는 틀 안에서 '탈성장'을 논하려고 하면, 어쩔 수 없이 '정체'나 '쇠퇴' 같은 부정적인 인상에 사로잡히고 만다.

이런 한계는 오래된 탈성장론이 처음 퍼져 나가던 무렵의 역사적 배경, 즉 소련의 붕괴와 관련이 있다. 탈성장파의 1세대로 유명한 프랑스의 세르주 라투슈Serge Latouche가 글에 썼듯이 소련 붕괴 후 마르크스주의는 "과거로의 불가능한 회귀"를 꿈꾸는 공상주의로 전락해버렸다.[12] 탈성장은 그런 상황에서 리버럴 좌파가 다시 일어나기 위해 시험한 것이었다.

아니, 좀더 정확히 말하면 라투슈로 대표되는 오래된 탈성장론은 좌파도 우파도 아닌 대안을 찾으려 했다. 왜냐하면 '자연'이야말로 좌파도 우파도 부자도 빈자도 가리지 않는 보편적 관심사라고 여겼기 때문이다. 그랬기 때문에 구세대 탈성장파는 자본주의 극복을 목표하지 않았다. 애초에 그런 틀에서 논의가 이뤄지는 걸 싫어했다.

일본의 낙관적 탈성장론

구세대의 탈성장파가 자본주의 극복을 목표하지 않은 것은 일본에서도 마찬가지였다. 이를테면 '정상형 사회定常型 社會'라는 개념이 일본에 널리 알려지는 데 크게 공헌한 히로이 요시노리広井 良典는 '정상형 사회'를 '지속적인 복지국가·복지사회'라고 정의하며 다음처럼 말했다.

우선 기본적인 것부터 확인해두자면, 필자가 생각하는 정상형 사회에서 '시장경제' 또는 '사리 추구'가 전부 부정되지는 않는다.

다르게 표현해 정상형 사회가 곧 사회주의(공산주의) 경제 시스템이 아니라는 말이며, (…) 그것은 기존의 '자본주의 대 사회주의' 혹은 '자유 대 평등' 같은 대립을 뛰어넘은 사회 이념이다.[13]

또한 사회경제학자 사에키 게이시佐伯 啓思 역시 "사회주의로 도망칠 수도 없다"고 처음부터 선택지에서 배제하고는 다음처럼 말했다.

경제 경쟁, 성장 경쟁의 와중에 무리하게 성장을 가속하려고 각국의 통화 당국이 지나치게 유동성을 공급하면, 점점 금융시장이 불안정해져서 경제에 거품이 생겨나고 머지않아 터질 것이다. (…) 탈성장이야말로 자본주의를 장기적으로 안정되게 지속시킬 수 있는 거의 유일한 방법이다.[14]

히로이와 사에키의 주장에 따르면, 자본주의 시장경제를 유지한 채로도 자본의 성장을 멈출 수 있다. 지나친 자본주의도 문제지만, 소련도 붕괴되었으니 더 이상 '사회주의'에 얽매이면 안 된다는 말이다. 사회민주주의 복지국가 정책으로 다시금 신자유주의의 시장근본주의를 다스리자, 그리고 거기에 지속 가능한 이념을 덧붙이자. 히로이와 사에키는 이렇게 하면 탈성장·정상형 사회로 전환할 수 있다고 생각한 것이다.

이 주장이 옳다면 임금 노동과 자본의 관계, 사적 소유, 시장의 이윤 획득 경쟁 등에 근본적인 변화를 꾀할 필요가 없다. 물적 소비가 포화에 다다른 선진국 사회도 제도를 잘 설계하고 인센티브만 적절히 부여하면 된다. 그러면 시장에서 이윤을 좇는 것 외에 사교나 공공성과 관련한 다양한 활동에도 사람들이 자연스레 적극적으로 임하게 되리라고 구세대 탈성장파는 생각했다.

새로운 탈성장론의 출발점

구세대 탈성장파의 낙관적인 예측이 과연 적중할까? 이 질문이 바로 새로운 탈성장론의 출발점이다. 분명히 소련은 논외이지만 자본주의와 탈성장의 타협이라는 발상도 틀렸으며 역시 자본주의에 맞서야 한다. 이것이 새로운 탈성장론의 입장이다.

무슨 이야기인지 설명하기 위해 슬로베니아의 마르크스주의 철학자 슬라보예 지젝Slavoj Žižek의 의견을 소개하겠다. 조지프 스티글리츠Joseph E. Stiglitz를 향한 지젝의 비판을 오래된 탈성장론에도 적용할 수 있기 때문이다.

노벨 경제학상을 수상한 스티글리츠는 지나친 세계화, 한쪽으로 쏠린 부, 시장을 지배하는 대기업 등을 신랄하게 비판한 것으로 유명하다. 그런데 스티글리츠가 해결책으로 구상한 '진보적 자본주의progressive capitalism'를 지젝이 문제시했다.

스티글리츠는 자유시장에 대한 맹신을 비난하면서 공정한 자본주의사회를 실현하기 위해서는 노동자의 임금 인상, 부유층과 기업에 대한 과세, 나아가 독점 금지 강화까지 이뤄져야 한다고 주장한다.[15] 민주적인 투표로 법률과 정책을 변경하면 경제 성장이 회복되고 만인이 중산층이 되어 풍요롭게 살아가는 '진보적' 자본주의가 가능하다는 것이다.

그렇지만 법률과 정책을 변경한다고 정말로 자본주의를 길들일 수 있을까? 지젝은 이렇게 의문시했다. 애초에 법인세 인상과 사회보장비 확충이 가능했다면 한참 전에 하지 않았을까? 자본주의는 1970년대에 수익률이 저하되어 심각한 위기를 겪었기 때문에 그간 필사적으로 온갖 규제를 없애서 세율을 낮추지 않았는가? 그런데 앞으로 규제를 오래전 수준이나 그 이상으로 강화한다면 자본주의 자체가 무너져버리지 않을까? 그런 일들을 자본주의가 순순히 받아들일 리가 없다. 자본주의는 또다시 목숨 걸고 저항할 것이다.

요약하면 다음과 같다. 스티글리츠는 더욱 공정한 미래 비전을 '올바른 자본주의'라고 하며 기존의 '짝퉁 자본주의'와 대치시켰는데, 그 과정에서 또 다른 가능성을 놓쳤다. 그 가능성이란, 스티글리츠가 동경하는 2차 세계대전 후부터 1970년대까지의 '황금기'야말로 오히려 예외적인 '짝퉁 자본주의'의 시대였을지 모른

다는 것이다. 그리고 스티글리츠가 규탄하는 현재의 자본주의야
말로 실은 '진짜 자본주의'인 것이다.

지금이 '진짜 자본주의'라는 말은, 스티글리츠가 추구하는 '개
혁'과 자본주의의 유지가 양립할 수 없다는 뜻이다. 바로 그 때문
에 그의 '개혁'은 결코 실현할 수 없지 않을까? 그럼에도 불구하
고 그런 개혁을 자본주의를 유지하기 위함이라며 진지하게 주장
하는 스티글리츠를 지젝은 진정한 '공상주의자'라고 했다.[16]

'탈성장 자본주의'는 존재하지 않는다

'공상주의'라는 비판은, 자본주의 내에서 탈성장 사회로 전환하
자고 주장하는 사람들에게도 그대로 할 수 있다. 자본의 정의만
살펴봐도 '탈성장'과 '자본주의'는 양립이 불가능하기 때문이다.

자본이란 가치를 쉬지 않고 늘려가는 끝없는 운동이다. 거듭된
투자로 재화와 서비스를 생산하여 새로운 가치를 낳고, 이익을
올리면 한층 더 규모를 키우려 한다. 목표를 이루기 위해서는 전
세계의 노동력과 자원을 이용하고, 새로운 시장을 개척하여 아주
작은 사업 기회도 절대로 놓치지 않는다.

그렇지만 자본주의가 전 세계를 뒤덮은 결과 사람들의 생활과
자연환경이 파괴되고 말았다. 탈성장은 지나쳐버린 자본의 운동

에 제동을 걸어 감속시키려 하는 것이다.

구세대 탈성장파는 이렇게 말할 것이다. 자본주의의 모순을 외부화하거나 전가하지 말자, 자원을 수탈하지 말자, 기업의 이익보다 노동자와 소비자의 행복을 우선하자, 시장 규모도 지속 가능한 수준으로 축소하자.

이런 주장은 분명히 간편한 '탈성장 자본주의'다. 이 주장의 문제는 이윤 추구도, 시장 확대도, 외부화도, 전가도, 노동자와 자연을 수탈하는 것도, 전부 자본주의의 본질이라는 사실이다. 그 본질을 전부 그만두고 감속하라는 말은 사실상 자본주의를 때려치우라고 하는 것이나 마찬가지다.

이윤을 획득함으로써 경제를 성장시키는 자본주의의 본질적 특징을 없애는 동시에 자본주의를 유지하길 바라는 것, 이 바람은 '둥근 삼각형'을 그리겠다는 것이나 마찬가지다. 그야말로 '공상주의'인 것이다. 이것이 구세대 탈성장론의 한계다.

'잃어버린 30년'이 탈성장이었을까?

어째서 자본주의 내부에서는 탈성장이 불가능할까. 이에 대해 일본 사회를 예로 들어 좀더 자세히 살펴보겠다.

본질적으로 성장을 목표하는 자본주의를 유지한 채 이뤄지는 탈성장이란 실은 '잃어버린 30년' 동안의 일본 같은 상태를 가리킨다. 실제로 히로이는 일본이 "성숙사회의 새로운 풍요를 선도할 위치에 있다"고도 했다.[17]

그렇지만 자본주의에서 성장하지 못하는 상태보다 나쁜 것은 없다. 자본주의 시스템에서 성장이 멈추면, 기업은 더욱 필사적으로 이익을 올리려고 든다. 제로섬 게임이 펼쳐지는 것이다. 그 게임에서는 노동자 임금 삭감, 정리해고, 비정규직 확대 등 경비 삭감이 단행되기도 한다. 국내에서는 계급적 분단이 확장되고, 글로벌 사우스에서는 약탈이 한층 심해진다.

실제로 일본 사회에서는 그간 노동분배율이 저하되었으며 빈부 격차가 갈수록 커지고 있다. 또한 '갑질 기업' 등 노동문제도 심각해지고 있다.

다 같이 나눌 파이가 점점 작아지고, 안정된 일자리가 줄어들면서 사람들은 어떻게든 나만 살아남으려고 격렬한 경쟁을 벌이고 있다. '상급국민·하급국민'*이라는 말이 일본 사회에서 유행어가 된 것에서도 알 수 있듯이 사회적 분열은 사람들의 마음에 상처를 입히고 있다.

---

* '상급국민'과 '하급국민'은 오래전부터 일본에서 쓰였지만, 명확한 정의는 없고 시대에 따라 의미가 조금씩 달라졌다. 현재 일본에서 '상급국민'은 극히 일부의 관료, 정치가, 기업인, 연예인, 언론인 등 자기들만의 카르텔을 구성해 위법 행위를 저질러도 별다른 처벌을 받지 않는 계층을 가리키는 말로 쓰인다. 그에 비해 '하급국민'은 범죄를 저지르거나 사회에 적응하지 못한 사람들을 뜻한다.

'탈성장'의 의미를 새롭게 묻다

일본 사회에서 벌어진 참상을 보면 중요한 사실을 알 수 있다. 일본의 '장기 침체'와 신형 코로나 팬데믹에 의한 '경기 후퇴(리세션recession)'를 '정상定常 상태'나 '탈성장'이라고 혼동해서는 안 된다는 것이다.

종종 하는 오해를 바로잡으면, 탈성장의 주요 목적은 결코 GDP를 줄이는 것이 아니다. 그런 목표로는 결국 GDP 수치만 신경 쓰게 될 것이기 때문이다.

자본주의 아래에서 경제 성장을 해야 사람들이 번영할 수 있다고 했기에 우리 사회는 그간 GDP 증대를 목표해왔다. 하지만 만인의 번영은 아직도 찾아오지 않았다.

기존 경제 성장의 안티테제인 탈성장은 GDP에 꼭 반영되지 않는, 사람들의 번영과 생활의 질에 중점을 둔다. 양(성장)에서 질(발전)로 전환하는 것이다. 탈성장이란 지구 한계를 주의하면서 경제적 격차 해소, 사회보장 확충, 여가 증대 등을 중시하는 경제 모델로 전환하는 일대 계획이다.

그렇기 때문에 오늘날 일본처럼 석탄화력발전소를 건설하는 것은 '탈성장'이 아니다. 경제 성장을 하지 않아도 경제적 격차가 벌어진다면 역시 '탈성장'이 아니다. 생산을 축소했는데 실업자가 늘어날 뿐이라면 '여가 증대'에서 멀어지기에 '탈성장'이 아니다. 줄여야 하는 것은 SUV, 소고기, 패스트 패션이지 교육, 사회보장, 예술이 아니다.

다시 말해 히로이의 견해와 달리 일본은 탈성장을 '선도'하는 상황이 아니다. 그저 장기 침체인 것이다.

자유, 평등, 공정이 있는 탈성장론!

'탈성장'은 평등과 지속 가능성을 목표한다. 그에 비해 자본주의의 '장기 침체'는 불평등과 빈곤을 불러일으킨다. 그리고 개인 간 경쟁을 격화시킨다.

끝없는 경쟁에 노출된 현대 사회에서는 누구에게도 약자에게 손을 내밀 여유가 없다. 홈리스가 되면 태풍이 왔을 때 피난소에 들어가는 것도 거부당한다. 화폐를 지니고 있지 않으면 인권이 박탈당하고 생명조차 위험해지는 경쟁 사회에서 상호부조란 지극히 어려운 일이다.

그렇기 때문에 정말로 상호부조와 평등을 목표한다면 계급, 화폐, 시장과 관련한 문제에 더욱 깊이 파고들어야 한다. 자본주의의 본질적 특성을 유지한 채 재분배와 지속 가능성을 중시하는 법률과 정책을 이용해 '탈성장·정상형 사회'로 도약하기란 불가능하다.

케이트 레이워스조차도 그 전 단계에서 멈춰버렸다. 레이워스는 '도넛 경제'를 실현하기 위한 열쇠가 '인구, 분배, 열망, 기술, 거버넌스'라고 했다.[18] 그런데 비해 생산, 시장, 계급―즉, 자본주의적 생산양식―을 본질적인 문제라고 여기지는 않았다.

사적 소유와 계급 같은 문제를 건드리지 않고도 자본주의를 감속하여 지속 가능한 방향으로 수정할 수 있다는 말일까. 하지만 그런 태도로는 결국 자본의 힘에 무릎을 꿇을 것이고, 자본주의의 불평등과 부자유는 영원히 계속될 것이다.

결국 탈성장 자본주의란 무척 매력적인 것 같지만, 실현 불가능한 공상주의일 뿐이라는 말이다. 그래서 '네 가지 미래의 선택지'(114면 표14 참조) 중 어디에도 들어맞지 않는 것이다. 이 책에서 좇는 선택지 X는 탈성장 자본주의가 아니다.

탈성장을 옹호하고 싶다면 자본주의와 절충하는 데에 머무를 게 아니라 더욱 어려운 이론적·실천적 과제에 도전해야 한다. 역사의 커다란 분기점에 있는 만큼 자본주의 자체에 의연하게 도전해야 하는 것이다.

노동을 근본적으로 변혁하여 착취와 지배의 계급적 대립을 뛰어넘고, 자유롭고 평등하며 공정한 동시에 지속 가능한 사회를 수립한다. 이것야말로 신세대의 탈성장론이다.

'인신세'에 되살아난 마르크스

사실 역사를 돌이켜본다면 성숙한 자본주의가 저성장이나 제로 성장을 순순히 받아들여서 정상형 경제로 '자연스레' 전환하리라고 진심으로 믿기는 불가능하지 않을까. 오히려 저성장 시대가 되면 제국적 생활양식에 매달리기 위해 생태제국주의와 기후 파시즘이 한층 격렬해질 것이다.

그와 더불어 기후 위기 탓에 일어날 혼란을 틈타 재난편승형 자본주의도 기승을 부릴 것이다. 하지만 그 길로 계속 나아가면 지구 환경은 점점 악화되고 마침내는 인간이 제어할 수 없게 되어 사회가 야만 상태로 퇴행한다. 저성장 시대의 '경착륙'인 것이다.[19] 물론 가장 피하고 싶은 사태임에 틀림없다.

'인신세'에 경착륙을 하지 않으려면 자본주의를 명확히 판단하여 탈성장 사회를 향해 자발적으로 전환할 것을 분명하게 요구하는 이론과 실천이 필요하다. 어중간한 해결책으로 대책을 뒤로 미룰 여유는 더 이상 없다. 신세대의 탈성장론은 더욱 근본적이고 급진적인 자본주의 비판을 받아들일 필요가 있다.

그렇다, '코뮤니즘communism'이다.

드디어 카를 마르크스와 탈성장을 통합해야 하는 이유를 말하기에 이르렀다.

여기서 마르크스를 끄집어낼 뿐 아니라 탈성장과 통합하려 하는 것에 강한 위화감을 품는 독자들이 분명 많을 것이다. 마르크스주의는 계급투쟁만 다루며 환경문제는 취급 안 하는 것 아니었나. 실제로 소련 역시 경제 성장에 연연하다 환경 파괴를 저질렀으니 마르크스주의와 탈성장은 물과 기름 같은 관계가 아닌가.

다음 장에서 밝히겠지만, 그렇지 않다.

자, 잠들어 있던 마르크스를 오랜만에 깨워보자. 그러면 반드시 '인신세'의 부름에 응답해줄 것이다.

제4장

'인신세'의 마르크스

Das Kapital im Anthropozän

마르크스의 복권

'인신세'의 환경 위기를 마주해 우리는 자본주의를 비판하고 포스트 자본주의의 미래를 구상해야 한다. 그런데 그렇다고 해도 왜 지금 마르크스일까.

마르크스주의라 하면 소련이나 중국 공산당 같은 일당 독재, 온갖 생산수단의 국유화 같은 이미지를 떠올릴 것이다. 마르크스주의는 시대에 뒤처진 데다 위험하다고 여기는 독자가 많으리라.

실제로 소련 붕괴 후 일본에서는 마르크스주의가 한참 정체되어 있다. 요즘은 좌파에서도 마르크스를 드러나게 옹호하거나 그 지혜를 활용하려 하는 사람이 매우 드물다.

그렇지만 세계로 눈을 돌리면 최근 몇 년 사이 마르크스의 사상이 다시금 큰 주목을 받고 있다. 자본주의의 모순이 심각해지면서 '자본주의 말고 다른 선택지는 없다.' 하는 '상식'에 균열이 가기 시작한 것이다. 앞서 소개했지만, 미국의 청년들이 '사회주의'를 자본주의보다 선호한다는 여론조사 결과도 있다.

지금부터는 마르크스라면 '인신세'의 환경 위기를 어떻게 분석했을지 고찰하고, 나아가 기후 케인스주의와 다른 해결책의 단서를 제시하겠다.

물론 마르크스에 대한 낡은 해석을 되풀이하지는 않겠다. 최근 밝혀진 자료도 활용하여 '인신세'의 새로운 마르크스를 보여줄 생각이다.

'커먼'이라는 제3의 길

최근 들어 이뤄지는 마르크스 재해석의 핵심 개념 중 하나는 '커먼common', 혹은 '공共'이라고 불리는 것이다.* '커먼'이란 사회적으로 사람들에게 공유되고 관리되어야 하는 부富를 가리킨다. 20세기의 마지막 해에 안토니오 네그리Antonio Negri와 마이클 하트Michael Hardt라는 두 마르크스주의자가 『제국』이라는 책에서 제기하여 단숨에 유명해진 개념이다.[1]

'커먼'은 미국형 신자유주의와 소련형 국유화 모두와 대치하는 '제3의 길'을 여는 데 중요한 열쇠라고 해도 무방하다. 다시 말해, 시장근본주의처럼 전부 상품화하는 것도 아니고, 소련형 사회주의처럼 전부 국유화하는 것도 아니다. '제3의 길'인 '커먼'은 수

* '커먼'의 한국어 역어는 아직 명확히 합의되지 않았다. 공유(共有), 공통(共通), 공동(共同)으로 옮기거나 '커먼'이라고 쓰는데, 이 책에서는 원문을 존중해 '커먼'이라고 쓴다.

도, 전력, 주택, 의료, 교육 등을 공공재로 삼아서 사람들이 스스로 민주주의적으로 관리하는 것을 목표한다.

비슷한 개념으로 도쿄대학교 명예교수인 우자와 히로후미宇沢弘文가 1970년대 초에 제시한 '사회적 공통자본'이 있다. 우자와의 생각을 정리하면 다음과 같다.

사람들이 '풍요로운 사회'에서 살아가며 번영하기 위해서는 일정한 조건이 갖춰져야 한다. 물과 토양 같은 자연환경, 전력과 교통기관 같은 사회적 인프라, 교육과 의료 같은 사회제도가 그 조건이다. 이것들을 사회 전체의 공통 재산으로 삼아 국가의 규칙이나 시장의 기준에 맡기지 말고 사회적으로 관리·운영해가자.[2]

우자와의 발상과 '커먼'은 비슷하다. 단, '사회적 공통자본'과 비교해 '커먼'은 전문가에게 모두 맡기지 않고 시민이 민주적·수평적인 공동 관리에 참여하는 것을 중시한다. 그리고 '커먼'의 영역을 점점 확장하여 결국에는 자본주의 극복을 목표한다는 점이 사회적 공통자본과 결정적으로 다르다.

지구를 '커먼'으로 관리하다

실은 마르크스에게도 '코뮤니즘'은 소련 같은 일당독재와 국영화가 중심인 체제를 가리키는 개념이 아니었다. 그에게 '코뮤니즘'

이란 생산자들이 생산수단을 '커먼'으로 삼아서 함께 관리하고 운영하는 사회를 뜻했다.

나아가 마르크스는 생산수단뿐 아니라 지구 자체를 사람들이 '커먼'으로 여기며 관리하는 사회를 코뮤니즘으로 구상하려 했다.

마르크스는 『자본』 1권 말미의 유명한 구절에 다음처럼 적었다. '수탈자에 대한 수탈'이 일어나 코뮤니즘이 도래할 것이라고 하는, '부정의 부정'으로 널리 알려진 대목이다.

> 즉, 부정의 부정Negation der Negation인 것이다. 이 부정은 사적 소유를 다시 만들어내는 것이 아니라 자본주의 시대의 획득물[협업과 토지 공유 및 노동 자체에 의해 생산되는 생산수단의 공유]을 기초로 하는 개인적 소유individuelle Eigentum를 만들어낸다. [3]

여기서 '부정의 부정'이 무슨 의미인지 간단히 설명하겠다. 첫 번째 '부정'은 생산자들이 '커먼'이었던 생산수단에서 분리되어 자본가 밑에서 일해야 하는 상황에 놓인 것을 뜻한다. 그렇지만 두 번째 '부정'(부정의 부정)에서는 노동자들이 자본가의 독점을 해체한다. 그럼으로써 지구와 생산수단을 '커먼'으로 되찾는다는 말이다!

물론 이것만으로는 그저 추상적인 도식에 지나지 않는다. 그렇지만 마르크스의 주장은 명쾌하다. 코뮤니즘은 무한한 가치 증식을 추구해 지구를 황폐하게 만드는 자본을 무너뜨린다. 그렇게 된 다음에는 다 함께 지구 전체를 '커먼'으로 삼아 관리하자는 것이다.

코뮤니즘은 '커먼'을 재건한다

'커먼'에 대한 마르크스의 기본적 발상을 중시하는 태도는 네그리와 하트뿐 아니라 많은 이들이 공유하고 있다. 이를테면 지젝도 '커먼'을 언급하면서 코뮤니즘이 필요하다고 주장했다.

지젝에 따르면 세계자본주의 체제에서는 네 가지 '커먼', 즉 '문화', '외부 자연', '내부 자연', '인간 그 자체'라는 네 가지 커먼이 사람들을 적대하며 '포위'하고 있다. 그렇기 때문에 지젝은 지금 이 시대에 "코뮤니즘의 부활을 정당화하는 것은 (…) '네 가지 커먼'을 참조하는 것으로 가능하다."라고 적었다.[4]

지젝이 말했듯 코뮤니즘은 지식, 자연환경, 인권, 사회 등 자본주의에서 해체되어버린 '커먼'을 의식적으로 재건하려는 시도다.

널리 알려지지 않은 사실인데, 마르크스는 '커먼'이 재건된 사회를 가리켜 '어소시에이션association'이라고 불렀다. 마르크스는 미래 사회를 그리면서 '공산주의'나 '사회주의' 같은 표현은 거의 쓰지 않았다. 그 대신 사용한 용어가 '어소시에이션'이다. 노동자들의 자발적인 상호부조(어소시에이션)가 '커먼'을 실현한다는 것이다.

사회보장을 낳은 어소시에이션

이런 의미를 고려하면 21세기 들어 새롭게 '커먼'의 필요성이 대두된 것은 아니라는 점을 알 수 있다. 지금 국가가 운영하는 사회보장제도 등도 애초에 사람들이 어소시에이션을 통해 일궈온 '커먼'이기 때문이다.

사회보장은 수많은 사람들이 생활에 꼭 필요한 것들을 시장에 맡기지 않고 스스로 관리하려고 시도했던 데에서 비롯되었다. 그런 시도들을 20세기 복지국가에서 제도화한 것이 바로 사회보장제도다.

이에 대해서 런던정치경제대학교의 문화인류학자 데이비드 그레이버David Graeber는 다음과 같이 적었다.

유럽에서 훗날 복지국가를 이루었던 핵심적인 제도들의 대부분—사회보험과 연금부터 공공 도서관, 공공 보건소까지 모든 것—은 본래 정부가 아니라 노동조합, 주민 협회, 협동조합 그리고 노동자 계급 정당 및 조직들이 만들어낸 것이다. 그중 다

수는 '옛 껍질 속에서 새로운 사회를 세우기' 위해 아래로부터 사회주의적 제도들을 서서히 창조해가는 의식적인 혁명적 프로젝트와 깊이 연관되어 있다.[5]

그레이버에 따르면 어소시에이션에서 생겨난 '커먼'을 자본주의에서 제도화하는 방법 중 하나가 복지국가였던 것이다. 하지만 1980년대 이후 신자유주의의 긴축 정책 때문에 노동조합과 공공의료 등 어소시에이션이 차례차례 해체되거나 약체화되면서 '커먼'이 시장에 먹히고 말았다.

신자유주의에 맞서기 위해 복지국가로 되돌아가자는 선택지가 언급되는데, 그 역시 불충분한 대항책일 수밖에 없다. 고도 경제성장과 남북 격차를 전제로 하는 복지국가 노선은 기후 위기와 마주한 오늘날 더 이상 유효하지 않으며, 고작해야 자국을 우선하는 기후 케인스주의로 빠질 것이다. 기후 파시즘(113면)에 휩쓸릴 위험 또한 도사리고 있다.

국민국가의 프레임만으로는 오늘날의 전 세계적 환경 위기에 대응할 수 없다. 복지국가의 특징은 국가에 의한 수직적 관리인데, 이 역시 수평적인 '커먼'과 어울리지 않는다.

단순하게 사람들의 생활을 더욱 풍요롭게 만들 방법이 아니라 지구를 자본의 상품화로부터 되찾아 지속 가능한 '커먼'으로 삼을 수 있는 새로운 길을 모색해야 한다.

그러려면 커다란 미래 비전이 필요하다. '인신세'라는 환경 위기의 시대에는 아직 누구도 제시하지 않은 새로운 마르크스 해석이 필요한 것이다.

새로운 전집 프로젝트 '메가'

의문을 품는 이들도 있을 것이다. 이미 21세기가 한참 지났는데 어떻게 마르크스를 새롭게 해석할 수 있을까? 포장만 새롭게 해서 오래된 해석을 반복하려는 것 아닌가? 이렇게 생각할지도 모른다. 실제로 그런 책들도 많다.

그렇지만 최근에는 메가MEGA라고 불리는 새로운 '마르크스·엥겔스 전집Marx-Engels Gesamtausgabe'도 발간되고 있다. 필자를 포함해 세계 각국의 연구자들이 참여하는 국제적 프로젝트다. 전집의 규모도 차원이 달라서 최종적으로는 100권이 넘을 예정이다.

일본에서 구할 수 있는 '마르크스 엥겔스 전집'은 오쓰키쇼텐大月書店이 전체 53권으로 출간한 것이 있는데, 사실 진정한 '전집'은 아니다. 오쓰키쇼텐의 전집에 수록되지 않은 『자본』의 초고와 마르크스가 쓴 신문기사, 편지 등 방대한 자료가 남아 있기 때문이다. 오쓰키쇼텐이 출간한 것은 엄밀히 말해 '저작집'이다.

그에 비해 메가는 처음 공개되는 자료를 비롯해 마르크스와 엥겔스Friedrich Engels가 남긴 글이라면 가리지 않고 망라하여 출간하는 것을 목표한다.

새로운 자료 중 특히 주목해야 하는 것은 마르크스의 '연구 노트'다. 마르크스는 연구한 내용을 자신의 노트에 꼼꼼하게 발췌하여 적는 습관이 있었다. 망명 생활 중에는 돈이 없었기 때문에 런던의 영국박물관 열람실에서 매일매일 빌린 책을 노트에 옮겨 적었다.

마르크스는 생전에 그렇게 방대한 노트를 작성했는데, 그 속에는 『자본』에 포함되지 않은 아이디어와 갈등도 담겨 있다. 귀중한 1차 자료라 할 수 있다.

마르크스의 노트는 한참 동안 단순한 '발췌'로 치부되어 연구자들에게도 무시당하며 출판되지 않았으나 이제 필자를 포함한 전 세계 연구자들의 노력 끝에 메가의 네 번째 부문으로 전체 32권을 목표하여 차례차례 출간되고 있다.

메가가 발간되면서 일반적인 이미지와 전혀 다른, 새로운 『자본』 해석이 가능해졌다. 악필로 유명한 마르크스가 남긴 노트를 정성 들여 해독함으로써 『자본』에 새로운 빛이 비치기 시작한 것이다. 그 해석은 오늘날의 기후 위기와 맞서는 데 새로운 무기가 될 수 있다.*

---

* 한국에서는 동아대학교 강신준 특임교수가 메가의 한국어 번역을 주도하여 2021년부터 도서출판 길에서 출간하기 시작했다.

생산력 지상주의자였던 젊은 날의 마르크스

일단 서두르지 말고 지금까지 마르크스가 어떻게 알려져 있었는지부터 확인하고 넘어가겠다. 아마 다음처럼 이해하는 이들이 많지 않을까.

자본주의가 발전하면서 수많은 노동자들이 자본가에게 혹독한 착취를 당하고 그 결과 격차는 더더욱 확대된다. 경쟁으로 내몰린 자본가들은 생산력을 올리고 점점 더 많은 상품을 생산한다. 그렇지만 저임금으로 착취당하는 노동자들은 그 상품들을 구입하지 못한다. 그 탓에 결국에는 과잉 생산에 따른 공황이 일어나 버린다. 공황으로 실업자가 늘어나고 더욱 빈곤해진 노동자들은 한데 단결하여 사회주의 혁명을 일으킨다. 마침내 노동자들은 해방을 맞이한다.

앞선 문단은 마르크스와 엥겔스가 함께 저술해 1848년 발표한 『공산당 선언』의 내용을 매우 거칠게 정리한 것이라고 할 수 있다.

당시 아직 젊었던 마르크스는 머지않아 경제 공황을 계기로 사회주의 혁명이 일어나 자본주의를 뛰어넘을 것이라는 낙관론을 품고 있었다. 자본주의 발전은 생산력 증가와 과잉 생산에 따른 공황으로 혁명을 준비해준다. 그러니 사회주의를 세우기 위해서는 먼저 자본주의에서 생산력을 키울 필요가 있다. 마르크스는 이렇게 생각하기도 했다. 이른바 '생산력 지상주의'다.

그렇지만 1848년의 혁명은 실패해버렸다. 그리고 자본주의는 다시 살아났다. 1857년의 공황 때도 마찬가지였다. 거듭해서 공황을 뛰어넘은 자본주의의 강인함을 직면한 마르크스는 자신의 인식을 수정한다.

마르크스의 새로운 인식은『공산당 선언』으로부터 20년 정도 지나『자본』이 간행된 이후에야 전개되었다. 그 때문에 아무리『공산당 선언』이 이해하기 쉽다고 해도 그것만으로는 마르크스의 이론을 이해할 수 없다.

미완성된『자본』과 만년의 대전환

많은 연구자들이 그간『자본』을 면밀히 연구해왔다. 그럼에도 문제가 복잡한 이유는 마르크스가 자신의 최종적인 인식을『자본』에서도 충분히 펼치지 못했기 때문이다.

『자본』 1권은 마르크스 본인이 완성하여 1867년에 간행했지만, 2권과 3권의 원고는 미완성인 채 집필을 마쳤다. 현재 읽히는『자본』 2권과 3권은 마르크스의 친구인 프리드리히 엥겔스가 마르크스 사후에 유고를 편집하여 출간한 것에 불과하다. 그래서 마르크스와 엥겔스의 견해 차이가 편집 과정에 반영되었고, 그 탓에 만년에 마르크스가 생각했던 것이 변형되어 불분명해진 부분도 적지 않다.

마르크스는 『자본』 1권이 간행된 후인 1868년부터 다음 권을 완성하려 악전고투를 벌였는데 그러는 와중에 자본주의 비판론이 더욱 깊어졌다. 아니, 좀더 정확히 말하면 이론적으로 대전환을 이루었다.

바로 이 만년기 마르크스의 사색에야말로 우리가 '인신세'의 환경 위기에서 살아남기 위해 배워야 하는 것이 있다.

단, 현재의 『자본』에서는 마르크스의 이론적 대전환을 읽어낼 수 없다. 엥겔스가 『자본』의 체계성을 지나치게 강조하려다 『자본』에서 어느 부분이 미완성인지도 감춰버렸기 때문이다. 다시 말해, 마르크스가 이론적으로 힘들게 싸우던 부분일수록 그 사실이 보이지 않게 된 것이다.

만년기 마르크스의 진정한 모습은 현재 노트를 연구하고 있는 극히 적은 전문가들에게만 알려져 있다. 그 때문에 연구자는 물론 마르크스주의자조차 마르크스를 크게 오해하고 있다.

이 오해야말로 마르크스 사상을 크게 왜곡해 스탈린주의라는 괴물을 낳은 원인이며, 나아가 인류가 이렇게까지 잔혹한 환경 위기와 마주하게 된 원인이라 해도 지나치지 않다. 지금이야말로 마르크스에 대한 오해를 풀어야 할 때다.

진보사관의 특징—생산력 지상주의와 유럽중심주의

그렇다면 오해란 무엇일까? 단적으로 말하면, '자본주의가 일으킬 근대화가 결국에는 인류를 해방시킬 것이다.'라고 마르크스가 낙관했다는 것이다. 이것은 앞서 살펴본 『공산당 선언』에 전형적으로 나타나는 사상이다.

『공산당 선언』을 쓰던 무렵, 마르크스는 다음처럼 생각했다. 분명히 자본주의는 일시적으로 노동자를 가난하게 하고 환경을 파괴할지도 모른다. 하지만 자본주의는 한편으로 경쟁을 통해 변혁을 일으키고 생산력을 끌어 올린다. 이 생산력 상승은 미래 사회에서 모두가 풍요로우며 자유로운 생활을 하기 위한 조건을 준비해줄 것이다.

이런 사고방식을 '진보사관進步史觀'이라고 한다. 세간에 널리 알려진 바에 따르면 마르크스는 전형적인 진보사관 사상가였다.

마르크스의 진보사관에는 두 가지 특징이 있다. 바로 '생산력 지상주의'와 '유럽중심주의'다.

'생산력 지상주의'란 자본주의에 따라서 생산력을 계속 키우면 빈곤문제와 환경문제를 해결할 수 있으며 최종적으로 인류의 해방까지도 다다를 수 있다고 생각하는, 근대화를 찬미하는 사고방식이다.

이런 사고방식에서는 단순한 역사관도 엿보인다. '생산력이 높은 서유럽이 역사에서 더욱 높은 단계에 있다. 그러니 **모든 지역이** 서유럽처럼 자본주의 체제에서 근대화를 이뤄야 한다.'라는 생각이다. 이런 사고방식은 '유럽중심주의'라고 한다.

이처럼 단순한 진보사관에서는 생산력 지상주의와 유럽중심주의가 밀접한 관계를 맺고 있다.

이런 진보사관—이른바 '사적유물론'—을 많은 이들이 비판해왔다. 어째서 이런 역사관이 문제일까? 우선 생산력 지상주의부터 자세히 살펴보자.

생산력 지상주의의 문제점

'생산력 지상주의'의 입장에 서보면, 생산이 환경에 끼치는 파괴적 작용을 전부 무시하게 된다. 생산력 지상주의는 자연을 완전히 지배함으로써 인류의 해방을 목표한다. 그 결과 자본주의하에서 이뤄진 생산력 증대가 환경 위기를 일으켰다는 엄연한 사실을 과소평가해버린다.

이 생산력 지상주의 때문에 20세기 후반부터 환경운동 진영은 마르크스주의를 거듭하여 비판했다.

분명히 마르크스 자신도 비판에 원인을 제공했다. 이를테면 『공산당 선언』중 널리 알려진 구절에 다음 같은 문장이 있다.

부르주아 계급은 채 100년이 안 되는 그들의 계급 지배 동안, 과거의 모든 세대들을 합친 것보다도 대규모에 거대한 생산력들을 만들어냈다. 자연력들의 정복, 기계장치, 산업이나 농업 분야에서 화학의 응용, 증기선 항해, 철도 및 전신, 전 대륙들의 경지화, 하천의 운하화, 마치 땅에서 솟아난 듯이 출현한 인구의 증가—이 모든 생산력들이 사회적 노동의 품속에 잠들어 있었음을 이전의 어느 세기가 예감이나 할 수 있었겠는가?[6]

이 발언만 놓고 본다면 비판을 받아도 어쩔 수 없다. '마르크스는 자본주의의 생산력 발전을 거짓 없이 찬미했고, 더욱더 생산력을 키워서 풍요로운 사회를 만들면 노동자 계급이 해방될 수 있는 조건이 준비된다고 생각했다.' 이렇게 알고 있는 사람이 많을 것이다.

생산력 발전으로 인간이 자연을 지배할 수 있다면, 그리고 그 덕에 풍요로운 미래 사회의 조건이 갖춰진다면, 자연적 제약이란 극복해야 하는 대상이 될 뿐이다.

그렇지만 이렇게 생각하면 마르크스 사상에 생태학적인 요소는 존재하지 않는 것이 된다. 그 탓에 오랫동안 녹색과 적색은 양립할 수 없다고 여겨졌다. 이는 최근에 마르크스주의가 쇠퇴한 이유 중 하나이기도 하다.

물질대사론의 탄생—『자본』에서 생태학적인 이론적 전환

녹색과 적색이 양립할 수 없다니, 그렇지 않다. 우리는 이미 마르크스가 자본과 환경의 관계를 깊이 있고 날카롭게 분석했다는 사실을 알고 있다.(제1장 참조) 그리고『자본』에서 마르크스의 목표가 지구 자체를 '커먼'으로 되찾아 다 함께 관리하는 것이었음을 살펴봤다.(146면 참조)

그렇다면 마르크스는 언제 생산력 지상주의에서 탈출하여 생각을 바꾸었을까. 마르크스의 이론적 전환에 큰 영향을 끼친 이는 바로 제1장에서 언급한 화학자 리비히다. 리비히가『농업 및 생리학에서의 유기화학 응용*Die organische Chemie in ihrer Anwendung auf Agricultur und Physiologie*』제7판(1862년)에서 펼친 '약탈 농업 비판'에 마르크스는 감명을 받았다. 1865년부터 이듬해에 걸쳐 일어난 일이다. 그리고 마르크스는 리비히의 이론을 바로『자본』1권(1867년)에 반영했다.『공산당 선언』을 발표하고 20년 가까이 지난 무렵이었다.

여기서 핵심은 마르크스가 리비히에게서 단서를 얻어『자본』에서 전개했던 물질대사론이다.

인간은 끊임없이 자연에 손을 대어 온갖 것들을 생산하고 소비하고 버리며 이 행성에서 살아가고 있다. 이처럼 자연과 관계하는 순환적인 상호작용을 마르크스는 '인간과 자연의 물질대사

stoffwechsel'라고 불렀다.

물론 자연에는 인간과 상관없는 여러 순환 과정이 존재한다. 광합성, 식물연쇄, 토양 양분 순환 등이 그 예다.

강을 거슬러 올라와서 산란하는 연어를 예로 들겠다. 산란한 연어의 사체는 분해되고 그 분해 과정을 통해 해양에서 온 영양분이 상류와 육지에 전달된다. 아니면 연어가 산란하기 전에 곰, 여우, 맹금 등에게 잡아먹힐 수도 있다. 동물에 잡아먹힌다 해도 배설물로 배출됨으로써 연어는 숲속 나무들의 양분이 된다. 그 양분 덕에 자라난 나무들의 낙엽은 대지를 기름지게 하며, 낙엽 중 일부는 강으로 흘러들어 수생곤충이나 새우 같은 작은 생물의 먹이가 되고, 아니면 어린 물고기들의 은신처가 되어 성장을 돕는다. 연어를 매개로 하여 이처럼 물질대사·순환이 일어나는 것이다.

이와 같은 자연의 순환 과정을 마르크스는 '자연적 물질대사'라고 불렀다.

인간 역시 자연의 일부로서 물질대사 속에 있다. 호흡, 섭식, 배설이 모두 그렇다. 인간은 자연에 손을 써서 온갖 것들을 섭취하고 배출하는 끝없는 순환 속에 있어야 지구에서 살아갈 수 있다. 이는 생물학적으로 규정된, 인간 역사를 관통하는 생존 조건이다.

물질대사를 교란한 자본주의

앞서 설명한 물질대사가 전부는 아니다. 마르크스에 따르면 인간은 그 외 동물들과는 다른 특수한 방식으로 자연과 관계를 맺는다. 바로 '노동'이다. 노동은 '인간과 자연의 물질대사'를 제어하고 매개하는 인간의 특징적인 활동이다.[7]

이 대목에서 핵심은 노동의 양상이 시대별로 달라졌다는 사실이다. 그리고 그에 따라 '인간과 자연의 물질대사'도 커다란 영향을 받았다.

특히 자본주의는 물질대사를 매우 특수하게 조직해갔다. 왜냐하면 자본이 무엇보다도 자신의 가치 증식을 우선하기 때문이다. 자본은 가치 증식이라는 목적에 가장 적절하게끔 '인간과 자연의 물질대사'를 변화시켰다.

가치를 증식하는 과정에서 자본은 인간도 자연도 철저하게 이용한다. 사람들을 예외 없이 장시간 일하게 하며, 자연의 힘과 자원을 전 세계에서 모조리 수탈하는 것이다. 혁신적인 신기술 역시 인간과 자연을 최대한 효율적으로 이용하기 위해 개발되고 도입된다. 결과적으로 효율화 덕에 사람들의 생활은 전과 비교도 안 될 만큼 풍요로워졌다.

그랬지만 어느 수준을 넘어서자 부정적인 영향이 더 커지기 시작했다. 자본은 본질적으로 가능한 단시간에 더욱 많은 가치를 획득하려 한다. 그런 자본의 특징이 인간과 자연의 물질대사를 크게 교란한 것이다.

노동자들이 오랫동안 가혹한 노동에 시달린 끝에 신체적·정신적 질환에 걸리는 것은 교란의 결과이며, 천연자원의 고갈과 생태계 파괴 역시 마찬가지다.

'자연적 물질대사'는 본래 자본과 독립되어 존재하던 생태적인 과정이었다. 하지만 자본은 자기 형편에 맞춰 점점 자연적 물질대사를 변형시켰다. 그동안은 괜찮아 보였지만, 끝내는 가치 증식을 좇는 자본의 무한한 운동과 자연의 순환이 양립할 수 없다는 게 판명되었다.

그 결과 도래한 것이 '인신세'다. 현대 기후 위기의 근본적 원인도 자본과 물질대사의 관계에서 찾을 수 있다.

고칠 수 없는 균열

마르크스는 자본주의가 물질대사에 '고칠 수 없는 균열'을 낼 것이라고 『자본』에서 경고했다. 다음은 마르크스가 리비히를 언급하면서 자본주의적 농업 경영의 바탕에 있는 대토지 소유에 대해 분석한 부분이다.

이렇게 대토지 소유는 사회적 물질대사와 토지의 자연 법칙들이 규정한 대로 이뤄지는 자연적 물질대사 사이에 고칠 수 없는 균열이 생겨나는 조건들을 만들어낸다. 그 결과 지력이 낭비되고, 그 낭비는 상업을 통해 자국의 국경을 넘어 멀리까지 퍼져 나간다. (유스투스 폰 리비히)[8]

『자본』은 물질대사의 "교란"과 "균열"이라는 표현을 통해 지속 가능한 생산의 조건을 무너뜨리는 자본주의에 경종을 울렸다. 자본주의는 인간과 자연의 물질대사가 지속 가능하도록 관리하는 걸 어렵게 하여 결국에는 사회 발전을 막는 걸림돌이 된다는 것이다.

이처럼 『자본』에는 근대화에 따른 생산력 증대를 무비판적으로 칭찬하는 구절이 전혀 없다. 오히려 무한한 자본의 이윤 추구를 실현해주는 생산력과 기술의 발전이 "약탈하기 위한 기술의 진보"[9]에 불과하다고 분명하게 비판한다.

『자본』 이후 생태학 연구의 심화

마르크스가 자본이 물질대사에 내는 균열을 우려했다는 것은 최근에 출간되는 세심한 『자본』 입문서라면 다루는 내용이다.

그렇지만 만년기 마르크스의 생태학적 사상은 리비히의 '약탈 농업 비판'을 받아들인 것에 그치지 않았다. 『자본』 1권이 간행된 후부터 1883년 눈을 감을 때까지 약 15년 동안, 마르크스는 저작물을 발표하지 않았지만 자연과학 연구에 매진했다.

1860년대에 마르크스가 작성한 연구 노트. 여러 문헌에서 발췌한 글이 쓰여 있다.

앞서 소개했듯이 방대한 초고와 노트가 포함된 '메가'라는 새로운 전집을 편찬하는 과정에서 지금껏 묻혀 있었던 만년기 마르크스의 생태학적인 자본주의 비판이 겨우 주목을 받게 되었다.

마르크스가 만년에 했던 자연과학 연구의 범위는 놀라울 정도다. 지질학, 박물학, 화학, 광물학 등에 관한 방대한 연구 노트가 남아 있다. 그 내용에 대해서는 졸저 『대홍수 전에』에서 자세히 살펴보았는데,[10] 연구 노트들을 읽어보면 마르크스의 지식과 이해가 리비히의 '약탈 농업 비판'도 넘어섰다는 것을 알 수 있다. 나아가 마르크스는 과도한 삼림 벌채, 화석연료의 낭비, 생물종 감소 등 생태학적인 주제들을 자본주의의 모순으로 다루기에 이르렀다.

생산력 지상주의와 완전히 결별하다

『자본』 1권 간행 후에 마르크스가 생태학 연구를 하면서 집중적으로 읽은 것은 독일의 농학자 카를 프라스Karl Nikolas Fraas의 저작이었다.

프라스는 『시대별 기후와 식물계: 둘의 역사에 관한 논고Klima Und Pflanzenwelt in Der Zeit: Ein Beitrag Zur Geschichte Beider』에서 메소포타미아, 이집트, 그리스 등 고대 문명이 붕괴한 과정을 분석했다. 이 책에 따르면 고대 문명들의 붕괴에는 공통된 원인이 있는데, 모두 과도한 삼림 벌채 탓에 지역의 기후가 변화했고 그에 따라 토착 농업이 어려워졌다는 것이다. 프라스의 분석대로 고대 문명이 있었던 지역들은 오늘날 건조하지만 과거에는 그렇지 않았다. 고대 문명은 자연을 무분별하게 개발하다 비옥한 토지를 잃어버린 것이다.

프라스는 지나친 삼림 벌채로 인한 기온 상승과 대기의 건조화가 농경에 큰 영향을 미쳐서 문명이 붕괴할 수 있음을 경고했다. 자본주의에서 벌채와 수송 기술이 발전하여 인간이 점점 더 삼림의 깊은 곳까지 손을 대면 위험할 수 있다고 불안하게 여긴 것이다.

마르크스는 프라스의 책을 극찬하며 그 속에서 '사회주의적 경향'을 읽어냈다.[11] 프라스는 자본주의에서 이뤄지는 자연에 대한 약탈을 비판하고 삼림과 함께하는 지속 가능한 방법을 찾으려 했다. 마르크스는 그런 프라스의 주장에 '사회주의적 경향'이 있다고 받아들였다. 『자본』이 간행된 다음 해인 1868년에 있었던 일이다.

마르크스는 앞서 제2장에서 소개한 '제번스의 역설'을 제창한 윌리엄 스탠리 제번스에 대해서도 알고 있었다. 당시 영국에서는 채집하기 쉬운 석탄의 매장량이 줄어들어서 문제였는데, 그에 대해 제번스는 리비히의 '약탈 농업 비판'에 근거하여 비판했다. 또한 마르크스는 지질학 연구 중 인간 활동이 수많은 동물을 멸종시키는 문제에도 관심을 기울였다.

마르크스는 이런 연구들을 살펴보며 물질대사에 생긴 균열을 다양한 영역에서 확인한 것이다. 그리고 균열의 존재를 자본주의의 본질적인 모순으로 다루며 이론을 펼치려고 했다.

마르크스가 만년에 작성한 연구 노트에서 우리는 그의 연구 태도를 엿볼 수 있다. 그것은 생산력 상승이 자연에 대한 지배를 가능하게 하여 끝내 자본주의를 뛰어넘을 수 있으리라 믿었던, 단순하며 낙관적인 견해와 크게 다르다. 만년기 마르크스가 생산력 지상주의와 완전히 결별했다는 사실은 굳이 말할 필요도 없다. 단, 그렇다고 해서 마르크스가 단순하게 환경 위기가 원인인 문명 붕괴를 논하려고 했다는 말은 아니다.

『자본』이후 마르크스가 주목했던 것은 자본주의와 자연환경의 관계성이었다. 자본주의는 기술을 혁신함으로써 물질대사에 생긴 균열을 이런저런 방법으로 외부에 전가하여 시간을 번다. 그런데 바로 그 전가 때문에 자본은 '고칠 수 없는 균열'을 전 세계적 규모로 심각하게 일으킨다. 그 때문에 결국에는 자본주의가 존속할 수 없게 된다.

우리가 제1장에서 살펴본 다람쥐 쳇바퀴 도는 듯한 전가의 과정을 마르크스는 『자본』 1권이 간행된 후 구체적으로 분석하려 한 것이다.

지속 가능한 경제 발전을 목표하는 '생태사회주의'로

『자본』 간행을 전후하여 마르크스는 생산력 상승을 일방적으로 칭송하길 그만두었다. 그리고 여러 분야의 문헌을 섭렵하면서 사회주의에서 지속 가능한 경제 발전으로 향하는 길을 모색했다.

마르크스에게는 확신이 있었다. 자본주의로는 지속 가능한 성장이 불가능하며 자연에 대한 약탈만 심해질 뿐이라고 말이다. 다시 말해 자본주의 아래에서 무작정 생산력을 늘려봤자 사회주의로 향하는 길이 열리지는 않는다고, 마르크스의 사고가 전환된 것이다.

그 때문에 자본주의에서 생산력을 키우려 하지 말고, 한발 앞서 다른 경제 시스템, 즉 사회주의로 이행해 지속 가능한 경제 성장을 추구해야 한다고 마르크스는 생각했다. 『자본』 1권이 간행될 무렵 마르크스에게는 이와 같은 '생태사회주의'의 구상이 있었다.

단, 마르크스가 만년에 마침내 '생태사회주의' 또한 뛰어넘었다는 것을 미리 예고해두겠다.

흔들리는 진보사관

마르크스가 지속 가능한 경제 성장을 추구하는 '생태사회주의'로 입장을 옮긴 것은 중대한 견해의 전환이 틀림없다. 그리고 생산력 지상주의와 결별한 것은 나아가 더욱 커다란 세계관인 '진보사관'까지 흔들리는 것으로 이어졌다. 이것이 앞으로 다룰 내용의 핵심이다.

이미 설명했지만 복습해보자. 마르크스주의의 진보사관에 따르면 생산력 발전이야말로 인류의 역사를 진보시키는 원동력이다. 그래서 모든 나라가 생산력을 키우기 위해 우선 서유럽 국가들처럼 자본주의 체제에서 산업화를 해야 한다고 주장한다.

이처럼 생산력 증대를 역사의 원동력으로 여기는 진보사관의 바탕에는 생산력 지상주의가 자리하고 있다. 또한 생산력 지상주의 덕에 유럽중심주의까지 정당성을 갖게 된다.

그렇지만 생산력 지상주의를 버리면, 높은 생산력은 더 이상 역사적 진보를 증명하지 못하게 된다. 가령 파괴적인 기술만 발전해봤자 역사적 진보와 상관없기 때문이다. 그러므로 생산력 지상주의를 버리는 것은 표리일체의 관계인 유럽중심주의까지 재고해야 한다는 것을 뜻한다.

만년의 마르크스는 생산력 지상주의든 유럽중심주의든 무언가를 버리는 순간 진보사관 자체와도 결별해야 하는 상황에 놓였다. 사적유물론 전체를 다시 세워야 한다는 뜻이었다.

지금부터는 진보사관이 흔들리고 무너지는 과정을 따라가려 한다. 우선 마르크스가 유럽중심주의를 어떻게 다루었는지 살펴보자.

『자본』 속 유럽중심주의

마르크스가 집필한 간행물을 한번 읽어본 정도로는 그가 유럽중심주의를 정말로 버렸는지 명백히 알 수 없다.

『자본』을 집필하기 전이었던 1850년대 후반부터 마르크스가 반식민주의를 옹호하는 입장을 취하긴 했다.[12] 인도의 반식민주의운동, 폴란드 혁명, 미국의 남북전쟁 등에서 마르크스는 늘 억

압당하는 자의 편에 섰다. 하지만 그런 입장이 유럽중심주의에서 벗어났음을 뜻하지는 않는다.

『자본』에서는 어땠을까. 이미 생태학적인 관점이 담겨 있던 『자본』 1권의 초판에 마르크스는 다음 같은 문장을 남겼다.

> 산업적인 선진국은 **산업적인 후진국**에 언젠가 그들이 도달하게 될 미래의 모습을 보여주는 것에 불과하다.[13]

이처럼 단순한 진보사관이라니 너무나 유럽중심주의답다. 자기네 유럽인들의 역사를 세계의 다른 지역에도 멋대로 투영해버리는 것 같다.

이 문장만 보면 최악의 경우에는 식민주의조차 마르크스의 사상 체계에서 '야만인'에게 문명화와 근대화를 가져다준다는 이유로 정당한 것이 되고 만다.

그 때문에 오랫동안 마르크스의 사상은 위험한 유럽중심주의라고 비판을 받아왔다.

에드워드 사이드의 비판—청년 마르크스의 오리엔탈리즘

포스트 식민주의 연구의 1인자인 에드워드 사이드Edward W. Said

의 마르크스 사상 비판은 특히 유명하다. 사이드는 마르크스가 '오리엔탈리스트(유럽 밖은 야만적이며 열등하다고 여기는 유럽인)'라며 다음처럼 비판했다.

마르크스는 서술을 거듭할수록 더욱 확신을 더해가면서, 영국이 아시아를 파괴함으로써 아시아에서 참된 사회혁명이 가능해졌다는 견해를 되풀이했다. (…) 설령 사람들의 참상에 의해 마르크스의 인간적 심정, 즉 동정심이 생겨난 것이 분명하다 해도 (…) 결국 최후에 승리를 거둔 것은 낭만주의적인 오리엔탈리즘의 비전이다.

그 때문에 사이드는 "마르크스의 경제 분석은 표준적인 오리엔탈리스트의 시도와 완전히 합치한다."라고 결론을 내렸다.[14]

사이드가 비판 대상으로 삼은 것은 30대에 불과했던 마르크스가 1853년 『뉴욕 데일리 트리뷴』 신문에 기고한, 악명 높기로 유명한 일련의 '인도 평론'이다. 「영국의 인도 지배」라는 기사에 마르크스는 이런 구절을 남겼다.

영국이 힌두스탄[=인도]에서 사회혁명을 불러일으키게 된 동기에는 천하기 그지없는 이익밖에 없었고, 또 이익을 달성하기 위해 취한 방법도 우둔한 것이었다. 그러나 이것은 문제가 아니다. 문제는 아시아의 사회 상태에 근본적 혁명이 일어나지 않아도 인류가 그 사명을 다할 수 있느냐 하는 것이다. 아시아의 사회혁명이 꼭 필요하다면, 저지른 죄가 아무리 크다 해도 영국은 그러한 혁명을 일으킴으로써 무의식중에 역사의 도구로서 역할을 해냈다고 할 수 있다.[15]

물론 마르크스 역시 영국의 인도 식민지 지배가 얼마나 잔혹했는지 인정했다. 하지만 앞선 글은 마르크스가 인류사적 진보라는 관점에서 최종적으로 식민지 지배를 정당하다고 평한 것처럼 읽힌다.

마르크스는 다음처럼 말한 것이다. 인도를 비롯한 아시아 사회는 그 자체만 보면 정적이고 수동적이라서 그 사회에 "역사란 없다".[16] 그러므로 영국 같은 자본주의 국가들이 외부에서 개입하여 역사를 앞으로 밀어줘야 한다. 사이드가 지적한 오리엔탈리스트다운 사고방식이 드러나는 지점이다.

여기까지만 보면 마르크스는 역사가 발전하는 과정에서 사람들이 겪는 고통을 인류사적 관점의 필요악이라고 정당화했던 것 같다.

1860년대에 처음 집필한 『자본』의 준비 초고에서도 마르크스는 스위스의 사회주의자 시스몽디Jean Charles Léonard Simonde de Sismondi 등을 비판하면서 다음처럼 썼다.

[시스몽디 등]은 이런 인간 종족의 능력 발전이 설령 처음에 다수의 개인 혹은 인간 계급 전체를 희생하여 이뤄진다 해도 결국에는 그 적대 관계에서 벗어나 각 개인의 발전과 일치한다는 것, 그러므로 개인이 더욱 고도로 발전하는 것은 개인이 희생되는 역사적 과정을 통과해야만 달성된다는 것을 이해하지 못한다.[17]

개인이 희생되어도 생산력을 올려라! 시장과 자본주의를 전 세계로! 그것이야말로 자유와 해방의 조건이다! 마르크스는 마치 신자유주의의 이데올로그idéologues였던 것 같다.

자본주의 이전 비서유럽 사회를 향한 시선

에드워드 사이드의 비판은 만년기 마르크스를 고려하지 않았다는 점에서 일방적인 것이다. 이 역시 메가를 내며 새로운 자료를 연구한 결과 밝혀진 사실인데, 마르크스는 훗날 자신의 오리엔탈리즘을 깊이 반성했다. 이번에도 결정적인 변화는 『자본』 간행 직후인 1868년부터 일어났다.

사실 마르크스는 1868년 이후 자연과학과 생태학 연구에만 매진하지는 않았다. 그는 서유럽 외 지역과 자본주의 이전 단계의 공동체 사회 연구에도 큰 공력을 들였다.

1868년 마르크스는 게르만족 공동체에 관심을 가졌고, 1870년 대부터는 자본주의 이전 비서유럽 사회의 토지소유제도 및 농업을 꽤 열심히 연구했다. 또한 고대 로마, 아메리카 선주민, 인도, 알제리, 남아메리카 등에 관한 문헌을 섭렵했다. 마르크스는 러시아의 촌락공동체에 특히 큰 관심을 기울였는데, 러시아어까지 공부하며 촌락공동체, 토지 소유, 농경 등을 연구했다.

이 시기의 연구 노트를 보면 마르크스는 영국의 식민주의를 비판할 뿐 아니라 인도의 공동체가 벌인 끈질긴 저항에 대해서도 긍정적으로 언급한다. 그 노트에서는 1853년 '인도 평론'을 썼을 때와 명백하게 다른 마르크스가 보인다.

'자술리치에게 보낸 편지'—유럽중심주의와 결별하다

마르크스의 인식 변화는 말년에 가장 분명히 나타났다. 러시아 공동체가 나아가야 할 길을 모색하던 논쟁에 마르크스가 개입했던 때의 일이다. 마르크스는 눈을 감기 2년 전인 1881년, 러시아 혁명가 베라 이바노브나 자술리치Vera Ivanovna Zasulich가 보낸 편지에 답장을 썼다.

자술리치에게 보낸 답장에는 만년기 마르크스의 진보사관 비판이 가장 명료하게 담겨 있다. 그 편지 덕에 『자본』 1권이 나오고 14년에 걸친 연구 끝에 마르크스의 견해가 어느 정도 변화했는지 미루어 알 수 있게 되었다. 아니, 사실 그 편지에 마르크스의 사상적 도달점이 담겨 있다고 해도 지나치지 않다.

당시 러시아에는 미르mir라고 불리던 촌락공동체가 남아 있었다. 그리고 촌락공동체를 확대하면 황제(차르) 지배를 타도하는 사회주의 혁명이 일어나리라 전망하는 활동가들이 있었다. 이른바 '나로드니키Narodniki'다. 당시 러시아의 혁명가들 사이에서는 러시아가 자본주의 단계를 건너뛰고 바로 사회주의에 도달할 수 있을지를 둘러싸고 격한 논쟁이 벌어지고 있었다.

문제가 된 것은 앞서 인용한 『자본』 1권의 구절이었다. 한 번더 인용하겠다.

산업적인 선진국은 **산업적인 후진국**에 언젠가 그들이 도달하게 될 미래의 모습을 보여주는 것에 불과하다.

이 글이 러시아에도 해당하는지 — 즉, 러시아가 『자본』에 쓰인대로 먼저 자본주의하에서 근대화를 목표해야 하는지 — 를 둘러싸고 논쟁이 일어난 것이다. 그래서 자술리치는 마르크스 본인에게 문제가 된 부분의 진의를 물어보았다.

실제로 자술리치에게 도착한 답장의 내용은 무척 냉담했다. 하지만 마르크스는 그 전에 긴 편지의 초고를 무려 세 차례나 고쳐 썼었다. 이 사실은 자술리치가 보낸 질문이 문제의 핵심을 꽤 정확히 찔렀다는 것을 시사한다. 당연할 것이다.『자본』1권을 쓰고 14년이 지난 후에 서유럽 밖의 활동가가 "유럽중심주의적인 진보사관은 정말 옳은 것인가?" 하는 질문을 던졌으니 말이다.

마르크스가 보낸 답장은 널리 알려져 있다. 마르크스는『자본』에 담긴 역사적 분석이 어디까지나 "서유럽에 한정되어 있다"고 답장에 분명히 밝혔다. 근대화를 추진하여 굳이 러시아에 남아 있는 공동체를 파괴할 필요는 없다. 오히려 자본주의가 확장을 거듭하며 전 세계를 집어삼키려 하는 상황에서 러시아의 공동체는 자본주의에 저항할 중요한 거점이 될 것이다. '현재의 기초 위에' 서유럽 자본주의의 긍정적 성과를 흡수하면서 공동체를 발전시키는 것이 코뮤니즘을 실현할 기회가 되리라고 마르크스는 편지에 적었다.

자술리치에게 보낸 답장에서 중요한 점은 **자본주의 단계를 거치지 않아도**(="카우디움의 굴욕을 겪지 않아도")* 러시아는 코뮤니즘을 실현할 가능성이 있다고, 마르크스가 분명하게 인정했다는

---

* 기원전 321년 삼니움족과 전쟁을 치르던 로마군은 카우디움 협곡을 지나다 삼니움족의 매복에 큰 피해를 입고 항복한다. 삼니움족은 로마 병사들에게 굴욕을 주기 위해 모든 갑옷과 무기를 버리고 창 아래를 기어서 지나게 했다. 마르크스는 '자본주의라는 굴욕적인 상황을 겪지 않아도 된다'는 뜻으로 빗대어 썼다.

것이다.[18] 마르크스가 만년에 단순한 역사관 및 유럽중심주의와 결별했다는 것은 명백한 사실이다.

또 다른 증거, 『공산당 선언』 러시아어판

만년기 마르크스의 인식은 1882년 러시아에서 발간된 『공산당 선언』의 「러시아어 2판 서문」을 봐도 확인할 수 있다.

> 러시아 혁명이 서유럽에서 일어날 프롤레타리아 혁명의 신호가 되어, 그 결과 양자가 서로를 보완한다면, 현재 러시아의 토지공유제는 코뮤니즘적 발전의 출발점으로서 도움이 될 수 있다.[19]

마르크스는 서문의 말미에서 굳이 미르의 공동체적 토지 소유를 높이 평가했다. 이것은 단순히 러시아인들을 향한 공치사가 아니었다. 이 서문이 없다면, 마르크스가 젊은 시절에 쓴 『공산당 선언』은 진보사관을 찬미하는 내용으로 잘못 해석되고 만다. 만년의 마르크스는 그 위험성을 알았기 때문에 서문에 새로운 내용을 쓴 것이다.

또한 마르크스는 「러시아어 2판 서문」에 러시아의 공동체가 자본주의적 발전을 거치지 않아도 될 뿐 아니라 코뮤니즘적 발전을 서유럽보다 먼저—나중에 서유럽의 혁명으로 보완되어야겠지만—시작할 수 있다고 명시했다. 마르크스의 역사관이 크게 바뀌었다는 것은 더 이상 부정할 수 없는 사실이다.

이 논의를 러시아에만 한정할 필요는 없다. 아시아와 라틴아메리카의 공동체로 확대해도 괜찮을 것이다.

왜냐하면 마르크스가 미르뿐 아니라 아시아의 촌락공동체도 자본주의의 폭력적인 파괴에서 벗어나 현대까지 살아남은 원시적 공동체라고 보았기 때문이다. 즉, 러시아의 미르가 지닌 힘이 전 세계에 존재하는 비슷한 촌락공동체에도 있다고 마르크스는 생각했다.

캘리포니아대학교 샌타바버라캠퍼스의 사회학자 케빈 앤더슨 Kevin B. Anderson 역시 마르크스가 만년에 복선적인 역사관을 수용했으며, 진보사관에 기초한 '혁명이라는 단일적 모델'을 거부했다고 결론을 내린 바 있다.[20]

사회주의로 가기 위해 서유럽의 발전 모델만 따를 필요는 없다. 오히려 비서유럽 사회에서는 각각의 제도와 역사에서 비롯된 복잡성과 차이를 염두에 두면서 코뮤니즘을 실현할 방법을 찾아야 한다. 마르크스는 이렇게 생각한 것이다.

유럽중심주의에 기초한 마르크스의 진보사관은 오히려 비서유럽에 존재하는 공동체에 대한 긍정적 평가로 바뀌었다. 에드워드 사이드 역시 만년의 마르크스를 알았다면 결코 '오리엔탈리스트'라고 비판하지 못했을 것이다.

마르크스의 코뮤니즘이 변했다?

그렇다면 만년기 마르크스의 사상적 전환을 단순히 진보사관과 결별했다고 정리하면 될까? 그렇지만은 않다.

『마르크스의 주변부 연구』라는 책으로 만년기 마르크스의 공동체 연구를 긍정적으로 평가했던 케빈 앤더슨조차 사상적 전환의 진정한 의의를 놓쳤다. 필자는 '자술리치에게 보낸 편지'가 앤더슨의 평가보다도 이론적으로 중요하다고 주장하려 한다.

사실 마르크스가 만년에 진보사관을 버렸다는 것 자체는 그다지 새롭지 않은 사실이다. 수십 년 전에도 그 점을 지적한 전문가들이 있었다.[21] 게다가 앞서 언급했듯이 마르크스는 일찍이 1850년대 후반에 분명히 반식민주의를 지지했으며, 그것이 반자본주의 투쟁에서 중요함을 알고 있었다.

그로부터 20년 뒤, 그렇게 열심히 공동체 연구를 한 끝에 만년의 마르크스가 이룬 이론적 전환이 고작 '유럽중심주의를 버리고 복선적 역사관을 수용했다'는 것에 불과하다니, 너무 허술하지 않은가.

이 책은 그 너머로 나아갈 것이다. 진보사관을 버렸냐 아니냐 하는 것은 독자 여러분과 필자의 견해를 공유하기 위한 첫 단계에 지나지 않는다. 진정으로 중요한 문제는 마르크스가 진보사관을 버리고 결과적으로 어떤 인식에 도달했느냐 하는 것이다.

이 문제를 푸는 데 있어 1868년 이후 마르크스가 공동체 연구를 하며 '유럽중심주의'를 버렸다는 단서만으로는 부족하다. 케빈 앤더슨의 훌륭한 연구 결과가 왠지 평범하게 보였다면, 그 이유는 그가 진보사관의 일면, 즉 마르크스가 '유럽중심주의'를 버린 것에만 주목했기 때문이다. 진정 중요한 문제를 풀려면 진보사관의 또 다른 면도 동시에 다뤄야 한다.

그렇다, '생산력 지상주의'다. 마르크스가 생태학을 연구함으로써, 그리고 '생산력 지상주의'와 결별함으로써 일궈낸 이론적 전환의 의의를 함께 고려해야 한다.

앞서 유럽중심주의를 버림으로써 서유럽의 발전 모델 말고도 코뮤니즘이라는 목적지로 향하는 경로가 여러 갈래 생겨났다고 했다. 실은 생산력 지상주의의 문제도 함께 고려하면 그보다 훨씬 놀라운 해석의 가능성이 대두된다.

새로운 가능성, 그것은 마르크스가 생각하는 코뮤니즘의 내용, 그 자체가 크게 변모했다는 것이다. 이것이야말로 앞선 연구들에서 충분히 밝히지 않았던 새로운 가능성이다. 이제부터 드디어 본론으로 돌입하겠다.

왜 『자본』 집필이 늦어졌는가

『자본』 2권과 3권 집필이 늦어졌다는 사실은 마르크스의 코뮤니즘이 만년에 크게 달라졌을 가능성을 암시한다. 엥겔스가 그토록 『자본』의 완성을 고대했지만, 마르크스는 1권이 간행되고 16년 뒤에 『자본』을 완성하지 못하고 세상을 떠났다. 앞서도 이야기했듯이 그 사이에 마르크스가 매진했던 것은 생태학 연구와 공동체 연구였다. 왜 마르크스는 『자본』 집필을 뒤로 미루고 그 연구들에 빠져 지냈을까. 표면만 본 이들은 이런저런 병을 앓던 마르크스가 『자본』 속편 집필이라는 괴로운 작업에서 독서라는 취미로 '도피'한 것이라고 억측하기도 한다.

그러나 그렇지 않다. '물질대사론'을 마르크스의 이론적 축으로 삼아서 살펴보면 비로소 마르크스가 진보사관을 버리고 새로운 역사관을 세우기 위해 피나는 노력을 했던 과정이 눈에 들어온다. 새로운 비전을 세우는 과정에서 반드시 필요했던 것이 생태학 연구와 자본주의 이전 비서유럽 사회의 공동체 연구였다.

생태학과 공동체라는 두 연구 주제는 얼핏 보면 동떨어진 것 같지만, 그 바탕을 꿰뚫는 문제의식은 밀접한 관련을 맺고 있다. 무슨 뜻인지 이어서 설명하겠다.

붕괴한 문명과 살아남은 공동체

우선 만년의 마르크스가 왜 공동체 연구에 몰두했는지부터 이야기하겠다. 사실 마르크스가 공동체 연구를 시작한 계기는 1868년 초에 생태학 연구를 위해 읽은 카를 프라스의 저작이었다. 다시 말해 생태학 연구와 공동체 연구는 시작부터 연결되어 있었던 것이다.

앞서 고대 문명 붕괴에 대한 프라스의 연구를 마르크스가 읽었다고 했는데(164면 참조), 프라스는 붕괴하지 않고 살아남은 공동체에 대해서도 언급했다.

특히 고대 게르만족의 공동체인 '마르크협동체Markgenossenschaft'[*]에 대해서는 지속 가능한 농업을 운영했다며 높이 평가했다. 게르만족을 '야만스럽다'고 하는 경우가 있는데, 지속 가능성이라는 면에서 게르만족은 대단히 우수했다.

'마르크협동체'는 카이사르 시대부터 타키투스 시대까지 게르만족 사회를 통틀어 가리키는 호칭으로 쓰였다. 마침 수렵 및 군사 공동체 역할을 하던 부족 공동체가 정주定住하여 농경을 하는 공동체로 변화하던 시기와 일치한다.

게르만족은 토지를 공동으로 소유했고, 생산 방법에 강한 규제

---

[*] 한국과 일본에서는 보통 '마르크공동체'라고 옮기지만, 이 책에서는 저자의 표현을 따라 '마르크협동체'로 쓴다.

를 두었다. 공동체의 구성원이 아닌 외부인에게 토지를 파는 것은 당치도 않은 일이었다고 한다. 토지 매매뿐 아니라 목재, 돼지, 와인 등도 공동체 밖으로 내보내는 것이 금지되었다.[22]

그처럼 강한 공동체적 규제 덕에 토양 양분의 순환이 유지되었고 지속 가능한 농업이 실현되었다. 그리고 더욱 장기적으로는 지력을 상승시키는 효과까지 일으켰다고 한다. 공동체적 규제가 약화되어 무너진 고대 문명과는 이 점에서 큰 차이가 난다. 토양의 양분을 빨아들여 길러낸 곡물을 대도시에 판매하여 이윤을 거두려 하는 자본주의적 농업 경영과도 매우 대조적이다.

마르크스는 프라스의 저작들에 몰두했다. 『자본』을 집필할 때부터 생태학을 연구했던 마르크스가 자본주의 이전 사회 공동체의 지속 가능성에 관심을 갖게 된 것이다.

공동체 속 평등주의와 만나다

마르크스는 카를 프라스의 마르크협동체 분석에 깊은 관심을 가졌다. 이 사실은 마르크스가 프라스의 책과 더불어 독일의 법제사가法制史家 게오르크 루트비히 리터 폰 마우러Georg Ludwig Ritter von Maurer가 쓴 마르크협동체 연구서를 면밀히 읽은 것으로도 알수 있다. 프라스의 마르크협동체론의 바탕에는 바로 마우러의 책이 있었다.

흥미롭게도 마르크스는 프라스의 책에서 그랬듯이 마우러의 주장 속에서도 '사회주의적 경향'을 읽어냈다.[23] 마우러의 글을 요약하면 다음과 같다.

마르크협동체가 모두 평등하게 방목 등을 할 수 있도록 준비한 것은 공유지만이 아니다. 제비뽑기 같은 수단을 도입해서 구성원들이 어느 토지를 쓸 것인지 정하고 정기적으로 교대했다. 비옥한 토지의 은혜를 일부가 독점하여 부가 한쪽으로 쏠리지 않게끔 주의를 기울인 것이다.

마르크협동체의 규제 방식은 고대 로마에서 귀족들이 노예 노동을 이용해 '라티푼디움'이라 불리는 대토지 소유·농업 경영을 했던 것과 대조적이다. 보수적인 사상가였던 마우러가 역사 속에서 찾아낸 것은 당대의 사회주의자가 전율을 느낄 만한 게르만족의 '평등주의'였던 것이다.[24]

새로운 코뮤니즘의 기초—'지속 가능성'과 '사회적 평등'

물론 마르크스는 1868년 이전에도 공동체 사회의 평등주의를 인식하고 있었다. 『자본』에서도 마르크스는 원시공동체의 특징을 "자연발생적 공산주의"라는 말로 표현한 바 있다.[25]

그렇지만『자본』간행 직후 마르크스가 프라스와 마우러를 '사회주의적 경향'이라는 같은 말로 고평가한 배경에는 완전히 새로운 생각이 있었다. 마르크스가 '지속 가능성'과 '사회적 평등' 사이에 밀접한 관련이 있지 않나 진지하게 고찰했던 것이다. 이것이야말로 마르크스가 만년까지 생태학과 더불어 비서유럽의 공동체를 연구한 진정한 이유다.

게르만족은 토지를 공유물로 관리했다. 그들에게 토지는 누구의 소유물도 아니었다. 그래서 자연의 은혜를 일부 사람들만 입지 않도록 평등하게 토지를 배정했다. 부의 독점을 방지해서 구성원 사이에 지배·종속 관계가 생겨나지 않도록 조심한 것이다.

누구의 소유물도 아니었기 때문에 토지는 소유자의 무분별한 남용에서 지켜질 수 있었다. 결과적으로 토지의 지속 가능성도 유지되었던 것이다.

마르크협동체의 토지 공동 소유에서 보이듯 '지속 가능성'과 '사회적 평등'은 서로 밀접한 관계를 맺고 있다. 공동체가 자본주의에 저항하여 코뮤니즘을 실현할 수 있는 가능성은 바로 이 밀접한 관계 속에 있지 않을까. 마르크스는 이 가능성을 점점 강하게 의식했다.

'자술리치에게 보낸 편지' 다시 읽기—생태학적 관점에서

마르크스가 오랜 사색 끝에 도달한 것이 바로 '자술리치에게 보낸 편지'다. 편지의 초고를 세밀하게 살펴보겠다.

먼저 편지의 초고에는 앞서 언급한 마우러가 등장한다. 그리고 마르크스는 원시공동체가 러시아에도 미르라는 형태로 존재하는데, 그것을 '촌락공동체'라고도 부를 수 있으며 서유럽의 게르만족 공동체와 형태가 같다고 설명한다.

이어서 마르크스는 살아남은 촌락공동체가 지닌 '자연의 생명력'이 매우 강하다고 했다. 수많은 공동체가 끊임없는 전쟁과 사람들의 이주를 겪으며 소멸하는 와중에도 촌락공동체는 중세를 살아남았기 때문이다. 그리고 당시까지 마르크스의 고향인 트리어 지방을 중심으로 삼림과 목지가 공유지인 채 있었던 것도 촌락공동체의 흔적이라고 했다.

편지의 초고에서 마르크스는 중세를 살아남은 사회적 공동체를 "새로운 공동체"라고 부르며 높이 평가했다.

> 새로운 공동체가 자신의 원형[=촌락공동체]에서 몇몇 특징을 이어받은 덕분에 이 공동체는 중세 내내 민중적 자유와 생활의 유일한 가마[근원]가 되었다.[26]

이와 같은 공동체 평가를 전제에 두고 마르크스는 자술리치에게 러시아에 자본주의하에서의 근대화를 강제할 생각은 없다고 했다.[27] 러시아에는 여전히 촌락공동체가 남아 있으니, 그 공동체의 힘을 기초 삼아 코뮤니즘으로 나아가면 된다는 것이다. 이 한 구절에서도 마르크스의 역사관이 크게 바뀌었음을 엿볼 수 있다.

사실 자술리치에게 보낸 편지에서 더욱 중요한 것은 생태학적 문제의식이다. 이 편지에서 읽어낼 수 있는 만년기 마르크스의 인식은 다음과 같다.

자본주의에서 생산력을 상승시킨다고 반드시 인류가 해방되지는 않는다. 그러기는커녕 생명의 근원적 조건인 인간과 자연의 물질대사가 교란되어 균열이 생겨난다. 자본주의가 일으키는 것은 코뮤니즘을 향한 진보가 아니다. 오히려 자본주의는 사회가 번영하는 데 필수적인 '자연의 생명력'을 파괴한다. 마르크스는 이렇게 생각하기에 이르렀던 것이다.

그런데 이렇게 인식하려면 예전에 마르크스 자신이 지녔던 진보사관을 향한 비판이 반드시 함께 이뤄져야 한다. 자본주의가 일으키는 게 진보가 아니라 돌이킬 수 없는 자연환경 파괴와 사회의 황폐화라면, 단순한 진보사관은 크게 흔들릴 수밖에 없다. 생산력이 발전한 서유럽이 비서유럽보다 뛰어나다고 단언할 수 없는 것이다.

앞서 살펴봤듯이 프라스와 마우러에 따르면 마르크협동체에서는 지속 가능한 형태로 인간과 자연의 물질대사가 사회적으로 조직되어 있었으며, 공동체 내에 더욱 평등한 관계성도 실현되어 있었다. 그러니 생산력이 훨씬 낮다고 해도 마르크협동체가 어떤 면에서는 '더 뛰어나다'고 할 수 있다.

당연하지만 패러다임의 전면적인 수정 때문에 『자본』 2권과 3권 집필은 훨씬 더 어려워졌을 것이다. 그렇지만 근본적인 역사관을 다시 세우는 것은 『자본』을 집필하기 위해서도 필요한 일이었다. 바로 그 다시 세우기를 위해 마르크스가 한 것이 자본주의 이전 비서유럽 사회의 공동체 연구와 생태학을 주제로 한 자연과학 연구다.

자본주의와 생태주의자의 투쟁

진보사관을 버린 결과, 마르크스는 자신이 거주하던 영국을 비롯해 서유럽 사회의 현황에 대한 분석 역시 크게 변경해야 하는 상황에 놓였다. 당연한 일이었다. 마르크스는 취미로 공동체를 공부했던 것이 아니었기 때문이다. 서유럽 자본주의를 뛰어넘기 위해 연구한 것이었다.

'자술리치에게 보낸 편지'의 초고에서도 그런 변화가 엿보인다. 마르크스가 서유럽 자본주의의 위기에 대해 쓴 부분을 살펴보자.

서유럽에서도 미국에서도, [자본주의는] 노동자 대중, 과학, 그리고 이 제도를 낳은 생산력 그 자체 모두와 투쟁 상태에 있는데, 한마디로 정리해 위기에 처해 있다.[28]

자본주의가 '과학과 투쟁 상태'에 있다는 구절은 여태껏 마르크스·레닌주의의 생산력 지상주의 지지자들에 의해 한층 더 생산력을 발전시켜야 한다는 뜻으로 해석되었다. 즉, 생산력 향상이 자본주의가 초래하는 위기를 극복할 방법이라고 말이다.

그 때문에 마르크스가 「고타 강령 비판」(1875년)에 쓴 "각자는 능력에 따라, 각자에게는 필요에 따라"라는 유명한 코뮤니즘의 정의도[29] 그간 무한한 생산력과 '무한한 풍요'가 불평등한 분배를 해결해줄 것이라는 식으로 해석되어왔다.[30]

그렇지만 앞선 인용문을 물질대사의 균열론에 기초한 생산력 지상주의 비판으로 읽으면, 그 의미는 지금까지 이뤄진 해석과 정반대가 된다.

서유럽 사회에서 자본주의와 '투쟁 상태'에 있는 '과학'이란, 리비히와 프라스처럼 환경을 염두에 둔 '과학'을 가리킨다. 바로 생태학이다.

리비히와 프라스 같은 생태주의자들은 자본주의의 약탈을 비판함으로써 자본주의의 정당성을 흔들었다. 기술로 자연을 굴복시켜서 인간을 자연적 제약에서 해방하겠다는 생산력 지상주의의 프로젝트가 실패했다고, '과학'이 폭로한 것이다.

리비히 등이 밝혀낸 것은, 자본주의가 더 이상 지속 가능한 방식으로 생산력을 향상시킬 수 없다는 사실이다. 그럼에도 억지로 생산력을 끌어 올리려고 하면 지구 환경을 약탈하는 수밖에 없다. 그걸로 끝이 아니다. 본래 자연이 지닌 회복능력까지도 희생양이 된다. 그런 자본주의를 앞으로 계속 정당화하며 유지할 수는 없다고 봤던 것이다.

우리는 앞서 마르크스의 생태적 사상을 살펴봤기에 '과학과 자본주의의 투쟁'이 무슨 의미인지 생산력 지상주의자와 다르게 해석할 수 있다.

'새로운 합리성'—지속 가능한 대지 관리

마르크스가 리비히와 프라스에게서 배운 것은 자본주의가 불러일으킬 위기를 뛰어넘기 위해 필요한, 자연과학에 근거한 '합리적 농업'이었다. 당연하지만 그들이 말한 합리성은 자본주의적인 이윤 최대화를 목표하지 않는다. 그와 다른 '새로운 합리성'인 것이다.

마르크스 사후에 엥겔스가 편집한 『자본』 3권에는 마르크스가 자본주의에서 이뤄지는 토지 이용의 비합리성에 대해 논한 부분이 있다.

토지를 끊임없이 이어갈 인류의 영원한 공동 소유물이자 양도할 수 없는 존재 조건 및 재생산 조건으로서 합리적이고 자기의식적으로 취급하는 대신에, [자본주의에서는] 지력의 착취와 탕진만이 나타나고 있다.[31]

자본주의는 무상無償인 자연의 힘을 쥐어짜기 위해 자연과학을 이용한다. 그 결과 이뤄지는 생산력 상승은 약탈을 강화하고, 지속 가능한 인간적 발전의 기반을 무너뜨린다. 자본주의적인 방식의 자연과학 이용은 장기적인 관점에서 '착취'이고 '낭비'이며, 결코 '합리적'일 수 없다.

그처럼 자본주의를 비판한 마르크스가 추구했던 것은 무한한 경제 성장이 아니라 대지, 즉 지구를 '커먼'으로 삼아 지속 가능하게 관리하는 것이었다. 그리고 그것이야말로 리비히와 프라스가 원했던 더욱 '합리적'인 경제 시스템이다.

이와 같은 과학적 요구는 자본주의의 불합리성을 폭로하고 그 정통성에 '위기'를 초래한다. '자술리치에게 보낸 편지'를 보면 마르크스는 188면(주 28)에 인용한 문장에 이어 다음처럼 결론을 내렸다.

[자본주의의] 위기는 자본주의 제도가 소멸함으로써 종결되거나, 근대 사회가 가장 고대적archaisch인 유형의 더욱 고차원적인

형태인 집단적 생산 및 영유로 복귀함으로써 종결될 것이다.[32]

자본주의적 발전을 최대한 추진해도 그 끝에 코뮤니즘은 존재하지 않는다. 오히려 서유럽 근대 사회가 '복귀해야' 하는 요소는 게르만족의 마르크협동체나 러시아의 미르에 존재한다.

그렇다면, 서유럽 사회는 미르와 마르크협동체에서 무엇을 배우고 되찾아야 할까?

진정한 이론적 대전환—코뮤니즘의 변화

드디어 핵심에 가까워졌다. 지금까지 펼친 논의를 정리하고, 결론을 내리겠다.

마르크스는 만년에 진보사관과 결별했는데, 1868년 이후 자연과학 연구와 공동체 연구에 매진한 덕에 그럴 수 있었다. 두 연구가 밀접하게 관련되어 있었다는 것을 염두에 두어야 비로소 만년기 마르크스의 도달점인 '자술리치에게 보낸 편지'의 진정한 이론적 의의를 이해할 수 있다.

'지속 가능성' 및 '평등'에 대한 마르크스의 고찰은 자연과학과 공동체 사회를 연구함으로써 더욱 깊어졌다. 마르크스는 자술리치에게 보내는 편지를 여러 차례 다시 쓰면서 앞으로 사회가 목표해야 하는 새로운 합리성이란 무엇인지 펼쳐 보이려고 했다. 러시아인의 질문을 계기로 서유럽 사회에 지속 가능성과 평등이 실현될 수 있는 길을 새롭게 구상하려 했던 것이다.

그런 시도 끝에 대두된 것이 마르크스가 말년에 이룬 진정한 이론적 대전환이다. 생태학 연구 덕에 진보사관과 결별한 마르크스는 서유럽 자본주의가 뛰어나다 했던 기존의 주장도 근본적으로 수정해야 했다. 그 결과, 단순히 코뮤니즘으로 향하는 길이 여러 갈래로 늘어난 것에서 나아가 서유럽 자본주의가 목표해야 하는 코뮤니즘 그 자체에도 커다란 변화가 일어났다.

무슨 변화가 일어났다는 말일까. 지금부터 설명하겠다.

전통에 근거한 공동체의 생산 원리는 자본주의와 전혀 다르다. 마우러와 프라스가 말했듯이 공동체 내부에 강한 사회적 규제가 있어서 자본주의 체제와 같은 상품 생산 논리가 통하지 않는다. 앞서 마르크협동체에서는 토지는커녕 생산물조차 외부로 판매할 수 없다고 했던 걸 떠올려보자.

공동체에서는 전통에 기초하여 비슷한 수준의 생산을 반복한다. 즉, 경제 성장을 하지 않는, 순환형·정상형 경제다.

공동체가 '미개'하고 '무지'했기 때문에 생산력이 낮고 빈곤에 허덕였던 것이 아니다. 공동체는 더 오래 일하고 더 생산력을 올릴 여지가 있어도 일부러 그렇게 하지 않았던 것이다. 권력 관계가 생겨나 지배·종속 관계로 변화하는 것을 막으려 했기 때문이다.

탈성장으로 향하는 마르크스

이 대목에서 결정적으로 중요한 것은, 경제 성장을 하지 않는 공동체 사회가 지속 가능하며 평등한 인간과 자연의 물질대사를 안정적으로 가능하게 한다고 마르크스가 인식했다는 것이다.

앞서 마르크스가 1850년대 초에 인도 공동체는 정상형 경제이기 때문에 수동적이고 정적이며 "역사란 없다"고 단언했음을 살펴봤다. 분명 생산력 지상주의와 유럽중심주의가 응축된 발언이었다.(171면 참조)

그랬던 마르크스가 눈을 감기 몇 년 전에는 공동체 사회의 안정성이야말로 식민주의 지배에 대한 대항력이 될 것이며, 나아가 자본의 힘을 타파하여 코뮤니즘을 실현해낼 수 있을 것이라고 주장했다. 이보다 뚜렷한 대전환이 있을까. 공동체는 능동적으로 저항하여 코뮤니즘이라는 새로운 역사를 만들어낼 수 있다고 생각한 것이다. 마르크스가 만년에 한 주장에는 1850년대와 전혀 다른, 정상형 경제에 대한 긍정적 인식이 존재한다.

공동체 사회가 지닌 잠재력을 깨달을 수 있었던 것도 마르크스가 생태학 연구에 매진한 덕분이었다. 지속 가능성에 관심을 기울였기에 1850년대와 전혀 다른 관점으로 공동체 사회를 바라볼 수 있었던 것이다. 얼핏 어수선해 보이던 만년기의 생태학 연구와 공동체 연구가 연결되어 있었음이 분명히 드러나는 지점이다.

이렇게 마르크스가 만년에 했던 연구는 서유럽 근대 사회의 진정 자유롭고 평등한 미래를 구상하는 데에 일종의 이론적 기반을 형성했다. 마르크스의 연구 목적은 러시아를 비롯한 비서유럽 사회의 역사적 발전 경로를 분석하는 것이 아니었다. 이제 와서 보면 코뮤니즘으로 향하는 길이 여러 갈래로 늘어났다는 이야기는 만년기 연구의 부산물에 지나지 않는 것 같다. 마르크스의 주목표는 어디까지나 서유럽 사회의 미래를 구상하는 것이었다. 공동체 연구의 목표도 마찬가지였다.

14년에 이르는 연구 결과, 마르크스는 정상형 경제에 근거한 지속 가능성과 평등이 자본주의에 저항할 거점이 되어 미래 사회의 기초가 되리라고 결론을 내렸다.

그 지속 가능성과 평등이야말로 서유럽 근대 사회가 자본주의의 위기를 뛰어넘기 위해 의식적으로 되찾아야 하는 것이며, 그러기 위한 물질적 조건이 바로 정상형 경제다.

정리하면, 마르크스가 생의 마지막에 이르러 목표한 코뮤니즘이란 평등하고 지속 가능한 탈성장형 경제라 할 수 있다.

자본주의의 위기를 뛰어넘기 위해 서유럽 사회가 "고대적인 유형의 더욱 고차원적인 형태인 집단적 생산 및 영유로 복귀"(190면 참조)해야 한다고 편지에 적었을 때, 마르크스는 정상형 경제라는 공동체의 원리를 서유럽 사회에 더욱 높은 수준으로 부흥시키려고 했던 것이 아니었을까.

'탈성장 코뮤니즘'이라는 도달점

이제 '복귀'가 무엇을 뜻하는지 분명해졌을 것이다. 마르크스는 서유럽 사회에서 코뮤니즘을 시도하려면 지속 가능성과 평등을 중시하는 합리성을 세울 필요가 있기 때문에 공동체에서 정상형 경제의 원리를 배워 다시 받아들여야 한다고 말했다.

다만 이 대목에서 주의해야 할 점이 있다. 마르크스의 구상이 그저 향수에 젖어 '농촌으로 돌아가자.' 또는 '코뮌commune을 만들자.' 하는 이야기가 결코 아니라는 점이다. (마르크스는 수차례 러시아 공동체가 기술 혁신 등 자본주의의 긍정적인 성과를 받아들여야 한다고 말했다.) 서유럽에서 이뤄져야 하는 혁명이란, 근대 사회의 성과를 소중히 여기면서 "고대적인 유형", 즉 정상형 사회를 모델 삼아 코뮤니즘을 향해 도약하는 것이다.

그렇기 때문에 생산력 지상주의에 기반하여 경제 성장을 추구하는 소련 등의 공산주의는 완전히 무효했던 것이다. 자본주의적 원리를 밀고 나간다 해도 미래 사회의 전망이 밝아지지는 않는다고 판결이 내려진 것이나 마찬가지다.

만년에 마르크스는 생산력 지상주의를 추구했던 젊은 시절과 정반대되는 입장을 취했다. 나아가 만년의 입장은『자본』을 집필하며 리비히의 이론을 수용했던 것에서 엿보이는 '생태사회주의' 단계의 마르크스와도 다르다. '생태사회주의' 단계의 마르크스는

[표17. 마르크스가 목표했던 것]

		경제 성장	지속 가능성
1840~1850년대	**생산력 지상주의** 『공산당 선언』, '인도 평론'	O	×
1860년대	**생태사회주의** 『자본』 제1권	O	O
1870~1880년대	**탈성장 코뮤니즘** 「고타 강령 비판」, '자술리치에게 보낸 편지'	×	O

사회주의로 이행하면 지속 가능한 경제 성장이 이뤄질 것이라고 생각했다. 그 구상 역시 만년에는 버려졌다.(표17 참조)

이처럼 미래 사회에 대한 마르크스의 비전은 말년에 이르러 명백한 대전환을 했다. 한때 유행했던 루이 알튀세르Louis Althusser의 표현을 빌리면 '인식론적 단절'이라도 해도 지나치지 않을 만한 변화다.

마르크스는 진보사관을 버림으로써 공동체의 지속 가능성과 정상형 경제의 원리를 자신의 변혁론에 포함시킬 수 있었다. 그 결과 코뮤니즘의 이념은 '생산력 지상주의'는 물론 '생태사회주의'와도 전혀 다른 것으로 변했다. 마르크스가 말년에 도달한 것, 그것은 바로 '탈성장 코뮤니즘'이다.

'탈성장 코뮤니즘', 이것이야말로 누구도 제창한 적 없는, 마르크스가 만년에 구상한 미래 사회상에 대한 완전히 새로운 해석이다. 이것은 최측근인 엥겔스조차 전혀 이해하지 못했었다. 그 결과 마르크스가 눈을 감은 뒤 그의 역사관은 단선적인 진보사관이라 오해되었고, 생산력 지상주의는 좌파 사고의 패러다임으로 규정되어버렸다.

그 탓에 『자본』 1권이 간행되고 150년 동안이나 마르크스주의는 환경문제를 자본주의의 궁극적인 모순으로 비판하지 못했다. 그리고 '인신세'의 환경 위기가 이렇게까지 심각해지도록 내버려두었다.

탈성장 코뮤니즘이라는 새로운 무기

실제로 지금껏 마르크스주의와 탈성장은 물과 기름 같은 관계라고 여겨졌다. 기존의 마르크스주의는 노동자들이 생산수단을 탈환하고 생산력과 기술을 자유롭게 다루어 스스로 생활을 풍요롭게 하는 사회로서 코뮤니즘을 구상했다. 그런 사회와 탈성장은 양립할 수 없다고 여겨왔다.

그 때문에 마르크스의 공동체 연구와 생태학 연구 모두 존재가 알려져 있었음에도 두 연구를 연결해보려는 시도는 이뤄지지 않았다. 마르크스 연구자가 탈성장을 받아들이지 못했던 탓이다.

물론 지금까지 연구자들은 마르크스가 유럽중심주의를 버

렸다고 하는 케빈 앤더슨의 주장 같은 것들을 기꺼이 받아들였다. 그래야 마르크스가 현대적인 관점의 '정치적 올바름political correctness, PC'에 가까워지기 때문이다. 필자가 졸저『대홍수 전에』에서 '환경주의자 마르크스'를 다루었을 때도 전 세계 마르크스주의자들은 'PC한 마르크스'를 보여주는 새로운 시도라며 반겨주었다.

그렇지만 누구도 '탈성장 코뮤니즘'까지는 파고들지 않았다. 필자 역시『대홍수 전에』에서 지속 가능한 경제 성장을 추구하는 '생태사회주의'를 마르크스의 사상이라 밝히는 선에 머물렀다. 실제로 졸저의 영어판 제목은『카를 마르크스의 생태사회주의Karl Marx's Ecosocialism』였다.

지속 가능한 경제 성장을 다뤘다는 점에서 졸저에서도 마르크스주의에 존재하는 거대한 부정적 유산인 '생산력 지상주의'가 엿보인다. 마르크스주의는 생산력 상승이 파괴적이라는 사실을 받아들이지 못한 채 '탈성장'을 적대시해왔던 것이다.

생산력 지상주의를 버리고 자본주의 이전의 비서유럽 공동체에서 변혁의 가능성을 찾으려 한 만년기 마르크스의 사상은, 일반적으로 알려진 마르크스의 이미지와 전혀 다른 정도가 아니다. 마르크스주의자들은 마르크스를 'PC화'하여 만족하려 하지만, 그 정도로는 생산력 지상주의와 유럽중심주의를 내버린 만년기 사상의 급진성을 감당할 수 없다.

마르크스는 그보다 나아간 지점, 서유럽 자본주의를 진정 뛰어넘기 위한 프로젝트로서 '탈성장 코뮤니즘'을 구상하기에 다다른 것이다.

지금까지 한 분석의 의의는 단순히 만년기 마르크스가 그린 코뮤니즘을 밝혀낸 것이 아니다. 그렇다. 마르크스가 만년에 다다른 경지를 또렷이 확인함으로써 지금껏 누구도 제창하지 않았던 '탈성장 코뮤니즘'이라는 개념을 만들어내고, 미래 사회를 구상하기 위한 새로운 무기로 삼은 것이다.

「고타 강령 비판」 새롭게 읽기

'탈성장 코뮤니즘'은 견강부회한 해석일까? 아니, 그렇지 않다.

이에 대해 생각하기 위해 마르크스가 1875년에 집필한 「고타 강령 비판」을 검토해보겠다. 이 문헌에서 마르크스는 서유럽 사회의 변혁을 논했다. 그 글에 등장하는 "협동적 부"라는 말에 주목해보자. 사람들이 자본의 지배에서 해방되어 노동의 자유를 되찾으면 부의 양상이 크게 변할 것이라고 하는 유명한 부분이다.

공산주의 사회의 더 높은 단계에서, 즉 개인이 분업에 노예적으로 종속되지 않게 되고 그와 더불어 정신노동과 육체노동의 대립이 사라진 후에; 노동이 생활을 위한 수단일 뿐 아니라 그 자체가 첫 번째 생활 욕구가 된 후에; 개인들의 전면적 발전과 함께 생산력도 성장하고 협동적 부*의 모든 원천이 넘쳐흐르게 된 후에—그때야 비로소 부르주아적 권리의 좁은 한계를 완전히 극복할 수 있고 사회는 그 깃발에 다음처럼 쓸 수 있다. 각자는 능력에 따라, 각자에게는 필요에 따라![33]

마르크스에 따르면, 코뮤니즘에서는 미래 사회로 갈수록 화폐와 사유재산을 늘리는 것을 목표하는 개인주의적 생산이 "**협동적부**der genossenschaftliche Reichtum"를 함께 관리하는 생산으로 대체된다. 이를 이 책의 표현으로 바꿔 말하면 그야말로 '커먼'의 사상이라 할 수 있다.

마르크스는 그 전에도 '협동적genossenschaftlich'이라는 말을 종종 사용했다. '게노센샤프트리히'라고 하는 단어에는 '협동조합적인', '어소시에이션적인' 같은 의미가 있는데, 보통은 '협동조합적인 생산', '협동조합적인 생산수단의 공유' 같은 식으로 사용했다.

그런데 "협동적 부"라는 표현은 「고타 강령 비판」 전체를 아울러 단 한 번 등장한다. 이 표현을 예전의 용례에 따라 '협동조합

---

* 한국에서는 "조합적 부"(『칼 맑스 프리드리히 엥겔스 저작선집 4』 이수흔 옮김, 박종철출판사 1997) 또는 "협동조합적 부"(『21세기 마르크스 경제학』 정성진 지음, 산지니 2020)라고 옮겼다.

적 부'라고 번역하면 좀 부자연스럽다. 또한 그렇게 옮기면 '생산력도 성장하고 협동조합적 부의 모든 원천이 넘쳐흐르게 된 후에'라는 문장은 생산력 지상주의에 대한 지지 표명이 되어버린다. 앞서 살펴봤듯이 마르크스가 1870년대에 생산력 지상주의를 지지했을 리 없다.

그러니 「고타 강령 비판」에 등장한 '게노센샤프트리히'라는 단어의 유래는 마르크스의 이전 저작에 쓰였을 때와 다를 확률이 높다. 그렇다면, 무엇에서 유래했을까?

「고타 강령 비판」의 집필 시기를 염두에 두고 추측한 유래는 앞서 언급한 게르만족의 '마르크협동체Markgenossenschaft', 즉 '마르크게노센샤프트'다. 마르크스가 공동 소유를 연구하면서 받아들인 지식이 「고타 강령 비판」의 한 문장에 영향을 미쳤을 가능성이 있는 것이다. 그러니 실은 '협동적 부'가 아니라 '협동체적 부'라고 번역해야 할 것이다. '협동체적 부'를 공동으로 관리한다고 읽으면 매우 자연스럽게 이해된다.

다시 말해 앞선 인용문 전체가 의미하는 것은, 코뮤니즘에 의한 사회적 공동성은 마르크협동체에서 이뤄지는 부의 관리를 모델로 삼으며, 그것을 서유럽에서도 재구축해야 한다는 것이 아닐까? 이는 결국 정상형 경제의 원리를 가리키며, 정상형 경제의 원리야말로 넘쳐흐르는 듯한 풍요로운 부를 실현한다는 말이다. 물론 여기서 말하는 풍요란 이것저것 죄다 무한하게 생산하는 풍요가 아니다. 그보다는 제6장에서 자세히 살펴볼, '커먼'이 가져다줄 '근본적radical 풍요'를 가리킨다.

이것이야말로 마르크스가 생의 마지막 시기에 이뤄낸 이론적 대전환이다.

마르크스의 유언을 이어받다

사실 마르크스가 탈성장 코뮤니즘을 자세히 정돈해 글로 남기지 않긴 했다. 하지만 탈성장 코뮤니즘은 메가에 수록되는 수많은 문헌에 흩어진 마르크스의 자연과학 연구와 공동체 연구를 연결하다 보면 자연스레 다다르는 마르크스의 도달점이다.

이는 아무도 생각지 못했던 마르크스의 사상이며, 이 사상을 깨닫지 못한 것이 오늘날 마르크스주의의 정체와 환경 위기의 심각화를 초래했다. 마르크스주의는 지금까지 줄곧 생산력 지상주의라고 여겨졌다. 그래서 소련을 비판하는 마르크스주의자조차 생산력 지상주의에서는 완전히 자유롭지 않았다.

그렇지만 현대 사회가 무한하게 생산력을 증대하다 직면한 환경 위기의 심각성을 고려하면, 더 이상 생산력 지상주의를 옹호할 여지는 남아 있지 않다. 또한 우리는 제2장에서 디커플링이 매우 어렵다는 사실을 살펴보았다. 그러니 '생태사회주의' 역시 충분한 대안이라 할 수 없다.

자본주의의 세계화가 19세기와 비교할 수 없을 만큼 큰 규모로 이뤄지고, 그에 따른 모순이 인류의 생존 자체를 위협할 정도가 된 오늘날이기에 더더욱 우리는 만년기 마르크스의 탈성장 코뮤니즘을 추구해야 한다. 마르크스가 눈을 감기 불과 2년 전에 자술리치에게 보낸 편지는, '인신세'에서 살아남기 위해 우리에게 꼭 필요한 마르크스의 유언인 것이다.

마르크스는 너무나 큰 이론적 전환을 했기 때문에 눈감을 때까지 『자본』을 완성할 수 없었다. 그렇지만 마르크스가 미처 펼쳐보이지 못했던 논의 너머에야말로 오늘날 우리가 찾고 있는 미래 사회를 위한 단서가 숨어 있다.

그렇기 때문에 '인신세'의 위기와 맞서야 하는 우리는 만년기 마르크스의 자본주의 비판에 대한 통찰을 더욱 발전시켜서 미완성인 『자본』을 '탈성장 코뮤니즘'의 이론으로 이어받는, 대담하고 새로운 해석에 바로 지금 도전해야 한다.

제5장

가속주의라는 현실도피

Das Kapital im Anthropozän

'인신세'의 자본론을 향해서

앞선 내용에서 밝혀냈듯이 기후 위기의 시대에 필요한 것은 코뮤니즘이다.

확장을 거듭하는 경제 활동이 지구 환경을 전부 파괴하려 하는 오늘날, 우리가 스스로 자본주의를 멈추지 않으면 인류의 역사는 종말을 맞이할 것이다. 자본주의가 아닌 새로운 사회 시스템을 찾아내는 것이 기후 위기의 시대에 중요하다는 말이다. 그리고 바로 코뮤니즘이 '인신세'를 살아가는 우리가 선택해야 하는 미래다.

한 마디로 코뮤니즘이라 하지만, 코뮤니즘도 여러 가지가 있다. 이 책에서는 마르크스의 도달점과 같은 입장을 취해서 탈성장 코뮤니즘을 목표하려 한다. 그런데 그와 달리 경제 성장을 더더욱 가속함으로써 코뮤니즘을 실현하려 하는 움직임도 있다. 바로 최근 들어 유럽과 미국에서 지지를 얻고 있는 '좌파 가속주의 left accelerationism'다.

솔직히 말해서 '가속주의'는 만년기 마르크스의 도달점을 모른

채 나아간 결과 생겨난 이물에 불과하다. '생산력 지상주의야말로 마르크스주의의 핵심이다.' 하는, 약 150년에 걸친 오해의 산물이 '가속주의'인 것이다. 그럼에도 환경 위기를 염려하는 사람들 사이에서 가속주의의 가능성이 진지하게 논의되고 있다.

지금부터는 '가속주의'를 반면교사 삼아 검토하고 비판하려 한다. 그러면 만년기 마르크스, 그리고 이 책의 도달점인 탈성장 코뮤니즘을 좀더 구체적으로 그려볼 수 있을 것이다.

그것이 제5장이 목표하는 바다.

가속주의란 무엇인가

가속주의는 지속 가능한 성장을 추구한다. 자본주의의 기술 혁신 끝에 코뮤니즘을 달성하면 완전하게 지속 가능한 경제 성장이 이뤄진다고 주장하는 것이다.

예컨대 영국의 젊은 저널리스트 에런 바스타니Aaron Bastani는 가속주의의 가능성을 추구하여 '완전히 자동화된 화려한 코뮤니즘fully automated luxury communism'을 내세워 인기를 얻고 있다.

바스타니 역시 기후 변화가 인구 증가와 더불어 21세기에 일어나고 있는 문명의 위기라고 지적했다. 특히 개발도상국의 인구 증가와 경제 발전은 각종 자원 소비량과 경작해야 하는 토지 면

적을 증가시켜서 지구에 부담을 지운다. 그러다가는 기후 위기의 시대에 돌이킬 수 없는 사태가 일어날지 모른다. 하지만 그렇다고 개발도상국 사람들에게 낙후된 생활을 참으라고 할 수도 없는 노릇이다. 이런 점에서 기존 환경운동의 어려움이 비롯되었다고 바스타니는 생각했다.

여기까지의 문제의식은 이 책과 공통된다. 그런데 이어지는 견해는 전혀 다르다. 바스타니는 최근 몇 년간 눈에 띄게 발전하고 있는 일련의 신기술을 이용하면 앞서 언급한 문제들이 단번에 해결되리라 생각한 것이다.

바스타니는 현재 일어나는 기술 혁신이 농경의 시작이나 화석 연료 사용과 필적할 정도로 인류사에 중요한 전환점이라고 주장한다.

소를 기르는 데는 방대한 토지가 필요한데, 어떡하면 될까? 공장에서 생산하는 인공육으로 대체하면 된다. 사람들을 고통스럽게 하는 질환은 어떻게 할까? 유전자 공학으로 해결할 수 있다. 자동화는 인간을 노동에서 해방시켜주겠지만, 로봇을 움직이기 위한 전력은 어떻게 확보할까? 무한하고 공짜인 태양광발전으로 충당할 수 있다![1]

또한 앞서 살펴봤듯 리튬과 코발트 같은 희유금속은 지구상에 유한하게 존재하는데, 그건 어떡할까? 바스타니에 따르면 그 역시 걱정할 필요 없다. 우주 자원을 채굴하는 기술이 발전하면, 지구 주위의 소행성에서 자원을 채굴할 수 있기 때문이다. 바스타니에게는 자연적 한계 따위 존재하지 않는다.

물론 현재 이런 기술들에는 범용성이 없고, 상업화한다 해도 채산이 맞지 않는다. 그럼에도 바스타니는 낙관한다. '무어의 법칙Moore's law'*에 따라 지수함수적인 속도로 기술이 개발되어 머지않은 미래에 신기술들이 실용화되리라 예측한 것이다.

나아가 바스타니는 신기술이 실용화되어 각 부문에서 생산력이 증가하면 최종적으로는 시장의 가격 메커니즘에도 혁명적인 변화가 일어날 것이라고 주장했다. 왜냐하면 가격 메커니즘은 희소성이 있어야 작용하기 때문이다. 예컨대 공기는 풍부하게 존재하기 때문에 공기에는 가격이 붙지 않는다. 태양광과 지열도 화석연료와 달리 공기처럼 풍부하기에 설비비의 감가상각만 제외하면 비용이 들지 않는 에너지원이 된다.

지수함수적인 생산력 발전을 계속해 나간다면, 모든 것의 가격이 내려가 결국에는 자연 제약에도 화폐에도 속박되지 않는 '풍요로운 경제'가 성립될 것이다. 이것이 '완전히 자동화된 화려한 코뮤니즘'이라고 바스타니는 주장한다. 그런 사회가 되면 사람들

* 인텔의 공동 설립자인 고든 무어(Gordon Moore)는 1965년 발표한 논문에서 반도체 집적회로의 성능이 일정 기간마다 2배로 증가할 것이라고 했다. 애초에 무어는 '법칙'이라고 한 적이 없지만, 나중에 학계에서 법칙으로 인정을 받았다. 2000년대까지는 실제로 무어의 법칙에 따라 컴퓨터와 인터넷 기술이 발달했으나 2010년쯤부터 한계에 달하고 있다.

은 환경문제를 신경 쓸 필요 없이 좋을 대로 자유롭게 무상 재화를 이용할 수 있다고 말이다.

바스타니에게는 그런 사회야말로 "각자에게는 필요에 따라!"라는 마르크스의 코뮤니즘이 실현된 곳인 셈이다.

뻔뻔한 생태근대주의

그렇지만 바스타니 같은 낙관적 예측은 그야말로 마르크스가 만년에 결별한 생산력 지상주의의 전형이다. 그런 것이 최근에는 '생태근대주의ecomodernism'라고 불리고 있다. 생태근대주의란 원자력발전과 역배출 기술(92면 참조) 같은 것을 철저하게 사용하여 지구를 '관리 운용'하자는 사상이다. 자연의 한계를 인식하여 자연과 공존하기보다는 인류의 생존을 위해 자연을 관리하려 하는 것이다. 제2장에서 브레이크스루 인스티튜트를 언급했는데, 그들이 퍼뜨리고 있는 것이 바로 생태근대주의다.

생태근대주의의 문제점은 그 뻔뻔한 태도에 있다. '환경 위기가 이렇게나 심각해졌고 이제 와서 돌이킬 수는 없다, 그러니 지금까지 이상으로 자연에 개입하여 관리하자, 인간의 생활을 지키자.' 이런 태도인 것이다.

예를 들어 프랑스 철학자 브뤼노 라투르Bruno Latour는 "그대의 괴물을 사랑하라."라고 표현하며, 인류가 자신들이 만들어낸 테크놀로지라는 '괴물'을 버려서는 안 된다고 생태근대주의를 옹호했다.[2]

바스타니와 라투르의 생태근대주의는, 요한 록스트룀이 말한 '현실도피의 사고'다. 우리는 제2장에서 '녹색 성장'을 주장하는 이들의 기만을 살펴봤다. 디커플링이 현실적으로 매우 어려운 이상, 코뮤니즘이 실현된다 해도 환경의 지속 가능성과 무한한 경제 성장은 양립할 수 없다.

바스타니가 주장한 가속주의적 코뮤니즘에서도 경제 규모를 두 배, 세 배로 키우려 하면 결국에는 더욱 많은 자원이 필요해진다. 그러면 에너지원을 화석연료에서 태양광으로 바꾼들 결과적으로는 아무런 차이가 없어지고 이산화탄소 배출량이 늘어날 것이다. '제번스의 역설'(76면 참조)이 코뮤니즘에서도 벌어진다는 말이다.

가속주의는 세계에서 빈곤을 없애기 위해 경제가 더욱 성장하길 원하며, 그러기 위해 화석연료 등을 다른 에너지원으로 대체하려 한다. 그렇지만 얄궂게도 그 결과, 지구 환경은 더 극심한 약탈에 시달리고 생태제국주의는 심화될 것이다.

어느 쪽이 '소박한 정치'인가?

가속주의의 문제는 그것만이 아니다. 가속주의는 과학적으로 보아 억지스러울 뿐 아니라 가속주의가 제창하는 변혁을 이루는 과정에도 많은 문제가 있다.

가속주의는 줄곧 냉전 체제 붕괴 후의 좌파를 비판해왔다. 특히 그들이 표적으로 삼은 것은 유기농, 슬로푸드, 지역 생산·지역 소비, 채식주의 같은 형태의 환경보전운동이다. 이런 운동들은 특성상 지역적인 소규모 운동일 수밖에 없는데, 그 탓에 세계적 자본주의에는 무력하다고 가속주의가 비난한 것이다.

가속주의를 옹호하는 닉 서르닉Nick Srnicek과 알렉스 윌리엄스Alex Williams는 지역적인 소규모 저항운동에 대해 '소박한 정치folk politics'라고 이름 붙였다.[3] 아마 그들은 '탈성장' 역시 '소박한 정치'의 전형이라고 할 것이다.

그렇다면, 바스타니의 '화려한 코뮤니즘'은 어떻게 '소박한 정치'의 함정을 피할까? 바스타니의 답은 '선거'다. 그는 '선거주의'를 내세워서 '좌파 포퓰리즘'을 펼치려고 한다.[4]

바스타니의 생각은 다음과 같다. 풍요로운 경제를 실현해줄 기술 혁신이 조금이라도 빨리 진행되도록 국가가 정책적으로 이끌어야 한다. 정부는 연구개발 자금을 제공하며, 보조금 등 적극적인 지원을 해야 한다. 규제 완화를 위해 대담하게 법률을 개정할 필요도 있다. 그런 정책을 의식적으로 추구하는 정당이 대두되어야 한다. 그리고 대중은 그런 정책을 투표로 지지해야 한다. 이것이 바스타니가 구상한 좌파 포퓰리즘 전략이다.

바스타니는 분명 커다란 사회 변혁을 목표하고 있지만, 선거를 통해 공산주의 혁명을 일으키겠다는 발상은 가속주의자들이 비판한 '소박한 정치'와는 다른 의미로 너무나 소박하다. 그리고 그 소박함 때문에 외려 위험하기까지 하다.

무엇보다 자본주의 극복이라 할 수 있는 생산관계 영역에서의 변혁이 정치적 개혁으로 실현되리라는 생각이 너무나 소박하다. 그야말로 전형적인 '정치주의' 발상이라 할 수 있다.[5]

정치주의의 대가—선거를 하면 사회가 변한다?

'정치주의'란 의회 민주제라는 구조 속에서 투표를 통해 좋은 지도자를 선출하고, 그 뒤에는 정치가와 전문가에게 제도와 법률의 제정과 변경을 맡기면 된다는 발상이다. 카리스마 넘치는 지도자를 기다리다 그런 후보자가 나타나면 그에게 표를 던지라는 것이다. 정치주의에서 변혁의 열쇠는 투표 행동의 변화가 쥐고 있다.

그렇지만 정치주의는 필연적으로 투쟁의 영역을 선거전으로 축소하고 만다. 선언문이나 후보자 경선 등 미디어와 SNS를 활용한 이미지 전략에 집중하는 것이다.

그 대가는 명백하다. 바스타니는 코뮤니즘을 내걸었는데, 본래 코뮤니즘이란 생산관계의 대전환이다. 하지만 바스타니의 코뮤니즘은 정치·정책에 의해 실현되는 '정치적' 프로젝트이기 때문에 그 속에는 생산 영역에서 이뤄지는 변혁, 즉 계급투쟁에 대한 관점이 누락되어 있다.

심지어 파업 같은 '낡아빠진' 계급투쟁이나 시위와 농성 등 '과격한' 직접행동은 선거전에서 이미지를 손상하고 공동 투쟁을 하는 데 방해가 된다는 이유로 정치주의에서 배제되어간다. '미래를 위한 정책안은 프로한테 맡겨둬라.' 이런 사고방식이 지배하게 되는 것이다.

그렇게 되면 비전문가의 '소박한' 의견은 전문가의 견해가 지니는 권위에 의해 묵살되어버린다. 정치주의적인 하향식top-down 개혁은 얼핏 효율적으로 보이지만, 그 대가로 민주주의의 영역이 좁아지고 참여자의 주체적 의식이 뚜렷하게 훼손되는 것이다.

실제로 정책을 중시하는 사회 변혁은 스티글리츠 같은 경제학자들이 선호하는 방식이다. 앞서 살펴본 지젝의 스티글리츠 비판을 다시 떠올려보자.(130면 참조) 의회정치만으로는 민주주의의 영역을 확장하여 사회 전체를 개혁할 수 없다. 선거정치는 자본의 힘과 직면한 순간 반드시 한계에 부딪히기 때문이다. 정치는 경제에 대해 자율적이지 않다. 외려 정치는 **타율적으로** 경제에 따라 움직인다.

국가만으로는 자본의 힘을 뛰어넘는 법률을 시행하지 못한다. (가능했다면 오래전에 시행했을 것이다.) 그렇기 때문에 자본과 대치하는 사회운동을 통해서 정치적 영역을 확장해야 한다.

시민의회에 의한 민주주의 쇄신

그 한 예가 최근 유럽과 미국에서 주목받고 있는 '기후시민의회'다. 시민의회citizens' assembly는 영국의 환경운동 '멸종 저항'과 프랑스의 '노란 조끼 운동'*의 성과로 단숨에 유명해졌다. 멸종 저항과 노란 조끼 운동은 서로 배경이 다르지만, 도로와 다리를 폐쇄하고 교통기관을 멈추는 등 도시 기능을 마비시켜서 일상에 대혼란을 일으켰다는 공통점이 있다.

경찰에 체포당하는 것을 마다하지 않는 이 '과격한' 운동은 세계적으로 많은 주목을 받았지만, 일본에는 그 전말이 거의 전해지지 않았다. 그 탓에 많은 일본인들은 기후 변화 대책으로 유류세를 인상하려 한 '의식 있는 엘리트' 에마뉘엘 마크롱 프랑스 대

---

* 2018년 10월 프랑스에서 시작된 대규모 시위. 정부가 유류세 및 자동차세 인상, 부유세 인하, 긴축 재정 등을 골자로 하는 조세 개혁을 추진하려 하자 시위대는 그에 반대하며 마크롱 대통령의 사임을 요구했다. 이탈리아, 벨기에, 네덜란드로도 퍼져 나갔다.

통령에게 트럭 운전사와 농민 등 저소득층이 반발한 것이 '노란 조끼 운동'이라고 오해하곤 한다. 그 때문인지 시민의회도 일본에 거의 보도되지 않았다.

사실 '노란 조끼 운동'에는 더욱 대담한 기후 변화 대책을 요구하는 사람들도 참여했다. 마크롱은 유류세 등을 인상하면서도 이산화탄소 배출량에서 큰 비중을 차지하는 부유층에 대한 부유세를 외려 삭감하려 했기 때문에 비판받았다. 게다가 지방의 공공 교통기관을 줄여서 지방 시민들의 생활에 자가용이 필수품이 되도록 강제하기도 했다.

강한 비판에 둘러싸인 마크롱은 2019년 1월 '국민 대토론'을 실시하겠다고 발표했다. 그 결과 전국 지자체에서 1만 회가 넘는 토론회가 열렸고, 1만 6000건이 넘는 토론 자료가 제출되었다고 한다. 하지만 형식뿐인 '대토론'이라 여긴 국민에게는 여전히 강한 불만이 남아 있었다. 결국 마크롱은 비판에 떠밀리는 듯한 모양새로 같은 해 4월, 예전부터 약속했던 '기후시민의회'를 개최한다고 발표했다.

이렇게 프랑스에서는 150명 규모의 시민의회가 열리게 되었다. 그리고 2030년까지 온실가스 배출을 40퍼센트 삭감(1990년 대비)하기 위한 대책안 작성이 시민의회에 맡겨졌다.

시민의회의 가장 큰 특징은 그 선출 방법에 있다. 선거가 아니라 제비뽑기로 의회 구성원을 뽑은 것이다. 이것이 선거로 구성되는 국회와 시민의회의 결정적인 차이점이다. 물론 제비뽑기라고 해서 완전히 무작위는 아니었고 연령, 성별, 학력, 거주지 등의 비율이 실제 국민의 구성과 비슷하도록 조정했다.

그렇게 구성된 시민의회에 전문가들이 필요한 강의를 했고, 그다음 시민의회 구성원끼리 토론이 이뤄졌다. 그리고 최종적으로는 시민의회 내에서 투표로 의사결정을 했다.[6]

우리가 주목해야 하는 것은 2020년 6월 21일 엘리자베트 보른 환경장관에게 제출한 프랑스 시민의회의 결론이다. 추첨으로 뽑힌 시민 150명은 기후 변화 방지를 위해 대략 150가지 대책안을 제출했다. 그중에는 2025년부터 비행장 신설 금지, 항공기 국내선 폐지, 자동차 광고 금지, 기후 변화 대책용 부유세 도입 등이 있었다. 나아가 헌법에 기후 변화 대책을 명기하는 것과 '에코사이드echocide죄'[*] 시행 여부를 국민투표로 결정하자는 요구도 담겨 있었다.

시민의회가 이만큼이나 과격하고 급진적인 제안을 낼 수 있었던 것은 그 과정에서 민주주의가 근본적으로 변했다는 사실과 결코 무관하지 않다. 또한 사회운동으로 변화를 일으켰다는 점도 강조해두겠다.

노란 조끼 운동과 멸종 저항은 종종 구체적인 대안을 제시하지

---

[*] 에코사이드란 생태계를 대규모로 파괴하는 행위를 가리키는 말이며 '생태학살'이라 옮기기도 한다.

못한다는 비판을 받아왔다. 하지만 두 운동이 원했던 시민의 더욱 민주적인 정치 참여는 시민의회라는 형태로 실현되었고, 구체적인 정책안이라는 결실까지 맺었다.

노란 조끼 운동이나 멸종 저항이 단순하게 구체적인 몇몇 대안을 내세웠다면 어느 정도는 정책에 반영되었을지도 모른다. 하지만 의회 민주제 그 자체의 쇄신까지 다다르지는 못했을 것이다. 그랬다면 혁신적인 제안도 채용되지 않았을 것이 틀림없다. 사회운동이 '기후 마오쩌둥주의'에 빠지지 않고 민주주의를 쇄신하여 국가의 힘을 이용할 가능성, 시민의회는 바로 이 가능성을 증명해냈다.

자본에 '포섭'되어 무력해지는 우리

시민의회 외에 정치를 바꿀 선택지가 더 있음에도 불구하고, 많은 이들이 바스타니의 주장을 더 매력적이라고 여길지 모른다. 정치 엘리트와 기술 전문가에게 미래를 맡기는 게 편하기 때문이다. 바스타니가 옳다면, SNS에서 친구들과 교류하며 넷플릭스로 영화를 보다가 때맞춰 투표만 하면 된다. 그러면 비싼 학자금 대출도 불안정한 일자리도 기후 변화의 영향도 걱정할 필요 없는 사회가 될 테니 말이다.

바스타니는 우리의 제국적 생활양식을 근본적으로 바꿔야 한다고 전혀 생각하지 않는다. 투표만 하면, 지금까지처럼 2년마다 아이폰을 신형으로 바꾸고, ZARA나 H&M 같은 패스트 패션을 즐기며, 맥도날드의 햄버거를 먹어도 된다고 한다. 극단적으로 말하면 바스타니의 화려한 코뮤니즘은 미슐랭 스타를 받은 고급 레스토랑에 가기 위해 전 세계를 자가용 비행기로 누비는 것까지도 자유로 인정할 것이다. 자원의 제약도 지구 환경의 한계도, 신기술만 있다면 걱정할 필요가 없으니까.

몇몇 사례만 봐도 알 수 있듯이 바스타니가 말하는 '화려한 코뮤니즘'은 소비주의적인 풍요가 되어 자본주의에 빠져들고 만다. 다시 말해 바스타니의 주장은 얼핏 급진적인 것 같지만, 실은 실리콘밸리의 자본주의를 재탕한 것에 불과하다.

바스타니는 자본주의를 비판하면서도 자본주의를 너무나 좋아하는 것이다. 그런데 그런 바스타니의 가속주의가 매력적이라고 여기는 사람들이 많다. 그 사실은 선진국에 사는 우리가 유례를 찾을 수 없을 만큼 '무력'한 상황에 처해 있음을 역으로 보여준다. 무력해진 우리가 자본주의 없이는 살아갈 수 없다고 무의식중에 느끼는 것이다. 그 때문에 본래 대안을 내놓아야 하는 좌파도 상상력이 빈곤해지고 있다.

인류는 역사상 가장 강력한 자연 지배를 위해 새로운 기술을 손에 넣으며 행성 전체에 막대한 영향을 미치고 있다. 하지만 그와 동시에 오늘날 인류는 유례가 없을 만큼 자연의 힘 앞에서 무력하기도 하다.

환경 의식이 높은 사람이라 해도 마찬가지다. 평소에 자연과 건강을 중시하여 유기농 채소를 고른다 해도, 아마 많은 이들이 생선이나 닭고기는 깨끗하게 포장되어 진열대에 놓인 '상품'만 먹지 않을까.

현대인 대부분은 동물을 사육하고 생선을 낚아서 그것들을 먹을거리로 손질하는 능력이 없다. 옛날 사람들은 그러기 위한 도구까지도 직접 만들었는데, 그들에 비하면 우리는 자본주의에 빠져들어 생물로서 무력해졌다. 우리는 상품의 힘을 매개로 삼지 않으면 살아가지 못한다. 자연과 함께 살아가기 위한 기술을 잃어버린 것이다.[7] 그래서 우리는 주변부를 약탈하지 않고서는 도시의 생활을 해나가지 못한다.

한때 유행했던 '로하스LOHAS'* 역시 무력한 상태를 극복하려하지 않고 소비만으로 지속 가능성을 목표하다가 결국 실패했다. 소비자 의식이 변하는 정도로는 성장을 목표하는 상품경제에 너무나 간단히 잡아먹히는 것이다.

이처럼 잡아먹히고 빠져드는 것을 마르크스의 개념을 사용해 다른 말로 바꾸면 '포섭'이라고 한다. 우리의 생활은 자본에 '포

---

* 로하스는 'Lifestyles of Health and Sustainability'를 줄인 말로 공동체의 더욱 나은 삶을 위해 건강과 환경, 지속 가능한 발전 등을 우선하는 소비자의 생활양식을 뜻한다.

섭'되어 무력해지고 있다. 바스타니의 이론도 근본적으로 로하스와 동일한 한계가 있기에 자본의 포섭을 뛰어넘을 수 없다.

자본의 포섭에서 전제로

자본의 포섭이 완성됨으로써 자율성과 살아가기 위한 기술을 빼앗긴 우리는 상품과 화폐의 힘에 기대지 않으면 생존조차 할 수 없게 되었다. 그리고 그런 생활의 쾌적함에 익숙해진 나머지 다른 세계를 상상하는 힘까지 잃고 말았다.

미국의 마르크스주의자 해리 브레이버만Harry Braverman의 말을 빌리면, 사회 전체가 자본에 포섭된 결과 '구상'과 '실행'의 통일이 해체된 것이다. 무슨 뜻인지 간단히 설명하겠다.

본래 인간의 노동에서는 '구상'과 '실행'이 통일되어 있었다. 예를 들어 직공은 머릿속으로 의자를 만들겠다고 구상한 다음 대패와 정 같은 도구를 사용해 실현한다. 이 노동 과정에는 하나의 통일된 흐름이 존재한다.

그렇지만 이런 노동 과정은 자본이 보기에 썩 바람직하지 않다. 생산이 직공의 기술과 통찰력에 의존해 이뤄지는 이상 직공의 작업 속도와 노동 시간에 맞춰야 하고 생산력도 높일 수 없기 때문이다. 만약 무리하게 일을 시키면 자존심 강한 직공들은 기분이 상해서 일을 그만둘지도 모른다.

그 때문에 자본은 직공의 작업을 주의 깊게 관찰한다. 각 공정을 점점 세분화하여 각 작업 시간을 계측하고, 더욱 효율적인 방법으로 분업이 이뤄지도록 작업장을 재편성한다. 그렇게 되면 직공들은 더 이상 어쩔 도리가 없다. 머지않아 누구든 할 수 있는 단순 작업의 집합체가 직공보다 빠르게 비슷한 품질, 혹은 더 나은 품질의 결과물을 만들어내기 때문이다.

그 결과, 직공들은 몰락한다. 그리고 자본은 직공이 지니고 있던 '구상' 능력을 독점한다. 직공 대신 고용된 노동자들은 그저 자본의 명령을 '실행'할 뿐이다. 이렇게 통일되어 있던 '구상'과 '실행'이 해체되었다.[8]

작업이 효율화하면 사회 전체의 생산력은 현저하게 상승한다. 그에 비해 개개인의 생산 능력은 점점 저하된다. 현대의 노동자는 더 이상 오래전의 직공처럼 혼자 완성품을 만들어내지 못한다. 텔레비전과 컴퓨터를 만들어내는 사람들은 텔레비전과 컴퓨터가 어떻게 작동하는지 모른다.

이제 노동자들이 자신의 노동을 실현하려면 자본 아래에서 일하는 것밖에 방법이 없다. 이렇게 자율성을 빼앗긴 노동자는 기계의 '부속품'이 되어가고 있다. '구상'이라는 주체적 능력을 잃어버린 것이다.

자본의 지배력은 그만큼 강해진다. 포섭을 해서, 그리고 노동

과정을 재편성해서 '자본의 전제專制'가 완성된다.

오늘날 자본의 포섭은 노동 과정을 넘어서 여러 영역으로 확장되고 있다. 그 결과 생산력이 발전했음에도 우리는 미래를 '구상'하지 못하고 있다. 오히려 더욱 철저하게 자본에 종속되길 강요받으며 그저 자본의 명령을 '실행'하고 있다.

기술과 권력

'자본의 전제'가 어떤 과정을 거쳐 완성되는지를 생각해보면, 바스타니의 가속주의가 위험한 진정한 이유를 알 수 있다. 그저 신기술의 가속만 추구하다 보면, '구상'과 '실행'의 분리가 한층 심각해져서 결국 '자본의 전제'가 더욱 강화될 것이다.

그런 사회에서는 극히 일부의 전문가와 정치가만이 어떤 기술을 어떻게 사용할까 구상하고 의사결정을 할 수 있다. 자본은 권한이 있는 일부만 포섭하면 된다. 그러면 수많은 문제를 해결할 수 있는 신기술이 있어도, 극히 일부에게만 유리한 해결책을 '위에서' 일방적으로 도입할 가능성이 매우 높아진다.

최근 기후 변화 대책으로 주목을 받고 있는 기술인 '지구공학geoengineering'을 예로 들어 이 문제를 생각해보자.

지구공학에는 여러 종류가 있지만, 지구 시스템 자체에 개입하여 기후를 조작하려 한다는 공통점이 있다. 지구를 냉각시키기 위해 성층권에 황산 에어로졸을 뿌려서 태양광을 차단하는 기술, 우주에 거울을 설치해 태양광을 반사하려 하는 기술, 식물성 플랑크톤이 대량 증식해 광합성이 촉진되도록 바다에 철가루를 뿌려 수중을 비옥하게 하는 기술 등 이런저런 기술이 고안되고 있다. '인신세' 개념을 제안한 파울 크뤼천도 지구공학적인 방식을 주장한 적이 있으니, 지구공학은 그야말로 '인신세'를 상징하는 프로젝트인 셈이다.

그렇지만 대량 살포한 황산과 철가루가 기후 및 해양 시스템에 어떤 영향을 미칠지, 그리고 생태계와 사람들의 생활에 어떤 부작용을 일으킬지에 대해서는 아직 모르는 점이 많다. 산성비와 대기오염이 심각해지고, 수질오염과 토양오염 탓에 농업과 어업이 큰 영향을 받을 가능성이 높다. 만약 강우 패턴이 바뀌어버리면 일부 지역의 상황은 크게 악화될지도 모른다.

그처럼 모르는 게 많지만, 피해가 미국과 유럽이 아닌 아시아와 아프리카로 향하도록 하는 계산만은 면밀하게 이뤄질 것 같다. 부하를 외부로 전가하여 물질대사의 균열을 더욱 깊게 하는 자본주의의 상투적인 이야기가 또다시 시작되는 것이다.

그런데도 일부 정치가와 자본가가 결탁하는 하향식 사회가 정말 바람직하다 할 수 있을까.

앙드레 고르츠의 기술론

이처럼 가속주의를 비난하면 자본주의의 생산력과 기술 발전을 거부하는 것 아니냐, 조악하고 원시적인 생활을 찬미하느냐는 비판이 날아들지도 모르겠다. 하지만 만년의 마르크스는 과학을 버리라고 하지 않았고, 촌락공동체 특유의 인습으로 돌아가라고 하지도 않았다.

제4장에서 살펴봤듯이 마르크스가 만년에 진보사관을 부정하고 자본주의 이전 공동체의 전통을 중시하는 정상형 경제를 높이 평가하긴 했다. 하지만 그렇다고 해서 과학과 기술을 거부했다는 뜻은 아니다. 생산자들이 자연과학을 활용하며 인간과 자연의 물질대사에 "합리적인 규제"를 거는 것, 마르크스는 어디까지나 이것을 원했다.⁹

애초에 과학을 버릴 것이냐 버리지 않을 것이냐 하는 극단적인 이분법은 무의미할 뿐이다. 앞으로 재생에너지와 정보통신기술을 더욱 발전시켜야 한다는 것은 명백하기 때문이다.

이쯤에서 더욱 풍부한 뉘앙스를 품은 고찰에 주목해보자. 프랑스의 마르크스주의자 앙드레 고르츠André Gorz가 말년에 남긴 논고다.

먼저 고르츠는 자본주의에서 이뤄지는 기술 발전의 위험성을 분명히 지적한다. 그에 따르면 전문가에게 전부 맡기는 생산력 지상주의는 결국 민주주의를 부정하는 것으로 이어져 "정치와 근대성 양쪽 모두를 부정하는 일"이 된다.[10]

그러므로 생산력 지상주의의 위험성을 피하기 위해서는 '열린 기술'과 '닫힌 기술'을 구별하는 것이 중요하다고 고르츠는 말한다. '열린 기술'이란 '커뮤니케이션, 협업, 타자와 교류를 증진하는' 기술이다. 그에 비해 '닫힌 기술'은 사람들을 분단시키고 '이용자를 노예화하며' '생산물 및 서비스 공급을 독점하는' 기술을 가리킨다.[11]

'닫힌 기술'의 대표적인 예는 원자력발전이다. 오랫동안 원자력발전은 '깨끗한 에너지'라고 여겨졌다. 하지만 원자력발전은 보안상의 이유로 일반 사람들과 격리되었고 그에 관한 정보도 비밀리에 관리되었다. 그런 특성은 갈수록 불리한 사실을 은폐하는 것으로 이어졌고 그 결과 중대한 사고가 일어나고 말았다.

원자력발전을 민주적으로 관리하기란 어렵다. '닫힌 기술'은 특성 탓에 민주주의적인 관리와 어울리지 않고, 중앙집권적인 하향식 정치를 필요로 한다. 이처럼 기술과 정치는 결코 무관하지 않다. 특정한 기술은 특정한 정치 형태와 긴밀히 연결되어 있는 것이다.

당연하지만 기후 변화 문제를 살펴보면 지구공학이나 역배출 기술 역시 민주주의를 부정하는 '닫힌 기술'일 수밖에 없다.

세계적 위기에 '닫힌 기술'은 부적절하다

지구공학은 지구 전체에 돌이킬 수 없는 커다란 변화를 일으킨다. 그러니 경제 성장만 좇다가 어쩔 수 없이 지구공학에 의지해야 하는 상황이 되기 전에 우리는 한번 멈춰 서서 생각해봐야 한다. 정말로 그러면 될까, 더 민주적인 해결책은 없을까.

이 질문을 너무 미뤄서는 안 된다. 위기가 심각해질수록 사람들의 목표는 오로지 살아남는 것이 되어 잠시 멈춰 설 여유조차 사라져버리기 때문이다. 그렇게 되면 더 이상 손쓸 도리가 없다. 강한 지도자가 시민의 자유를 극도로 제한하는 체제라 해도 사람들은 살아남을 수만 있다면 받아들일 것이다. 그 끝에 있는 것은 자국민을 우선하는 내셔널리즘과 비민주주의적인 강권 통치, 즉 '기후 마오쩌둥주의'다.

기후 변화는 세계적인 위기를 일으킨다. 주변부로 전가할 수 있는 공해와 달라서 궁극적으로는 선진국이라 해도 기후 위기의 파괴적 결말에서 도망치지 못한다는 말이다. 그러니 우리 앞에 남는 것은 최악의 사태를 피하기 위해 인류 전체가 연대해야 한다는 어려운 시련이다.

바로 지금이 시련의 순간이기에 지구공학이나 역배출 기술처럼 선진국을 우선하며 '외부' 사람들을 희생하는 '닫힌 기술'은 더더욱 알맞은 선택지가 아니다.

기술이 앗아간 상상력

기술의 문제는 뿌리가 깊다. 주위를 둘러보면 신기술이 상상을 뛰어넘는 굉장한 미래를 만들어낼 것이라고 그럴싸하게 이야기하는 사람들이 많다. 기술 '혁명'이라고까지 한다. 그리고 '쓸모 있는' 기술을 개발하기 위해 더욱더 많은 세금과 노동력이 투여되고 있다. (그와 동시에 인문학은 '쓸모없다'는 이유로 예산이 삭감되고 있다.)

그렇지만 생태근대주의에 기초한 지구공학과 역배출 기술 등 화려해 보이는 기술이 약속하는 미래란, **화석연료를 불태우며 했던 지금까지의 생활을 계속 유지하는 것이다.** '꿈의 기술'들의 화려함은 계속 현상 유지status quo를 하는 것이야말로 부조리하다는 진정한 문제를 은폐해버린다. 기술 자체가 현재 시스템의 부조리를 감추는 이데올로기가 되고 있는 것이다.

다르게 표현하면 세계적 위기를 앞둔 상황에서 전혀 다른 생활양식을 만들어내어 탈탄소 사회로 이행할 가능성을 억압하고 배제하는 것이 바로 기술이라는 말이다.

본래 위기는 지금까지 했던 일을 자성하고 새로운 미래를 그려낼 계기를 마련해준다. 그런데 그러기 위해 필요한 상상력·구상력을 전문가가 독점한 기술이 박탈해갔다. 실제로 기후 변화에 대해서도 기술이 문제를 해결해줄 것이라고 생각하는 사람들이 많지 않은가.

기술이라는 이데올로기야말로 현대 사회에 상상력 빈곤이 만연해진 이유 중 하나라고 할 수 있다. 새로운 사회를 상상해내기 위해서 우리는 자본의 포섭에 저항하여 상상력을 되찾아야 한다. 마르크스의 '탈성장 코뮤니즘'은 그런 상상력의 원천이 될 것이다.

또 다른 풍요를 고민하다

왜 이렇게 바스타니의 가속주의를 한참 동안 다루었을까. 그의 주장에 있는 문제점을 살펴보면 우리가 마주한 과제가 명확해지기 때문이다. 그 과제란, 상상력을 되찾기 위해 '닫힌 기술'을 뛰어넘어서 GAFAGoogle, Apple, Facebook, Amazon 같은 대기업의 지배를 피할 수 있는 또 다른 길을 찾아야 한다는 것이다.

그러기 위해선 먼저 '열린 기술'이 필요하다. 사람들이 '닫힌 기술'로 인한 하향식 정치주의의 유혹을 이겨내고 자주 관리 능력을 발전시킬 수 있게 하는 테크놀로지의 가능성을 모색해야 한다.

한참 비판했지만, 그래도 바스타니는 '풍요'가 자본주의에 있어 위험하다는 것, 반대로 코뮤니즘에는 열쇠 같은 개념이라는 사실을 알리긴 했다. 시장의 가격 메커니즘은 희소성에 기초하는데, '풍요'는 그 메커니즘을 교란한다.

거기서 나아가 진심으로 자본주의에 도전할 셈이라면, 아예 '풍요'를 자본주의의 소비주의와 공존할 수 없게끔 재정의해야 한다. 지금까지 했던 생활이 유지되도록 지수함수적으로 기술이 발전할 가능성에 도박을 하는 게 아니라, 생활 자체를 바꾸고 그 속에서 새로운 풍요를 발견해야 하는 것이다. 정리하면, 경제 성장과 풍요의 연결을 끊고 탈성장과 풍요가 짝을 이룰 방법을 진지하게 고민해야 한다.

새로운 풍요를 찾아서 현실로 눈을 돌려보자. 그러면 눈치챌 수 있을 것이다. 경제 성장을 위한 '구조개혁'이 거듭된 결과 오늘날 세상에는 오히려 경제 격차, 빈곤, 긴축 재정이 넘쳐흐른다는 사실을. 실제로 빈곤층 38억 명(세계 인구의 약 절반)의 총자산과 비슷한 부를 전 세계에서 가장 부유한 자본가 26명이 차지하고 있다.[12]

이런 현실이 과연 우연일까. 아니다, 다음처럼 생각해야 하지 않을까? 자본주의야말로 희소성을 만들어내는 시스템이라고 말이다. 우리는 보통 자본주의가 충만과 풍요를 가져다준다고 생각하지만, 실은 정반대가 아닐까.

희소성과 풍요. 다음 장에서는 이 두 가지와 자본주의의 관계를 마르크스와 함께 탐색하며 '인신세'의 자본에 대해 더 깊이 생각해보겠다.

결핍의 자본주의,
풍요의 코뮤니즘

Das Kapital im Anthropozän

결핍을 낳는 자본주의

풍요를 가져다주는 것은 자본주의일까, 코뮤니즘일까? 많은 사람들이 곧장 자본주의라고 답할 듯싶다. 자본주의는 인류 역사상 유례가 없을 만큼 기술을 발전시켰고, 물질적으로 풍요로운 사회를 만들어냈다. 많은 이들이 그렇게 믿고 있으며, 분명 자본주의에 그런 면이 있긴 하다.

그렇지만 현실은 그렇게 단순하지 않다. 우리는 이제 이렇게 질문해야 한다. 상위 1퍼센트가 아니라 99퍼센트인 우리에게 결핍을 주고 있는 것은 자본주의 아닐까? 자본주의가 발전할수록 우리는 가난해지지 않았는가?

자본주의가 낳는 결핍의 전형적인 예는 토지다. 뉴욕과 런던을 보면 알겠지만, 작은 아파트 한 채의 가격이 수백만 달러를 넘는 경우가 많다. 임대한다고 해도 월세가 수천 달러인 집이 흔하며, 조금 넓은 집이라면 월세가 수만 달러도 우습게 넘는다. 그런 부동산은 거주 목적이 아니라 투기 대상으로 매매되고 있다. 심지어 투기 대상인 부동산이 계속 늘어나다 보니 아무도 살지 않는

제6장 결핍의 자본주의, 풍요의 코뮤니즘

아파트가 많아졌다.

그런 동시에 집세를 내지 못한 사람들이 오랫동안 살았던 곳에서 쫓겨나 노숙인이 되고 있다. 투기 목적이라 실제로 빈집이 많은데 노숙인은 늘어난다니, 사회적 공정이라는 관점에서 볼 때 세간이 시끄러워질 만한 사태다.

비교적 부유한 중산층조차 맨해튼 같은 곳에서 살기는 매우 어렵다. 과로사 직전까지 일해야 겨우 집세를 낼 수 있을 정도다. 또한 뉴욕과 런던 중심지에 개인사업자가 사무실을 차리거나 상점을 여는 것은 이제 지난한 일이 되었다. 그런 기회는 대자본에만 열려 있다.

이런 상황을 과연 풍요라고 할 수 있을까? 대부분의 사람들에게 풍요가 아닌 결핍이다. 그렇다, 자본주의는 끊임없이 결핍을 낳는 시스템인 것이다.

그에 비해 코뮤니즘은 일반적인 믿음과 정반대로 일종의 풍요로움을 가져다준다.

가령 투자 목적의 부동산 매매가 금지되어 땅값이 절반, 아니 3분의 1까지 떨어지면 어떻게 될까? 땅의 가격이란 어차피 인공적으로 매겨진 것이다. 즉, 땅값이 떨어져도 그 땅의 '사용가치'(유용성)에는 아무런 변화가 없다. 하지만 땅값이 떨어지면 사람들은 그 땅에 살기 위해 지금까지처럼 가혹한 장시간 노동을 할 필요가 없어질 것이다. 그만큼 사람들의 '풍요'가 회복된다는 뜻이다.

자본주의가 낳는 희소성과 코뮤니즘이 가져다주는 풍요의 관계를 설명하는 데 도움이 되는 것이 있으니, 이번에도 마르크스다. 『자본』 1권의 '본원적 축적'에 대한 내용은 흥미로운 통찰을 담고 있다. 바로 이어서 살펴보자.

'본원적 축적'이 인공적 희소성을 증대한다

일반적으로 '본원적 축적'이란 주로 16세기와 18세기에 영국에서 이뤄진 '인클로저enclosure'를 가리킨다. 인클로저란 영주와 대지주 등 자본가들이 그때껏 공동 관리가 되던 농지를 사유지로 삼아 강제로 농민들을 쫓아낸 일을 가리킨다.

왜 자본은 인클로저를 했을까? 이윤 때문이다. 수익률이 높은 양의 방목에 쓰기 위해, 아니면 노퍽 농법Norfolk four-course system[*] 처럼 더욱 자본집약도가 높은 대토지 소유 농업 경영으로 전환하기 위해서 인클로저를 실시한 것이다.

폭력적인 인클로저 탓에 거주지와 생산수단을 잃은 농민들은 일거리를 찾아 도시로 흘러들었다. 그런 사람들이 임금 노동자

[*] 4년 주기로 보리, 클로버, 밀, 순무를 순서대로 돌려짓기하여 노는 농지를 없애는 농법. 18세기 영국 전역에 확산되어 농업혁명의 기초가 되었다.

가 되었다고 여겨진다.[1] 인클로저가 자본주의의 이륙을 준비해준 것이다.

이와 같은 역사적 흐름을 고려했기에 그간 마르크스의 '본원적 축적론'은 종종 피로 얼룩진 자본주의 성립의 '전사前史'를 묘사하는 것으로 이해되곤 했다. 하지만 그렇게 이해해서는 마르크스의 **자본주의 비판**의 근간이 되는 '본원적 축적론'의 의의를 찾아낼 수가 없다.

실은 인클로저 과정을 '풍요'와 '희소성'을 기준으로 재구성한 것이 마르크스의 '본원적 축적론'이다. 마르크스에 따르면 '본원적 축적'이란 자본이 '커먼'의 풍요로움을 해체하고 인공적인 희소성을 늘리는 과정을 가리킨다. 즉, 자본주의는 그 발단부터 지금에 이르기까지 사람들의 생활을 더욱 가난하게 만들며 성장해왔다는 것이다.

우선 역사를 거슬러 올라가서 그 구조를 자세히 설명하겠다.

커먼즈 해체가 자본주의를 이륙시켰다

제4장에서 게르만족과 러시아의 촌락공동체에 대해 살펴봤지만, 자본주의 이전 사회의 공동체는 공유지를 다 함께 관리하며 노동하고 생활했다. 전쟁을 겪고 시장사회가 발전해 공동체가 해체된

다음에도 입회지*나 개방경지**처럼 공동으로 이용하는 토지가 한동안 남아 있었다.

토지는 근원적인 생산수단이었고, 개인이 자유롭게 매매할 수 있는 사적 소유물이 아니었으며, 사회 전체가 함께 관리하는 것이었다. 그래서 입회지 같은 공유지를 영국에서는 '커먼즈 commons'***라고 불렀다. 사람들은 공유지에서 과실, 장작, 물고기, 들새, 버섯 등 생활에 필요한 것을 적당량 채집했다. 삼림에서 구한 도토리로 가축을 키웠다고도 한다.

그렇지만 공유지는 자본주의와 함께 존재할 수 없었다. 모두가 생활에 필요한 것을 스스로 조달한다면 시장에서 상품이 전혀 팔리지 않기 때문이다. 누구도 굳이 상품을 구입할 필요가 없는 것이다. 그래서 인클로저로 커먼즈를 철저히 해체하고 배타적인 사적 소유로 전환해야 했다.

결과는 비참했다. 사람들은 오랫동안 살았던 토지에서 쫓겨나 생활수단을 빼앗겼다. 그리고 결정타를 가하듯이 그때껏 했던 채집 활동은 불법 침입에 절도라는 범죄 행위가 되어버렸다. 공동

---

* 한 지역의 주민들이 함께 생산물을 채취하여 이익을 얻을 수 있는 농지나 어장을 뜻한다.
** 각 농민의 토지를 울타리나 길 등으로 명확히 구분하지 않은 경지를 가리킨다. 개방경지제도는 중세 유럽의 많은 지역에서 이뤄졌으며 주민들 사이의 협업과 규범 준수가 필수적이었다.
*** 커먼과 마찬가지로 커먼즈 역시 아직 한국어 역어가 하나로 정착되지 않았다. 공유, 공동, 공통 등에 물건, 장소, 체제를 뜻하는 −재(財), -지(地), -체(體) 등을 붙여서 쓰거나 '커먼즈'를 그대로 쓴다. 이 책에서는 원문을 존중해 '커먼즈'라고 쓴다.

관리가 없어진 결과 토지는 황폐해졌고, 농경과 목축 모두 쇠퇴했으며, 신선한 채소도 고기도 얻을 수 없게 되었다.

생활수단을 잃은 사람들 대부분은 도시에 들어가 임금 노동자로 일할 수밖에 없는 상황에 놓였다. 적은 임금 탓에 아이들을 학교에 보낼 수 없었고, 가족 모두가 필사적으로 일해야 했다. 그렇게 해도 값비싼 고기와 채소는 구할 수 없었다. 입수할 수 있는 식량의 종류가 전보다 줄어든 데다 질도 나빠졌다. 시간도 돈도 모자랐기에 전통적인 레시피는 쓸모없는 것이 되었고, 단순하게 감자를 삶거나 굽는 요리만 하게 되었다. 생활의 질이 명백하게 낮아진 것이다.

그렇지만 자본의 관점으로 보면 같은 상황이 전혀 다르게 읽힌다. 자본주의란 사람들이 모든 것을 자유롭게 시장에서 매매하는 사회를 가리킨다. 토지에서 쫓겨나 살아가기 위한 수단을 잃은 사람들은 자신의 노동력을 팔아서 화폐를 손에 넣고 시장에서 생활수단을 구입해야 했는데, 그로 인해 상품경제는 단숨에 발전할 수 있었다. 자본주의가 이륙하기 위한 조건이 갖춰진 것이다.

수력이라는 '커먼'에서 독점적인 화석 자본으로

토지뿐이 아니다. 자본주의가 이륙하기 위해선 하천이라는 커먼즈에서 사람들을 떼어내야 했다. 하천이 제공하는 것은 단순히 마실 물과 물고기만이 아니었다. 하천의 물은 풍부하고 지속 가능한 데다 대가가 필요 없는 에너지원이기도 하다.

영국의 산업혁명은 석탄이라는 화석연료와 떼려야 뗄 수 없다. 그것이 현재의 기후 위기와도 연결된다는 점을 고려하면 대가가 필요 없다는 수력의 성질과 관련해 매우 흥미로운 생각이 떠오른다. 왜 대가가 필요 없는 수력이 배제되었는가, 하는 의문이 떠오르는 것이다. 아무래도 이 역시 희소성의 문제와 관련이 있는 듯싶다. 풍부한 수력을 배제하고 특정한 곳에만 존재하여 독점할 수 있는 희소한 자원을 에너지원으로 삼는 것이 자본주의의 발흥에 꼭 필요했던 것이다.

이 점을 이해하는 데 도움을 주는 것이 마르크스주의 역사가 안드레아스 말름Andreas Malm이 쓴 『화석 자본』이다. 말름은 왜 인류가 수력을 버렸는지 자본주의와 관련지어 설명해준다.

일반적으로 기술 발전의 역사는 '맬서스주의'적인 설명에 기초해 이뤄질 때가 많은데, 정리하면 다음과 같다. 경제 규모가 발전하다 보면 자원의 공급 부족이 일어난다. 공급이 부족해지면 가격이 높이 뛰는데, 그것이 오히려 자극이 되어 저렴한 대체품이 새롭게 발견되고 발명된다. 맬서스주의에 따라 설명하면 대략 이렇다.

앞서 이야기했듯이 수력은 자연에 풍부하게 존재하며 완벽하게 지속 가능하고 값싼 동력원이었다. 공동으로 관리할 수 있는 '커먼'이었던 것이다. 그런데 왜 풍부하고 공짜인 수력을 드물고 대가가 필요한 석탄이 대체한 것일까? 맬서스주의에 근거해서는 이 의문을 제대로 설명할 수 없다.

말름에 따르면, 수력에서 석탄으로 옮겨 간 것을 설명하기 위해서는 '자본'을 고려해야 한다. 당시 기업이 쓰기 시작한 화석연료는 단순한 에너지원이 아니라 '화석 **자본**'이었던 것이다.

석탄과 석유는 하천의 물과 달리 수송할 수 있고, 무엇보다 **배타적 독점이 가능한** 에너지원이다. 이런 석탄의 '자연적' 속성이 자본에 유리한 '사회적' 의의를 갖게 한 것이다.

물레방아가 증기기관으로 바뀌면서 공장들이 하천변에서 도시권으로 옮겨 갔다. 공장이 하천변에 있을 때는 노동자가 적었기 때문에 자본보다 노동자가 우위에 있다는 점이 문제였다. 그런데 일자리를 갈망하는 노동자들이 잔뜩 있는 도시권으로 공장을 옮기자 이번에는 자본이 노동자보다 우위에 설 수 있었고 문제가 해결되었다.

자본은 희소한 에너지원을 완전히 독점했고 그에 기초해 생산을 조직화했다. 그럼으로써 자본과 노동자의 역학 관계가 단숨에 역전되었다.[2] 석탄은 근본적으로 '닫힌 기술'(227면 참조)인 것이다.

그 결과 수력이라는 지속 가능한 에너지는 뒷전으로 밀려났다.

석탄을 중심으로 생산력이 증가했지만, 도시의 대기는 오염되었고 노동자들은 죽을 만큼 일하게 되었다. 그리고 그 뒤로 화석연료가 배출하는 이산화탄소는 쉼 없이 증가하고 있다.

커먼즈는 풍요였다

여기서 중요한 핵심은 본원적 축적이 시작되기 전에는 토지와 물 같은 커먼즈가 **풍요롭게** 있었다는 점이다. 공동체의 구성원이라면 누구든 무상으로 필요한 만큼 이용할 수 있었다.

물론 멋대로 막 써도 괜찮았다는 뜻은 아니다. 일정한 사회적 규제에 따라 이용해야 했고, 위반하면 규정에 따라 벌을 받았다. 그래도 규칙을 준수하는 사람에게 커먼즈는 활짝 열려 있는 무상 공유재였다.

나아가 커먼즈가 공유재산이었기에 사람들이 함께 적절한 정비를 했고, 생산의 목적이 이윤 획득이 아니었기에 사람들은 과도하게 자연에 개입하지 않으면서 공존을 실현했다. 제4장에서 살펴보았던 마르크협동체의 지속 가능성이 커먼즈에도 있었던 것이다.

하지만 인클로저 이후의 사적 소유제에서는 지속 가능하며 풍요로운 인간과 자연의 관계가 파괴되었다. 그때껏 토지를 무상으로 이용했건만 이용료(임대료=지대)를 치르지 않으면 이용할 수 없게 되어버린 것이다. 본원적 축적은 풍요로운 커먼즈를 해체하고 인공적으로 희소성을 만들어냈다.

입회지였던 땅은 사유지가 되었다. 사유제에서는 화폐를 지불해서 토지를 일단 손에 넣으면 누구의 방해도 받지 않고 맘대로 써먹을 수 있다. 뭘 하든 소유자의 자유라는 말이다. 그 자유 때문에 수많은 다른 사람의 생활이 악화되어도, 토지가 점점 메말라도, 수질이 오염되어도, 누구도 소유자의 횡포를 막지 못한다.

그리고 그만큼 나머지 사람들의 생활의 질은 점점 저하된다.

개인의 재산이 공공의 부를 줄인다

사실 이런 모순은 일찍이 19세기에 논의된 바 있다. 19세기 초에 활동한 정치가이자 경제학자 로더데일Lauderdale 백작이 『공공의 부의 성질과 기원An Inquiry into the Nature and Origin of Public Wealth』이라는 책에서 이 문제를 다루었다.

그 때문에 오늘날 이 모순은 '로더데일 역설Lauderdale Paradox'로 불리고 있다. 무슨 역설인지 간단하게 요약하면 '공공의 부public wealth가 감소함으로써 개인의 재산private riches이 증가한다.'는 것이다.[3]

여기서 말하는 '공공의 부'란 만인에게 해당하는 부를 가리킨다. 로더데일은 공공의 부가 "인간이 자신에게 유용하거나 쾌락을 가져다주길 원하는 모든 것으로 이루어진다."라고 정의했다.

그에 비해 '개인의 재산'은 나라는 개인만을 위한 부를 가리킨다. 그것은 "인간이 자신에게 유용하거나 쾌락을 가져다주길 원하는 모든 것으로 이루지지만, 일정한 희소성이 있는 것."이라고 정의된다.[4]

정리하면 '공공의 부'와 '개인의 재산'의 차이는 '희소성'의 유무인 것이다.

'공공의 부'는 만인에게 해당하는 공유재이기에 희소성과 아무런 상관이 없다. 그런데 '개인의 재산'은 증가하기 위해 반드시 희소성이 늘어나야 한다. 그러므로 많은 사람에게 필요한 '공공의 부'를 해체하여 의도적으로 희소하게 만들어야 '개인의 재산'이 증가한다. 즉, 희소성의 증가가 '개인의 재산'을 늘린다.

타인을 희생시켜 개인의 욕심을 채우는 행위가 정당화된다니, 선뜻 떠올리기 어렵지만 로더데일의 바로 눈앞에서 그런 행위들이 벌어지고 있었다. 엄밀히 말해 그런 행위야말로 자본주의의 본질이다. 그리고 그 문제는 지금까지 계속되고 있다.

예컨대 물은 풍요롭게 존재하는 것이 사람들에게 바람직히고 그럴 필요도 있다. 그리고 풍요로운 상태에서 물은 무상이다. '공공의 부'의 바람직한 모습이라고 할 수 있다.

그렇지만 어떤 방법으로 물에 희소성을 더하면 물을 상품화해서 가격을 매길 수 있다. 사람들이 무상으로 자유롭게 이용하던 '공공의 부'가 사라지는 것이다. 그렇게 물을 페트병에 담아서 파는 돈벌이가 생겨나고 '개인의 재산'이 늘어난다. 그에 따라서 화폐로 계측되는 '국가의 부'도 증가한다.

그렇다. 로더데일의 주장은 '개인 재산'의 합계가 '국가의 부'라고 했던 애덤 스미스의 사상에 직접적인 비판을 한 것이라고 볼 수 있다.

로더데일의 말을 빌리면 다음처럼 정리할 수 있다. '개인의 재산' 증대는 화폐로 계측되는 '국가의 부'를 늘려주지만, 진정한 의미로 국민 모두의 부인 '공공의 부'(커먼즈)는 감소하게 된다. 그리고 생활에 필요한 것을 이용할 권리를 잃은 국민은 곤궁해진다. '국가의 부'가 늘어나도 국민의 생활은 외려 가난해지는 것이다. 즉 로더데일은 애덤 스미스와 달리 진정한 풍요는 '공공의 부'를 늘리는 것에 달려 있다고 주장했다.

로더데일은 그 외에도 여러 예를 들었다. 자본은 담배 수확량이 너무 많으면 일부러 수확물을 불태웠고, 와인 생산량을 줄이기 위해 와인용 포도 경작을 법적으로 금지하기도 했다. 그렇게 담배와 와인에 희소성을 더했다.[5] 수확을 많이 했다면 기뻐해야 마땅하다. 하지만 공급 과잉은 가격을 떨어뜨리기 때문에 가격을 유지하기 위해 일부러 폐기하는 것이다.

풍요가 줄어들고, 희소성이 늘어난다. 이야말로 '공공의 부'가 감소함으로써 '개인의 재산'이 '증가'한다고 하는, '로더데일 역설'이다.

'가치'와 '사용가치'의 대립

로더데일이 자신의 역설을 그 이상 펼쳐 보이지는 않았다. 그에 비해 마르크스가 상품의 근본적 모순으로 제기하려 했던 것은, 바로 재산riches과 부wealth의 모순 그 자체였다.

마르크스의 용어를 빌리면 '부'는 '사용가치'라고 바꿔 쓸 수 있다. '사용가치'란 공기와 물 등에 있는 인간의 욕구를 채워주는 성질이다. 사용가치는 자본주의가 성립되기 훨씬 전부터 존재해 왔다.

한편 '재산'은 화폐로 측정할 수 있다. 재산은 상품의 '가치'를 모두 합한 것이다. '가치'는 오로지 시장경제에서만 존재한다.

마르크스에 따르면 자본주의에서는 상품 '가치'의 논리가 지배적으로 자리 잡았다. '가치'를 키우는 것이 자본주의적 생산의 최우선 목표가 된 것이다.

그 결과 '사용가치'는 '가치'를 실현하기 위한 수단에 불과해졌다. 자본주의 이전 사회에서는 '사용가치'를 생산하여 인간의 욕구를 충족시키는 것이 경제 활동의 목적 그 자체였는데, 그 지위를 빼앗긴 것이다. 그리고 '가치'를 증식하기 위해 '사용가치'는 희생되었고 파괴되었다. 마르크스는 이것을 '가치와 사용가치의 대립'이라고 파악하여 자본주의의 불합리성을 비판했다.

'커먼즈의 비극'이 아닌 '상품의 비극'

다시 한 번 물을 예로 들어 생각해보자. 적어도 일본에서 물은 풍요롭게 존재한다. 또한 물에는 모든 사람이 살아가기 위해 필요하다는 '사용가치'가 있다. 그러니 물은 본래 누구의 것도 아니며 무상으로 이용할 수 있어야 한다. 하지만 오늘날 물은 페트병에 담겨 상품으로 유통되고 있다. 물이 상품화되면서 화폐를 지불하지 않으면 이용할 수 없는 희소한 재산으로 바뀐 것이다.

일본의 수도 사업에서도 같은 일이 벌어지고 있다. 수도 사업이 민영화되면 이익을 거두는 것이 목적인 기업은 수도요금을 시스템 유지에 필요한 최저 금액보다 높게 책정할 것이다.*

물에 가격을 매기는 것은 한정된 자원인 물을 소중히 쓰기 위

* 일본에서는 2018년 수도 사업 민영화를 가능하게 하는 수도법 개정이 이뤄졌다. 법 개정 후 몇몇 지자체에서 민영화를 시도하고 있으나 수도요금 상승 등을 이유로 반대하는 여론이 거세게 일고 있다.

한 방법이라고 여기는 사고방식도 있다. 물을 공짜로 쓸 수 있으면 모두가 낭비한다는 것이다. 이것이 생태학자 개릿 하딘Garrett Hardin이 제창하여 세계적으로 널리 알려진 '커먼즈의 비극tragedy of the commons'*이라는 발상이다.

그렇지만 물에 가격을 매기면, 물 자체를 '자본'으로 취급하여 투자 대상으로 가치를 키우려고 하게 마련이다. 그러면 차례차례 문제가 발생한다.

수도요금을 내지 못하는 빈곤 세대에는 급수가 중단된다. 수도를 운영하는 기업은 물의 공급량을 의도적으로 줄임으로써 가격을 끌어 올려 더욱 큰 이익을 얻으려 한다. 수질이 나빠지는 걸 개의치 않고 인건비와 유지 관리비를 삭감할 수도 있다. 결과적으로는 물이라는 커먼즈가 해체되면서 보편적 접근성, 지속 가능성, 안정성이 훼손된다.

물의 사례에서도 상품화를 거쳐 '가치'가 증대한다. 하지만 생활의 질은 저하되고, 물의 '사용가치'도 손상된다. 본래 커먼즈로 풍요롭게 존재하여 무상으로 쓸 수 있던 물이 희소하고 대가를 지불해야 하는 상품이 되면 결국 그렇게 될 것이다. 그러니 '커먼즈의 비극'이 아닌 '상품의 비극'이라 해야 옳을 것이다.[6]

---

* 한국에서는 '공유지(公有地)의 비극'이라는 번역이 좀더 널리 알려져 있다.

신자유주의만의 문제는 아니다

마르크스주의 지리학자 데이비드 하비David Harvey는 본원적 축적을 '약탈에 의한 축적'이라고 정의하고, 자본가 계급이 국가를 이용하여 노동자 계급에게서 부를 빼앗는 과정이야말로 신자유주의의 본질이라고 봤다. 그리고 마르크스가 '약탈에 의한 축적'이 자본주의의 '원초적 단계'에서 일어났다고 한정한 것이 '약점'이라며 비판했다.[7]

그렇지만 하비는 '본원적 축적'의 핵심을 완전히 잘못 파악했다. 오히려 하비야말로 '약탈'을 신자유주의로 한정해버렸다.

마르크스는 '본원적 축적'을 단순히 자본주의의 '전사'로 다루지 않았다. 마르크스가 지적한 것은 커먼즈를 해체하여 이뤄지는 인공적 희소성의 창조야말로 '본원적 축적'의 가장 중요하고 본질적인 부분이라는 점이다. 자본주의의 발전 과정에서 계속되며 확장되는 본질적 과정으로 '본원적 축적'을 바라본 것이다.

신자유주의의 긴축 정책은 머지않아 끝날지도 모른다. 하지만 신자유주의든 아니든 자본주의가 유지되는 한 '본원적 축적'은 멈추지 않을 것이다. 그리고 자본은 희소성을 유지하고 증대하면서 이윤을 올릴 것이다. 그것은 상위 1퍼센트가 아닌 99퍼센트의 우리에게 빈곤의 영속화를 의미한다.

희소성과 재난편승형 자본주의

지금까지 한 이야기를 정리해보겠다. 커먼즈란 모든 사람에게 '사용가치'가 있는 것이다. 모든 사람에게 유용하고 필요하기 때문에 공동체는 커먼즈의 독점적 소유를 금지하고 협동적인 부로서 다 함께 관리해왔다. 상품화하지 않아서 가격이 붙을 일도 없었다. 커먼즈는 풍요로웠고 사람들에게 무상으로 제공되었다. 물론 자본에는 달갑지 않은 상황이다.

그랬는데 어떻게든 인공적인 희소성을 만들어내면서 시장은 모든 것에 가격을 매길 수 있게 되었다. 그렇다, '인클로저'로 커먼즈를 해체하고 토지의 희소성을 만들어냈듯이. 인클로저 후에 토지의 소유자는 이용료를 징수하기 시작했다.

본원적 축적 전후를 비교해보면 땅도 물도 '사용가치'(유용성)는 변하지 않았다. 커먼즈에서 사적 소유가 되며 변한 것은 희소성이다. 희소성의 증대가 상품의 '가치'를 키운 것이다.

그 결과 사람들은 생활에 필요한 재화를 이용할 기회를 잃고 점점 곤궁해졌다. 화폐로 계측되는 '가치'는 늘어났지만, 사람들은 오히려 가난해졌다. 아니, 그보다는 '가치'를 늘리기 위해서 생활의 질을 의도적으로 희생시킨 것이다.

왜냐하면 자본주의는 파괴와 낭비 같은 행위조차도 희소성을 만들어내기만 한다면 절호의 기회로 삼기 때문이다. 파괴와 낭비

제6장 결핍의 자본주의, 풍요의 코뮤니즘

가 풍요로운 것을 점점 희소하게 만들면, 그와 동시에 자본이 가치를 증식할 기회가 생겨나는 것이다.

기후 변화가 비즈니스 찬스인 것도 그 때문이다. 기후 변화는 물, 경작지, 주거지 등에서 희소성을 만들어낸다. 희소성이 늘어나면 그만큼 수요가 공급보다 많아지는데, 그런 상황이 자본에는 막대한 이윤을 올릴 기회가 되는 것이다.

이것이 재난의 충격에 편승하여 이익을 취하는 '기후 변화 쇼크 독트린shock doctrine(충격 요법 정치)'이다. 돈벌이만 생각한다면, 사람들의 생활이 희생되어도 희소성을 유지하는 것이 '합리적'이기까지 한 것이다.

역시 재난편승형 자본주의에 속하는 '코로나 쇼크 독트린'을 맞이하여 미국 초부유층의 자산이 2020년 봄에 5650억 달러(약 687조 원)나 늘어났다는 사실을 떠올려보길 바란다.[8]

'사용가치'를 희생시킨 희소성이 개인 재산을 늘린다. 이야말로 자본주의의 불합리를 뜻하는 '가치와 사용가치의 대립'이다.[9]

현대 노동자는 노예와 마찬가지다

자, 커먼즈가 해체되면서 생겨나는 희소성에 대해 좀더 자세히 살펴보겠다.

커먼즈를 빼앗긴 사람들은 상품 세계로 던져진다. 그곳에서 사람들이 직면하는 것은 '화폐의 희소성'이다. 세상에는 상품들이 넘쳐나지만, 화폐가 없으면 아무것도 살 수 없다. 화폐가 있으면 무엇이든 가질 수 있지만, 화폐를 입수할 방법은 매우 한정적이어서 항상 결핍 상태가 유지된다. 그래서 우리는 살아가기 위해 필사적으로 화폐를 손에 넣으려 한다.

한때 인간은 하루 중 몇 시간만 일하고 필요한 것을 가지면 나머지 시간은 느긋하게 보냈다. 낮잠을 자거나 놀거나 이야기를 나누었다.[10] 하지만 지금은 화폐를 갖기 위해서 타인의 명령에 따라 장시간 일해야 한다. 시간은 금이 되었다. 시간은 단 1분 1초라도 허비해서는 안 되는 희소한 것이 되었다.

자본주의에서 일하는 노동자에 대해 마르크스는 종종 '노예제'라는 표현을 썼다.[11] 의지와 상관없이, 여유도 없이, 끝없이 일한다는 점에서는 노동자나 노예나 마찬가지라는 것이다. 사실 현대의 노동자가 노예보다 참혹한 경우도 있다.

고대의 노예에게는 생존이 보장되었다. 대체할 노예를 찾기 어려웠기에 중요하게 여겨졌다. 그에 비해 자본주의에서 일하는 노동자들은 얼마든 대체할 수 있다. 해고된 노동자가 다음 일자리를 찾지 못하면, 궁극적으로 굶어 죽고 만다.

마르크스는 이런 불안정함을 '절대적 빈곤'이라고 불렀다.[12] '절대적 빈곤'이라는 말에는 자본주의가 항구적인 결핍과 희소성을 낳는 시스템이라는 의미가 응축되어 있다. 이 책의 표현을 사용하면 '절대적 희소성'이 빈곤의 원인인 것이다.

부채라는 권력

자본의 지배를 완성해준 또 하나의 인공적 희소성이 있다. 바로 '부채'에 의해 더욱 커진 화폐의 희소성이다.

욕망을 무한히 자극하는 자본주의에서 소비가 일어나는 과정을 살펴보면, 사람들은 풍족해지기는커녕 빚을 지고 만다. 부채를 짊어진 사람들은 순종적인 노동자가 된다. 즉, 자본주의의 꼭두각시로 일할 수밖에 없게 된다.

대표적인 사례는 주택담보대출이다. 주택담보대출은 금액이 큰 만큼, 규율권력으로서도 힘이 강하다. 30년이나 갚아야 하는 막대한 빚을 진 사람들은 부채를 줄이기 위해 더 오래 일해야 하는 상황에 놓인다. 그리고 사람들은 빚을 갚기 위해서 자본주의의 근로 윤리를 내면화한다. 추가 수당을 위해 장시간 일하고, 승진하여 더 많이 벌기 위해 가족을 희생시키는 것이다.

경우에 따라서는 맞벌이로 부족해서 주야간에 걸쳐 겸업까지 해야 하는 사람도 있다. 혹은 먹고 싶은 걸 참고 건더기 없는 국이나 인스턴트식품으로 식사를 때우며 절약하기도 한다. 대체 무엇을 위해 사는지 모를 지경이 되어버리는 것이다. 사람들은 쾌적한 생활을 위해 집을 사지만, 부채가 인간을 임금 노예로 만들고 그들의 생활을 파괴해버린다. 물론 노동자가 근면한 것은 자본의 입장에서 바람직한 상황이다.

한편 장시간 노동은 본래 필요하지 않은 과잉 생산으로 이어져 그만큼 환경이 파괴된다. 또한 장시간 노동은 집안일과 각종 정비를 위한 여유를 앗아가기에 사람들의 생활은 점점 더 상품에 의존하게 된다.

이처럼 자본은 '인공적 희소성'을 만들어내며 발전한다. '가치와 사용가치의 대립'이 계속되는 이상 아무리 경제 성장을 해도 그 혜택이 사회의 구석구석까지 닿지는 않는다. 오히려 생활의 질과 사람들의 만족도가 떨어질 뿐이다. 그런 사태를 우리는 이미 매일매일 직접 경험하고 있다.

브랜드화와 광고가 낳는 상대적 희소성

생활의 질과 만족도를 떨어뜨리는 희소성은 소비의 차원에도 존재한다. 사람들을 무한한 노동으로 몰아넣은 결과 상품이 대량 생산되는데, 그다음 차례는 사람들을 무한한 소비로 떠미는 것이다.

무한한 소비를 재촉하는 한 가지 방법이 바로 브랜드화다. 광고는 로고나 브랜드 이미지에 특별한 의미를 부여해 사람들이 꼭 필요하지 않은 것을 본래 가치보다 비싼 가격에 사게 만든다.[13]

실질적인 '사용가치'(유용성)에 전혀 차이가 없는 상품도 브랜드화를 거치면 새로운 성질이 덧붙여진다. 그 결과 흔해빠진 물건이 유일무이한 '매력적인' 상품으로 변모한다. 이야말로 비슷한 상품이 필요 이상으로 넘쳐나는 시대에 희소성을 인공적으로 만들어내는 방법이다.

희소성이라는 관점에서 보면 브랜드화는 '상대적 희소성'을 만들어낸다고 해도 무방하다. '상대적 희소성'을 만들어내 차별화를 함으로써 타인보다 높은 사회적 지위를 얻게 하는 것이다.

가령 페라리 스포츠카와 롤렉스 시계를 모든 이들이 지니게 된다면, 그저 흔한 경자동차나 전자시계와 다를 바 없을 것이다. 페라리의 사회적 지위는 다른 사람들에게 없다는 희소성에 불과하다. 반대로 말하면, 시계로서 '사용가치'는 롤렉스든 전자시계든 전혀 다르지 않다는 뜻이다.

상대적 희소성은 끝없는 경쟁을 일으킨다. 나보다 좋은 것을 지닌 사람은 인스타그램에서 얼마든 찾을 수 있고, 내가 구입한 상품은 금세 신제품에 밀려 낡은 것이 된다. 소비자의 이상은 결코 실현되지 않는다. 우리의 욕망도 감성도 자본에 포섭되어 우리 뜻과 상관없이 달라져버리는 것이다.

사람들은 이상적인 모습, 꿈, 동경을 얻기 위해 끝없이 상품을 구입한다. 그래서 노동으로 내몰리고 계속 소비한다. 그 과정에 끝이란 없다. 그 과정에서 상품이 약속하는 이상이 실현되지 않아야 소비주의 사회가 사람들을 끝없는 소비로 몰아넣을 수 있다. '충족되지 않는다.'라는 희소성의 감각이야말로 자본주의의 원동력인 것이다. 하지만 그래서는 누구도 행복해질 수 없다.

심지어 이처럼 무의미한 브랜드화와 광고에는 무지막지하게 자원이 들어간다. 마케팅 산업은 식료품과 에너지를 잇는 세계 3위의 산업이 되었다. 상품 가격에서 차지하는 포장 비용은 약 10~40퍼센트라고 하며, 특히 화장품은 상품 그 자체를 만드는 것보다 세 배 많은 비용을 포장에 들이기도 한다. 매력적인 디자인으로 포장하기 위해 막대한 플라스틱도 버려지고 있다.[14] 상품 자체의 '사용가치'는 전혀 달라지지 않는데도 말이다.

이 악순환에서 벗어날 방법이 없을까? 악순환의 원인은 희소성이다. 그러니 자본주의의 인공적 희소성에 저항하여 풍요로운 사회를 창조해야 한다. 그러기 위해 필요한 것이 마르크스의 탈성장 코뮤니즘이다.

코뮤니즘이란 '커먼'을 되찾는 것

마르크스에 따르면 코뮤니즘이란 '부정의 부정'이다.(146면 참조) 첫 번째 부정은 자본에 의한 커먼즈의 해체다. 그것을 한 번 더 부정하는 코뮤니즘의 목표는 커먼즈를 재건하여 '근본적 풍요'를 회복시키는 것이다. 자본주의는 스스로를 위해 '인공적 희소성'을 만들어낸다. 그 때문에 풍요야말로 자본주의의 천적이라 할 수 있다.

풍요를 회복시키기 위한 방법은 '커먼'의 재건이다. 즉, 자본주의를 뛰어넘어서 '근본적 풍요'를 21세기에 실현하는 것은 '커먼'이라는 말이다.

이쯤에서 '커먼'을 풍요와 관련지어 구체적으로 설명하는 것이 이해에 도움을 줄 듯싶다. 앞서 말했지만, '커먼'의 핵심은 사람들이 생산수단을 자율적·수평적으로 공동 관리하는 것이다.

이를테면 전력은 '커먼'이어야 한다. 현대인은 전기 없이 살아갈 수 없기 때문이다. 물과 마찬가지로 전력은 '인간이 마땅히 누릴 권리'로 보장해야 하는 것이기에 시장에 맡겨두기만 해서는 안 된다. 시장은 화폐가 없는 사람에게 전기 이용권을 주지 않기 때문이다.

그렇다고 해서 국유화를 하면 된다는 말은 아니다. 왜냐하면 전력을 국유화해도 원자력발전처럼 닫힌 기술이 도입되면 여전히 안정성 등에 문제가 남기 때문이다. 비슷한 예로 화력발전소는 그간 빈곤층과 소수자가 많이 사는 지역에 강압적으로 세워지곤 했는데, 그 때문에 인근 주민의 건강이 대기오염의 위협을 받아왔다.

그에 비해 '커먼'은 전력의 관리가 시민에게 돌아가는 것을 목표한다. 시민이 참여하기 쉬우며 지속 가능한 전력 관리 방법을 만들어내는 실천이 '커먼'인 것이다. 그 한 가지 예가 시민전력회사와 에너지협동조합이 설립되어 재생에너지를 보급하는 것이다. 이를 '민영화'에 빗대어서 시민이 직접 참여하는 '시민영화市民營化'라고 부르겠다.

'커먼'의 '시민영화'

여기서 핵심은 원자력이나 화력과 달리 태양광과 풍력은 배타적 소유와 어울리지 않는다는 점이다. 태양광과 풍력에는 근본적 풍요가 있다. 실제로 둘 모두 무한하고 무상이다. 그렇기에 석유나 우라늄과 달리 태양광과 풍력은 누구나 어디서든 비교적 저가에 발전을 시작하고 관리할 수 있다. 제5장에서 소개한 앙드레 고르츠의 분류에 따르면 재생에너지는 '열린 기술'인 것이다.

그렇지만 이런 사실이 자본에는 치명적이다. 태양광처럼 에너지원이 분산되어 독점할 수 없는 경우에는 희소성도 만들어낼 수 없기 때문이다. 그 결과 화폐로 바꾸기가 무척 어려워진다.

이렇게 자본주의 입장에서 딜레마가 생겨난다. 희소성을 만들어내기 어려운 것으로는 돈벌이를 할 수 없기 때문이다. 이 딜레마가 시장경제에서 기업들이 능장을 부리며 좀처럼 재생에너지 개발에 뛰어들지 않는 원인이 되고 있다. '자본의 희소성'과 '커먼의 풍요'가 대립하는 것이다.

바로 그렇기 때문에 재생에너지의 보급에는 '시민영화'가 필수적이라고 할 수 있다. 여기저기 분산되어 있다는 특성을 역으로 이용하면, 소규모의 민주적 관리에 적합한 비영리 전력 네트워크를 구축할 절호의 기회가 될 것이다.

실제로 그런 '시민영화'가 지금껏 덴마크와 독일에서 시도되었다. 그리고 후쿠시마 원전사고 후 일본에서도 비영리적인 시민전력회사가 확산되고 있다. 시민이 시의회에 손을 써서 사모채권이나 녹색채권으로 자금을 모으고 방치된 경작지에 태양광 패널을 설치하는 등 자급자족형 발전을 하는 사례가 늘어나고 있다.[15]

에너지를 지역에서 생산해 지역에서 소비한다면, 그간 전기요금으로 나가던 돈이 그 지역으로 돌아간다. 애초에 영리가 목적이 아니기에 수익은 지역사회 활성화 등을 위해 쓸 수 있다. 그렇게 되면 시민들은 자신들의 생활을 개선해주는 '커먼'에 더욱 관심을 기울이며 적극적으로 참여할 것이다.

이와 같은 순환이 일어나면 지역의 환경·경제·사회가 상승효과에 힘입어 함께 활성화된다. 바로 '커먼'에 의해 지속 가능한 경제로 이행하는 것이다.

노동자협동조합─생산수단을 '커먼'으로

'커먼'에 전력이나 물만 있지는 않다. 생산수단 자체를 '커먼'으로 삼을 필요가 있다. 자본가와 주주 없이 노동자들이 공동 출자하여 생산수단을 공동 소유하며 공동 관리하는 조직이 '노동자협동조합worker cooperative'이다.

노동자협동조합은 노동의 자치·자율을 향한 첫걸음으로서 매우 중요하다. 노동자협동조합에서는 조합원이 다 같이 출자하여 경영하고 노동을 꾸려 나간다. 어떤 일을 하고, 어떤 방침을 준수할지, 노동자들이 함께 논의하여 주체적으로 결정한다.

그런 일이 가능한 것은 노동자협동조합이 사장과 주주의 '사유'가 아니며 그렇다고 '공기업'도 아닌, 노동자들 자신의 '사회적 소유'이기 때문이다.

노동자협동조합의 역사는 길다. 마르크스도 노동자협동조합의 시도를 높이 평가하며 "협동조합 운동이 계급 적대에 기초한 현재의 사회를 변혁하는 많은 원동력 중 하나라는 것을 인정"했다. 노동자협동조합 운동은 결핍을 낳는 현재의 자본주의가 "자유롭고 평등한 생산자의 연합"에 의해 바뀔 수 있음을 보여준다고 마르크스는 말했다.[16] 나아가 노동자협동조합을 "'가능한' 코뮤니즘"이라고까지 높이 평가했다.[17] 협동조합은 독일어로 '게노센샤프트genossenschaft'인데, 앞서 살펴봤듯 마르크스는 '게노센샤프트

리히'라는 형용사를 '어소시에이션'과 같은 의미로 사용했을 정도다.[18]

왜 그랬을까? 그 이유는 본원적 축적이 인클로저를 통해 생산수단에서 생산자를 떼어내 희소성을 만든 것과 관련이 있다. 마르크스가 노동자협동조합을 높이 평가한 이유는, 노동자들이 연대하여 빼앗겼던 생산수단을 스스로 되찾고 '근본적 풍요'를 다시금 구축하는 것이기 때문이다.

노동자협동조합이 이루는 경제 민주화

흥미롭게도 최근 들어 영국 노동당 등에 의해 노동자협동조합과 사회적 소유에 대한 재평가가 이뤄지고 있다.[19] 물론 쇠퇴하는 복지국가의 대안으로서 말이다.

20세기 복지국가는 부의 재분배를 목표하는 모델이며, 생산 관계에는 손을 대지 않았다. 즉, 기업이 거둔 이윤을 소득세와 법인세 등으로 거두어 사회 전체에 환원했던 것이다.

그 이면에서 노동조합은 생산력 상승을 노리는 자본의 '포섭'을 받아들였다. 자본에 협력해서 재분배할 파이의 크기를 키우려 한 것이다. 그 대가로 노동자들의 자율성이 약화되어갔다.

자본의 포섭을 받아들인 노동조합과 대조적으로 노동자협동조합은 생산 관계의 변화를 꾀한다. 노동자들이 노동 현장에 민주주의를 끌어들여서 경쟁을 억제하고, 개발과 교육과 직무 전환에 관련한 의사결정을 스스로 한다. 사업을 계속하기 위해 이윤 획득을 목표하되, 시장에서 이뤄지는 단기적 이윤 최대화나 투기 활동에 투자가 영향을 받지는 않는다.

역점은 '나답게 일하는 것'이다. 노동자협동조합의 목적은 직업 훈련과 사업 운영을 통해서 지역사회로 환원하는 '사회연대경제'를 촉진하는 것이다. 노동을 통해서 지역이 장기적으로 번영하길 중시하며 투자를 계획하는 것이다. 이는 생산 영역 자체를 '커먼'으로 삼는 것이며, 바로 경제 민주화를 시도하는 것이다.

꿈같은 이야기라고 생각할지도 모르겠다. 하지만 꿈만은 아니다. 노동자협동조합은 지금도 전 세계에서 영역을 넓히고 있다. 오랜 역사를 지닌 스페인의 몬드라곤 협동조합은 세계적으로 유명하며 7만 명이 넘는 노동자가 조합원으로 참여하고 있다. 일본에서도 간호, 보육, 산림업, 농업, 청소 같은 분야에서 노동자협동조합의 활동이 40년 가까이 이어지고 있다. 그 조합원 규모는 1만 5000명 이상이다.

자본주의의 아성이라고 하는 미국에서도 노동자협동조합은 눈부시게 발전하고 있다. 오하이오주 클리블랜드의 에버그린 협동조합, 뉴욕주의 버펄로 협동조합, 미시시피주의 잭슨 협동조합 등이 대표적인 사례다. 협동조합에 참여하는 시민들은 주택, 에

제6장 결핍의 자본주의, 풍요의 코뮤니즘

너지, 식료품, 청소 등과 관련한 문제 해결에 나서 지역사회 재생에 힘쓰고 있다.

이윤을 우선하는 경제 시스템에서 청소, 돌봄, 간호 등 필수 노동essential work 종사자는 낮은 임금을 받는다. 그 탓에 그런 일은 종종 유색인종과 여성에게만 떠맡겨져 지역사회에 분열을 일으키고, 결국에는 서비스의 질이 저하되는 것으로 이어진다. 악순환인 것이다.

그 때문에 협동조합은 필수 노동을 자율적이고 매력적인 일로 바꾸는 것을 목표한다. 또한 임금과 채용 안정성을 개선하여 인종·계급·젠더에 따른 분단을 극복하고 지역 공동체 재생을 이루려 한다.

물론 마르크스가 지적했듯이 노동자협동조합도 한 발짝 잘못 디디면 자본주의 시장 경쟁에 빠지고 만다. 비용 절감과 효율화를 우선하기도, 돈벌이를 중심에 두기도 한다. 그렇기 때문에 최종적으로는 시스템 전체를 바꿀 필요가 있다. 빈곤, 차별, 불평등을 만들어내는 자본주의에 저항하여 '누구도 내버리지 않는다.'라는 자세를 중시한다면, 협동조합은 분명히 사회 전체를 바꾸는 과정에 든든한 기반이 되어줄 것이다.

GDP와 다른 '근본적 풍요'

'시민영화'로 만들어진 전력 네트워크와 노동자협동조합은 일부 사례에 불과하다. 교육, 의료, 인터넷, 공유경제sharing economy 등 '근본적 풍요'를 되찾을 가능성이 도처에 있다. 가령 우버Uber를 공유화해서 그 플랫폼을 '커먼'으로 삼는 것도 한 가지 방법이다. 다른 예로 코로나19 백신과 치료약은 전 세계의 '커먼'이 되어야 할 것이다.

'커먼'을 통하면 사람들은 시장과 국가에 의존하지 않는 방식으로 생산 활동의 수평적 공동 관리를 사회 전체에 확장할 수 있다. 그 결과, 지금껏 화폐 때문에 이용이 제한되던 희소한 재화와 서비스가 풍요로운 것으로 바뀐다. 즉, '커먼'의 목표는 인공적 희소성의 영역을 줄이고, 소비주의·물질주의와 결별한 '근본적 풍요'를 늘리는 것이다.

여기서 핵심은 '커먼'을 관리할 때 반드시 국가에 의존할 필요는 없다는 점이다. 물은 지방자치단체가 관리할 수 있고, 전력과 농지는 시민들이 관리할 수 있다. 공유경제라면 앱의 이용자들이 함께 관리할 수 있다. IT를 활용해서 '협동' 플랫폼을 만드는 것이다.

'근본적 풍요'가 회복될수록 상품의 영역은 좁아진다. 그렇기에 GDP는 감소한다. 탈성장인 것이다.

그런 탈성장은 사람들의 생활이 가난해지는 것을 뜻하지 않는다. 오히려 현물로 지급되는 영역이 늘어나 화폐에 의존하지 않는 영역이 확대될수록 우리를 항상 짓누르는 노동해야 한다는 압력에서 조금씩 벗어날 수 있다. 그만큼 사람들은 더욱 많은 자유 시간을 누릴 것이다.

안정된 생활을 획득하면 상호부조를 할 여유가 생겨나고 소비주의적이지 않은 활동을 할 여지가 넓어진다. 운동을 하거나 등산과 원예 등으로 자연과 더 자주 접할 수 있다. 기타를 치거나 그림을 그리거나 독서를 할 시간이 생겨난다. 스스로 주방에서 요리를 하고 가족, 친구와 함께 식사하면서 느긋하게 담소를 즐길 수도 있다. 자원봉사 또는 정치 활동에 참여할 여력도 생긴다. 소비하는 화석연료는 감소하는 반면, 공동체의 사회·문화적 에너지는 커지는 것이다.

매일 만원 전철에 시달리고 컴퓨터 앞에서 편의점 도시락이나 컵라면으로 식사를 때우며 장시간 노동하는 생활과 비교하면, 훨씬 여유 있고 넉넉한 인생이다. 스트레스를 온라인 쇼핑이나 고농도 알코올음료로 해소하지 않아도 된다. 손수 밥을 짓고 운동할 시간이 생긴다면 건강 상태 역시 크게 개선될 게 틀림없다.

우리는 경제 성장의 덕을 보기 위해 지나치게 최선을 다해 일했다. 최선을 다해 일하는 것은 자본에 무척 바람직한 상황이다. 하지만 희소성이라는 본질을 가진 자본주의 내에서 풍요를 목표한들, 모두가 풍요로워지기란 불가능하다.

그러니 그런 시스템은 그만둬버리자. 그리고 탈성장으로 옮겨 가자. 그 방법이 '근본적 풍요'를 실현할 탈성장 코뮤니즘이다. 그 렇게 하면 경제 성장에 의존하지 않아도 사람들의 생활은 더욱 안정되고 풍족해질 것이다.

1퍼센트의 초부유층과 99퍼센트의 우리 사이에 부의 불균형을 바로잡고 인공적 희소성을 없애면, 사회는 여태 했던 것보다 훨 씬 적은 노동 시간으로도 유지될 수 있다. 심지어 대다수 사람들 의 삶의 질은 향상된다. 나아가 쓸데없는 노동이 줄어든 덕에 최 종적으로는 지구 환경까지 구할 수 있다.

탈성장 코뮤니즘이 만드는 풍요로운 경제

우리에게는 패러다임 전환이 필요하다. 제3장에서 살펴봤듯이 지금껏 탈성장은 청빈 사상에 불과하다는 비판을 여러 차례 받아 왔다. 환경을 지키기 위해서 모두가 궁색한 생활을 참고 견뎌야 하느냐고 말이다.

그런 비판은 '경제 성장의 저주'라는 자본주의 이데올로기에 지나치게 사로잡힌 결과다. 자본주의 이데올로기는 워낙 강건하 니 한 번 더 중요한 점을 짚고 넘어가겠다.

궁핍한 생활을 참고 견디길 강요하는 긴축 시스템이란, 외려 인공적 희소성에 근거한 자본주의에 해당한다. 우리는 충분히 생산하지 못해서 가난한 것이 아니라 희소성이 자본주의의 본질이기에 가난한 것이다. 앞서 설명한 '가치와 사용가치의 대립'을 떠올려보자.

그간 신자유주의에서 이뤄진 긴축 정책은 인공적 희소성을 늘리고 강화한다는 점에서 자본주의와 정확히 부합하는 정책이었다. 그에 반해 풍요를 추구하려면 경제 성장의 패러다임과 결별해야 한다.

'근본적 풍요'를 내세운 경제인류학자 제이슨 히켈Jason Hickel 도 다음처럼 말했다. "긴축은 성장을 일으키기 위해 희소성을 추구하지만, 탈성장은 성장을 필요 없게 하기 위해 풍요를 추구한다."[20]

이제 신자유주의에는 종지부를 찍어야 한다. 필요한 것은 '반反긴축'이다. 하지만 단순히 화폐를 흩뿌리기만 해서는 신자유주의에 대항할 수 있을지언정 자본주의에 종지부를 찍을 수 없다.

자본주의의 인공적 희소성에 맞서기 위한 대항책이란, '커먼'을 복권시켜 '근본적 풍요'를 재건하는 것이다. 그것이 바로 탈성장 코뮤니즘이 목표하는 '반긴축'이다.

좋은 자유와 나쁜 자유

자본주의에 종지부를 찍고 '근본적 풍요'를 부활시키자. 그러면 '자유'가 우리를 맞이해줄 것이다. 흔히 코뮤니즘은 '평등'을 우선하여 '자유'를 희생시킨다고 오해하는데, 이번 장을 마무리하며 자유에 관해 논해보겠다.

지금껏 다룬 '근본적 풍요'를 위해서는 '자유'의 개념을 다시금 정의할 필요가 있다. 환경 부하가 대단히 큰 생활양식을 '자유'의 실현이라 여기는 미국식 자본주의 가치관과 작별해야 한다는 말이다.

인간이 본질적으로 자유롭다는 건 분명하다. 그래서 자유를 발휘해 자신들이 살아가는 사회의 토대까지 파괴하고 자멸을 선택할 수도 있다. 하지만 그런 자멸은 '좋은' 자유가 아니다. '나쁜' 자유다.

이 점에 대해 생각하기 위해 좀 길지만 자유에 대해 쓰인 『자본』의 한 구절을 인용하겠다.

자유의 나라는 궁핍과 외적인 합목적성 때문에 강제로 수행되는 노동이 멈출 때 비로소 시작된다. 즉, 그것은 사태의 본질상 본래적인 물적 생산 영역의 너머에 존재한다. (…) 이 영역에서의 자유는 오직 다음과 같은 것에서만 있을 수 있다. 즉, 사회화한 인간[결합된 생산자들]이 마치 어떤 맹목적인 힘에 의해 지배당하는 것처럼 자신과 자연 간의 물질대사에 의해 지배당하는 대신에, 이 물질대사를 합리적으로 규제하고 공동의 통제하에 두는 (⋯) 것이다. 그러나 이것은 여전히 필연성의 나라에 머무르는 것일 뿐이다. 이 나라의 저편에서 비로소 자기목적 Selbstzweck으로 간주되는 인간의 힘의 발전[즉, 참된 자유의 나라]이 시작되는데, 그러나 그것은 오직 저 필연성의 나라를 기초로 하여 그 위에서만 꽃을 피울 수 있다. 노동일의 단축이야말로 그것을 위한 근본조건이다.[21]

이 글을 염두에 두고 생각해보자. 마르크스는 '필연의 나라'와 '자유의 나라'를 구분했다. '필연의 나라'란 간단히 말해 살아가기 위해서 필요한 여러 생산·소비 활동의 영역을 가리킨다. 그에 비해 '자유의 나라'란 생존을 위해 필수적이지는 않아도 인간다운 활동을 위해 필요한 영역이다. 예컨대 예술, 문화, 우정, 애정, 스포츠 같은 것들이다.

마르크스는 '자유의 나라'를 확대하길 추구했다. 비유하면 이 영역에 퍼져 있는 것이 '좋은' 자유다.

다만 '자유의 나라'를 확대하는 것이 '필연의 나라'를 없앤다는 뜻은 아니다. 인간에게 의식주는 반드시 필요하고, 의식주를 위한 생산 활동도 결코 없어서는 안 되기 때문이다. '자유의 나라'

는 '필연의 나라 위에서만 꽃을 피울 수 있는 것'이다.

여기서 주의해야 할 점이 있다. '자유의 나라'에서 꽃피는 '좋은' 자유란 즉물적이고 개인주의적인 소비주의를 지향하는 것이 아니라는 점이다.

얼핏 보면 자본주의는 생활을 풍요롭게 만드는 것 같다. 하지만 그 이면에서 추구되는 것은 무제한적인 물질적 욕구 충족이다. 뷔페식당, 계절마다 버려지는 옷, 무의미한 브랜드화, 이 모두 '필연의 나라'에 만연한 동물적 욕구와 얽힌 것이다.

그에 비해 마르크스가 추구하는 '자유의 나라'는 바로 그 물질적 욕구로부터 자유로워지는 것에서 시작된다. 집단적이고 문화적인 활동의 영역에야말로 인간적 자유의 본질이 있다고 마르크스는 생각했던 것이다.

그러니 '자유의 나라'를 확장하기 위해서는 무한한 성장만 좇으며 사람들을 장시간 노동과 제한 없는 소비로 떠미는 시스템을 해체해야 한다. 설령 총량을 보았을 때 지금보다 생산이 줄어든다고 해도, 전체를 보았을 때는 행복하고, 공정하며, 지속 가능한 사회를 향한 '자기 억제'를 **자발적으로** 해야 한다. 마구잡이로 생산력을 키우는 게 아니라 자제를 하여 '필연의 나라'를 축소하면 '자유의 나라'가 확대될 것이다.[22]

자연과학이 가르쳐주지 않는 것

이처럼 자기 억제가 '좋은' 자유라는 사고방식은 기후 위기의 시대에 점점 더 중요해지고 있다. 그 중요성은 자연과학과 맺는 관계에서 더욱 뚜렷해진다.

앞서 현재 인류가 분기점에 직면했다고 말했다. 지금 같은 상황에서는 우리 자신이 앞으로 어떤 세계에서 살고 싶은지, 그러기 위해 어떤 선택이 최적일지 활발히 논의해야 한다. 그런데 자연과학은 어떤 사회가 '자유의 나라'인지 가르쳐주지 않는다.

자연과학이 "기온 상승을 2도 이하로 안정화하기 위해서는 대기 중 이산화탄소 농도를 450ppm 이하로 억제해야 한다." 같은 건 알려준다. 그리고 이산화탄소 농도를 억제하지 못할 것 같으면 지구공학이나 BECCS(92면 참조) 같은 기술을 이용하도록 제안도 할 것이다.

그렇지만 자연과학만으로는 왜 '기온이 2도 상승한 세계'가 '3도 상승한 세계'보다 바람직한지 설명할 수 없다. 가령 제1장에서 언급한 노드하우스 같은 경제학자들은 이렇게 말할 듯싶다. '미래의 사람들은 현재 우리가 살고 있는 세계를 모르기 때문에 기온이 3도 상승한 세계에서도 충분히 행복하게 살아갈지 모른다. 인간은 주어진 환경에 적응할 수 있기에 삶의 만족도도 환경에 따라 기준이 바뀌게 마련이다.'

기온이 몇 도 상승한 세계를 만들고 싶은지, 그러기 위해 얼마나 희생을 치를 수 있는지 등은 우리 자신이 신중하게 결정해야한다. 이것은 과학자든 경제학자든 인공지능이든 누구에게도 맡길 수 없는 민주주의의 문제다.

정리해보겠다. 자연적 '한계'는 단순한 객관적 수치 같은 것이아니다. 한계는 어디까지나 우리가 어떤 사회를 바라는지에 따라설정되는 '사회관행적'인 것이다. 경제적·사회적·윤리적 결단이이뤄지는 정치적 과정의 산물로 한계가 설정된다는 말이다.

그렇기 때문에 한계 설정을 전문가와 정치가에 맡겨두면 된다고 생각해서는 안 된다. 만약 그렇게 일부에게 맡긴다면, 그들은과학적 객관성이라는 '명목'으로 오로지 자신들의 이해관계와 세계관만 반영한 세계를 만들어버릴 것이다. 노드하우스가 경제 성장을 기후 변화보다 중시했고, 그 의견이 파리협정의 목표 수치에 반영되었듯이.

미래를 위한 자기 억제

앞으로 살고 싶은 세계에 대한 가치 판단은 미래 세대의 의견도최대한 반영하며 민주적 숙의와 논쟁을 거쳐 결정해야 한다.

기후 변화는 돌이킬 수 없기에 더욱 그렇다. '이 방법이 실패하면 다른 방법으로 해보자.' 이렇게 편히 접근할 수는 없다. 클론과 게놈 편집도 지나치게 해버리면 되돌릴 수 없어서 '인간'의 정의가 변한다는데, 그와 비슷하게 지구공학 같은 기술도 돌이킬 수 없게 '자연'과 '지구'를 바꿔버린다. 그 결과 미래 세대의 자율성은 크게 훼손될 것이다.

그런 사태를 피하기 위해서는 쓸데없이 자연에 개입하지 않겠다는 태도가 무척 중요하다. 여기서도 '자기 억제'가 점점 중요해지는 것이다.[23] 불필요한 것을 골라내어 생산을 중지하고, 계속 생산한다 해도 어느 정도 선에서 그만둘지 선진국에 사는 우리가 자발적으로 결정해야 한다.

억제 없는 소비에 사람들을 몰아세우는 '자본의 전제' 아래에서는 자기 억제의 자유를 선택하기가 어렵다. 사람들이 자기 억제를 하지 않는 것이 자본 축적과 경제 성장의 조건에 포함되어 있기 때문이다.

다만 반대로 이렇게 생각할 수도 있다. 자기 억제를 자발적으로 선택하는 것은 자본주의에 저항하는 '혁명적' 행위라고.

무한한 경제 성장을 단념하고 모두의 번영과 지속 가능성을 중시하는 자기 억제야말로 '자유의 나라'를 확장하여 탈성장 코뮤니즘이라는 미래를 만들어낼 것이다.

그러기 위해 구체적으로 무엇을 해야 할까? 이 난제에 대해 다음 장에서 더욱 깊게 생각해보겠다.

제7장

탈성장 코뮤니즘이 세계를 구한다

Das Kapital im Anthropozän

코로나19 팬데믹 역시 '인신세'의 산물이다

지금까지는 자본주의에서 벗어나 탈성장 코뮤니즘으로 이행해야
할 필요성을 강조했다. 이제부터는 탈성장 코뮤니즘을 어떻게 실
현할지, 그리고 탈성장 코뮤니즘이 어떻게 기후 위기를 해결하는
지 설명하겠다.

　우선 '인신세'의 위기를 한발 앞서 보여준 사례를 짚고 넘어가
겠다. 바로 코로나19가 초래한 팬데믹이다. '100년에 한 번'이라
는 팬데믹 상황에서 수많은 인명이 희생되었고, 역사에 남을 만
한 경제적·사회적 피해가 발생했다. 물론 기후 변화가 전 세계에
일으킬 피해는 팬데믹과 비교도 할 수 없을 만큼 막대할지 모른
다. 다음 세대 사람들은 기후 변화에 괴로워하면서 코로나 팬데
믹은 일시적이었고 사소했다고 돌이킬 수도 있다.

　그처럼 피해 규모가 다르다 해도 코로나19 팬데믹은 '인신세'
의 위기를 앞서 보여준 사례로 살펴볼 가치가 있다. 기후 변화도
팬데믹도 '인신세'의 모순이 눈에 띄게 나타났다는 점에서는 같
기 때문이다. 모두 자본주의의 산물인 것이다.

자본주의가 기후 변화를 일으켰다는 것은 지금껏 살펴보았다. 경제 성장을 우선한 전 지구적 개발과 파괴가 기후 변화의 원인이라고 말이다.

코로나19 팬데믹도 구조는 비슷하다. 계속해서 늘어나는 선진국의 수요를 감당하기 위해 자본은 자연의 깊숙한 곳까지 들어가 삼림을 파괴하고 대규모 농장을 세웠다. 자연 깊숙한 곳까지 들어가면 미지의 바이러스와 접촉할 기회가 늘어나는데, 그걸로 끝이 아니다. 자연의 복잡한 생태계와 달리 사람이 만들어 낸 공간, 특히 한 가지 작물만 지나치게 재배하는 현대의 모노컬처monoculture가 차지한 공간은 바이러스를 억제하지 못한다. 결국 변이를 거듭한 바이러스는 세계화한 사람과 상품의 흐름에 올라타서 순식간에 전 세계로 퍼져 나간다.

사실 전문가들은 예전부터 팬데믹의 위험성을 경고했었다. 기후 변화 탓에 위기가 도래하리라 과학자들이 비통하게 경종을 울리고 있듯이.

기후 위기와 코로나 팬데믹은 대책이 세워지는 양상도 비슷할 것이다. '인명이냐, 경제냐' 하는 딜레마와 직면하면, 경기 악화를 이유로 근본적 문제 해결이 뒷전으로 밀릴 것이다. 하지만 대책을 늦출수록 더욱 큰 경제 손실이 발생한다. 물론 인명도 잃을 것이다.

국가가 희생시키는 민주주의

그렇지만 빠른 대책이 무조건 좋은 것도 아니다. 2020년 코로나의 첫 번째 파장을 진정시킨 중국 정부의 대응은 국가권력을 휘둘러 위에서 억누르는 방식이었다. 도시를 봉쇄하고 사람들의 행동을 규제·감시하여 지시를 따르지 않는 사람들은 엄중하게 처벌한 것이다.

강압적인 방식을 비웃던 유럽 각국들도 막상 자신의 나라에 감염이 만연해지자 중국 같은 조치를 취했다. 그리고 국민들도 어쩔 수 없는 조치라고 받아들였다. 한국 역시 개인의 사생활 노출을 감내하며 디지털 기술을 활용해서 감염 확대를 방지했다.

이런 사실들이 시사하는 점이 있다. 위기가 심각해질수록 국가의 강한 개입과 규제를 전문가들이 요청하며, 사람들 역시 자유의 제약을 받아들인다는 것이다.

이 같은 내용을 염두에 두고 앞서 제3장에서 살펴본 '미래를 향한 네 가지 선택지'를 다시 보자.(280면 표18 참조.)

이 표에 따르면 미국의 트럼프 대통령과 브라질의 보우소나루 대통령이 택한 전략은 '① 기후 파시즘'에 해당하는 통치 형태다. 자본주의와 경제 활동을 최우선하고 반대하는 장관과 전문가를 경질하면서 돌진한 것이다. 비싼 의료비를 감당할 수 있는 부유층과 재택근무로 자기방어를 할 수 있는 사람들만 구하면 된다는

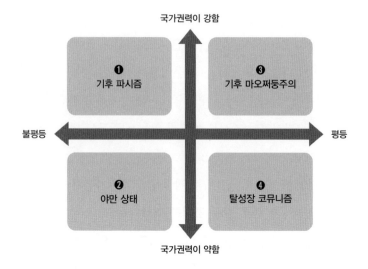

[표18. 네 가지 미래의 선택지]

국가권력이 강함

❶
기후 파시즘

❸
기후 마오쩌둥주의

불평등 ←——————————→ 평등

❷
야만 상태

❹
탈성장 코뮤니즘

국가권력이 약함

태도가 노골적으로 드러난다. 자기들은 몇 차례씩 PCR 검사를 받으면서도 빈곤층을 비롯한 사회적 약자는 어찌 되든 각자 책임이라며 방치하는 것이다.

보우소나루 대통령은 아마존 개발에 반대하는 선주민 사이에 감염이 확산되자 삼림을 벌채할 기회로 여기고는 경제 회복이라는 구실을 내걸고 벌채를 막는 규제를 철폐하려 했다. 그야말로 전형적인 재난편승형 자본주의다.

그에 비해 중국과 유럽 각국은 전 국민의 건강을 중시해서 국가권력을 강하게 행사하며 코로나 대책을 펼쳤다. 이는 '③ 기후 마오쩌둥주의'에 해당하는 통치 형태다. 국가가 감염 확대 방지를 이유로 이동의 자유, 집회의 자유 등을 크게 제한한 것이다.

단, 홍콩에서는 강력한 국가권력이 민주화운동을 억압하는 데 이용되었다. 또한 헝가리에서는 코로나19 대책에 관해 정부가 '가짜'라고 판단하는 정보를 유포한 사람에게 최고 5년 금고형을 내릴 수 있는 법안이 가결되었다.

상품화가 국가에 의존하게 한다

늦든 빠르든, 위기의 시대에는 최종적으로 앞서 언급한 사례들처럼 국가권력이 점점 노골적으로 나설 가능성이 높다.

왜 그럴까? 1980년대 이후 신자유주의가 사회의 온갖 관계를 상품화하고, 상호부조하던 관계마저 화폐·상품 관계로 바꿔왔기 때문이다. 그리고 우리가 그런 변화에 너무 익숙해진 탓에 상호부조의 요령도 상대를 헤아리는 마음가짐도 몽땅 잃어버렸기 때문이다. 위기와 직면해 불안해지면 사람들은 이웃이 아닌 국가에 의존하게 되었다. 위기가 심각할수록 국가의 강력한 개입 없이는 자신의 생활을 꾸리지 못한다고 생각하는 것이다.

기후 변화에 대해서도 사람들이 국가의 강력한 개입을 원하기 시작한다면 어떻게 될까? 벽을 세우고 환경 난민을 배제하고 지구공학으로 일부 사람들만 지키는 '① 기후 파시즘'이 닥칠까? 아니면 국가가 기업과 개인의 이산화탄소 배출량을 철저하게 감시하여 처벌하는 '③ 기후 마오쩌둥주의'가 도래할까?

어느 쪽이든 정치가와 테크노크라트technocrat의 지배로 희생되는 것은 민주주의와 인권이다.

국가가 기능 부전에 빠질 때

주의할 점이 있다. 지금 하는 논의는 통치기구가 충분히 기능해야 성립한다는 점이다.

위기가 정말로 심각해지면 아무리 강한 국가라도 제대로 기능하지 못할 가능성이 있다. 실제로 팬데믹 상황에서 의료 붕괴와 경제 혼란이 일어나자 많은 국가들이 아무것도 하지 못했다. 기후 위기의 경우에도 최종적으로 통치기구가 제 기능을 못 할 가능성이 있다.

만약 그렇게 되면 '② 야만 상태'로 단숨에 전락할 것이다. "만인에 대한 만인의 투쟁"으로 되돌아가는 것이다.

이는 결코 과장이 아니다. 코로나 팬데믹에 처한 미국에서는 반정부 시민전쟁을 계획하는 과격파 우익집단 '부걸루Boogaloo'가 SNS에서 새로운 멤버를 모집했다.[1] 그리고 미시간주에서는 무장한 시민들이 도시 봉쇄에 항의하며 주의회에 난입하는 소동이 벌어졌다.

위기의 순간에는 제국적 생활양식의 취약한 부분도 그대로 드러난다. 실제로 코로나 감염이 처음 닥쳤던 무렵, 선진국에서는 마스크도 소독제도 구할 수 없었다. 쾌적한 생활을 값싸게 실현하기 위해 그간 수많은 것을 해외에 아웃소싱했기 때문이었다.

또한 사스SARS와 메르스MERS 같은 감염병이 얼마 전에 유행했음에도 불구하고, 선진국의 거대 제약회사들은 정신안정제와 발기부전 치료제 같은 돈이 되는 약을 개발하느라 항생물질과 항바이러스제 연구 개발에서 손을 뗐고, 그 탓에 사태가 더욱 심각해지기도 했다.[2] 그 대가로 선진국의 대도시는 회복력을 상실하고 말았다.

기후 위기가 닥치면 식량난이 심각해질 것이다. 그렇게 되면 일본처럼 식량자급률이 낮고 회복력이 없는 나라는 대혼란에 빠질 것이다. 한순간에 '② 야만 상태'로 되돌아갈 수 있다는 말이다.

'가치'와 '사용가치'의 우선순위

코로나 팬데믹 상황에서 빚어지는 문제들은 바로 마르크스가 '가치와 사용가치의 대립'으로서 문제시했던 것들이다.(제6장 참조)

코로나 팬데믹에서 상품의 '사용가치'란 병을 고치는 약의 효력이며, '가치'란 상품으로서 약에 매겨진 가격이다. 백신과 발기부전 치료제를 비교하면, 더 도움이 되는 것은 생명을 구하는 백신이다. 하지만 자본주의에서는 사람을 구하는 것보다 돈벌이가 우선시된다. 값비싸고 불티나게 팔리는 약이 중요하다는 것이다.

자본주의에서는 식량 역시 고가에 팔 수 있는지가 중요하다. 그래서 값비싼 복숭아와 포도를 재배하여 수출하지만, 그런 작물로는 식량 위기를 극복할 수 없다.

이런 일들은 상품의 '가치'를 중시하고 '사용가치'(유용성)를 무시하는 자본주의에서 늘 일어난다. 하지만 이런 일이 반복되면 야만 상태로 전락하고 말 것이다. 우리 사회는 자본주의와 결별하고 '사용가치'를 중시하는 방향으로 바뀌어야 한다.

제3장에서는 네 번째 '미래의 선택지'를 'X'라고 했지만, 우리는 이미 X가 무엇인지 알고 있다. 그렇다, X는 '탈성장 코뮤니즘'이다. 탈성장 코뮤니즘이야말로 우리가 지향해야 하는 미래다.

코뮤니즘이냐, 야만이냐

왜 코뮤니즘일까? 극우 자경단과 네오나치 같은 과격파 혹은 마피아가 지배하는 야만 상태를 피하려면 공동체의 자치와 상호부조가 필요하기 때문이다. 생활에 필요한 것을 스스로 확보하고 배분하는 민주적 방법을 만들어내야 한다. 다가올 위기에 대비하여 평소부터 자치와 상호부조 능력을 기를 필요가 있다. 실제로 정부에 의지하려 해도 도와주지 않는다는 것을 팬데믹을 경험하며 많은 사람들이 배웠다.

언젠가 분명 사회 기반을 크게 뒤흔들 위기가 닥칠 텐데, 시장 근본주의를 그만두고 큰 정부가 시장에 개입하는 대책 정도로는 위기에 충분히 대응할 수 없다. 즉, 정부가 중요 산업에 대규모 자본을 투입하는 '기후 케인스주의'로는 이산화탄소 배출량을 줄이지 못하여 기후 위기가 멈추지 않는다는 말이다.(제2장 참조) 또한 북유럽형 복지국가에 지속 가능성을 더한 '탈성장 자본주의'도 적절한 대책은 아니다.(제3장 참조)

어중간한 해결책은 더 이상 장기적으로 기능하지 않는다. 실제로 우파 포퓰리즘의 대두에 기존의 자유민주주의 세력은 대항하지 못하고 있다. 그러니 평범한 리버럴 좌파의 주장은 이제 퇴장할 차례다.

이렇게 말할 수밖에 없다. "코뮤니즘이냐? 야만이냐?" 선택지는 두 가지로 단순하다!

물론 여기서 선택해야 하는 것은 '코뮤니즘'이다. 국가와 전문가에게 의존하고 싶은 마음을 꾹 누르고, 자주 관리와 상호부조로 나아가는 길을 모색해야 한다.

토마 피케티가 사회주의로 '전향'했다

'코뮤니즘'으로 나아가자니, 극단적인 주장이라고 생각하는 이들도 있을 것이다. 하지만 놀라지 마시라. 이는 『21세기 자본』*으로 경제학계의 슈퍼스타가 된 토마 피케티Thomas Piketty 역시 채용한 입장이다.

지나친 경제 격차를 비판하며 그 해결책으로 누진성이 강한 과세를 제창한 피케티는 리버럴 좌파라고 알려져 있다. 피케티의 절충적 태도는 스티글리츠와 마찬가지로 지젝으로부터 '공상주의'라는 비판을 받았다.[3](제3장 참조) 『21세기 자본』에 한정한다면, 분명 지젝의 비판이 옳다.

그렇지만 프랑스에서 2019년 출간된 『자본과 이데올로기』에 담긴 피케티의 논조는 기존과 전혀 다르다. 피케티는 '자본주의 극복'을 거듭 강조하며, 그러기 위한 대안으로 단순히 '잘 길들인 자본주의'가 아니라 '참여사회주의socialisme participatif'가 필요하다고 분명하게 주장한다.

피케티는 이렇게 말했다. "나는 현재의 자본주의 체계를 극복하고 21세기를 위한 새로운 참여사회주의의 윤곽을 그려볼 수 있다고 확신한다. 요컨대 이 사회주의는 보편주의적 평등주의를

---

* 장경덕 외 옮김, 이강국 감수, 글항아리 2014

향한 전망이며, 그 바탕은 사회적 소유와 교육, 지식 및 권력의 분유에 있다."[4] 근래에 이렇게나 뚜렷이 사회주의로 '전향'한 예는 존재하지 않는다.

피케티는 노동자 계급을 버리고 인텔리 부유층을 중시하게 된 사회민주주의 정당을 가리켜 '브라만 좌파'라며 통렬하게 풍자했다. 우파 포퓰리즘이 대두되는 걸 그냥 놔둔 리버럴 좌파의 태도를 엄중히 비판한 것이다.

좌파는 자신들이 누구의 고통을 똑바로 바라봐야 하는지 다시한 번 떠올릴 필요가 있다. 그 때문에 피케티는 일부러 '사회주의'를 내건 것이다.

자주 관리·공동 관리의 중요성

우리가 더욱 주목해야 하는 것은 피케티가 제시한 대안의 내용이다. 피케티는 변함없이 소득세와 상속세 등을 중시하지만, 기후변화 문제에 관해서는 국가가 부과하는 탄소세의 한계도 지적한다. 시장근본주의는 틀렸지만, 국가의 조세만으로 대응하려는 방법도 틀렸다는 것이다.

기후 변화와 대치하면서 피케티의 관심은 생산 현장으로 향했다. 그는 생산 영역에서 '참여사회주의'를 실현하는 것이 필수적이라고 생각했다. 그러기 위해서 노동자들이 기업을 '사회적 소유'하고 경영에 참여해야 한다고 주장했다.

피케티는 소수의 대주주가 배당 최대화를 추구하며 경영에서 의사결정을 하는 기업 내 독재를 비판한 것이다. 그리고 노동자들이 생산 영역에서 스스로 하는 '자주 관리autogestion'·'공동 관리cogestion'의 중요성을 강조했다.[5]

정리하면, 피케티는 기후 위기와 직면하여 자본주의에서는 민주주의를 지킬 수 없다는 결론을 내렸다. 그래서 민주주의를 지키기 위해 단순한 재분배에서 나아간 '사회주의'가 필요하며, 생산 영역에서 노동자의 자치가 필수 불가결이라고 주장했다. 이런 결론은 이 책의 입장과 완전히 똑같다.

여기서 '참여사회주의'라는 표현도 중요하다. 피케티가 '참여사회주의'의 특징으로 언급한 '자주 관리'와 '공동 관리'는 바로 이 책에서 중시하는 '커먼'의 키워드이기도 하다.[6]

하나 더, 피케티도 강조했듯이 '참여사회주의'는 소련형 사회주의와 전혀 다르다. 관료와 전문가가 정보와 의사결정권을 독점했기에 소련에서는 민주주의적 '참여사회주의'가 불가능했다.

독점적이었던 소련과 달리 '참여사회주의'는 자치와 상호부조를 하는 시민의 힘을 풀뿌리부터 길러냄으로써 지속 가능한 사회를 만들어내려 한다. 지금, 피케티와 만년기 마르크스의 입장은 그 어느 때보다 가까워져 있다.

물질대사의 균열을 메우기 위해

다만 피케티가 탈성장을 받아들였다고 명확히 의견을 밝힌 적은 없다. 또한 '참여사회주의'를 강조하지만, 그것을 실행하는 과정에는 여전히 조세라는 국가권력에 의존하는 점이 많다. 이것은 문제다. 자본을 과세로 억제하려 할수록 국가권력이 강해져서 '③ 기후 마오쩌둥주의'가 대표하는 국가사회주의로 빠지기 때문이다. 마르크스의 탈성장 코뮤니즘에서 멀어지는 것이다.

이 대목에서 마르크스의 물질대사론을 떠올려보자. 자본의 무한한 가치 증식을 추구하는 생산은 자연 본래의 순환 과정과 동떨어져서 최종적으로 인간과 자연 사이에 '돌이킬 수 없는 균열'이 생겨난다고 했다.

마르크스에 따르면 이 균열을 메울 수 있는 유일한 방법은 생산이 자연의 순환에 맞춰 이뤄지도록 노동의 영역을 근본적으로 변혁하는 것이다.

제4장에서 살펴봤듯이 노동은 인간과 자연의 매개 활동이다. 『자본』에 담긴 물질대사론에 의하면, 인간과 자연은 노동으로 연결되어 있다. 그 때문에 자연환경을 구하기 위해서는 노동의 양상을 바꾸는 것이 결정적으로 중요하다.

일부러 도발적으로 말한다면, 분배와 소비를 변혁하거나 정치제도와 대중의 가치관을 바꾸는 것은 마르크스에게 부차적인 문제에 불과했다. 흔히 공산주의는 사적 소유를 폐지하고 국유화하는 사상이라고 오해하곤 하는데, 사실 소유 양식 또한 근본적인 문제는 아니다.

가장 중요한 것은, **노동과 생산의 변혁**이다. 이 책의 입장이 기존의 탈성장파와 결정적으로 다른 것은 바로 이 대목이다. 기존의 탈성장파는 마르크스주의와 노동운동에 대한 반감을 신경 쓰느라 '노동'이라는 차원에 파고들려 하지 않았다.

실제로 기존의 탈성장파는 주로 소비 차원에서 이뤄지는 '자발적 억제'에 초점을 맞춘다. 절수·절전을 하고, 육식을 그만두고, 중고품을 사고, 물건을 공유하는 식으로 말이다. 하지만 그렇게 소유, 재분배, 가치관 변화 등에만 주목하여 노동을 근본적으로 바꾸려 하지 않기 때문에 자본주의와 맞서지 못하는 것이다.

마르크스의 시대에도 피에르조제프 프루동Pierre-Joseph Proudhon처럼 생산에는 손대지 않고 유통을 변혁하여 사회주의를 실현하려고 했던 사람들이 있었다. 하지만 마르크스는 프루동을 통렬하게 비판했다. 마르크스는 그들과 달리 사회적 생산과 재생산에 중점을 두었다. 생산 영역에서 이뤄지는 변혁이야말로 위에서 아래로 권한을 분산해 시스템 전체에 대전환을 일으키리라 확신했던 것이다.

노동·생산에서 변혁이 시작된다

생산을 중시하는 것은 마르크스주의의 낡은 주장이라고 여길지도 모르겠다. 뒤이어 설명하겠지만, 이 책은 20세기의 마르크스주의와 다른 이유로 생산을 중시한다. 그간 노동문제를 기피한 채 소비주의, 계몽주의, 정치주의에 매달려온 환경운동과 탈성장파가 이 책의 생산을 중시하는 견해를 받아들이길 바란다.

나아가 기후 변화라는 너무나 거대한 문제 앞에서 사람들이 비관적 사고에 빠지기 쉽기 때문에 더더욱 지금 마르크스의 노동변혁론을 재평가할 필요가 있다.

기후 위기의 미래를 예측하다 비관적이 되는 이유는 문제가 너무 거대하기 때문이다. '나 혼자서는 아무것도 할 수 없다, 상황을 크게 바꿀 힘이 있는 정치가, 관료, 비즈니스 엘리트는 기후 위기 대처를 호소하는 목소리에 귀를 기울이지 않는다, 그러니 정치 수준에서 갑자기 무언가를 바꿀 거라는 희망을 찾아내기 어렵다.' 이렇게 기후 위기 앞에서 절망해버리는 것이다.

그렇지만 혹시라도 절망하여 그대로 포기해버리면, 그 앞에 기다리는 것은 '야만 상태'일 뿐이다.

지금 사람들이 당사자로서 능동적으로 구체적인 행동을 취할 수 있는 영역이 남아 있다면 바로 생산일 것이다. 그러니 변혁을 향한 첫걸음은 생산에서 시작해야 한다.

디트로이트에 뿌려진 작은 씨앗

생산 영역에 뿌려진 작은 씨앗은 이미 열매를 맺고 있다. 그 과실에 대해 이야기하겠다. 무대는 미국 디트로이트다. 디트로이트는 GM과 포드 같은 미국 자동차 생산의 중심지였지만, 자동차 산업이 쇠퇴하며 실업자가 늘어났고 재정 상태가 악화되었다. 결국 2013년에는 약 180억 달러의 부채를 안고 시가 파산했다. 비유하면 디트로이트는 자본주의의 꿈이 무너진 폐허였다.

거리에서 사람들이 사라졌고 치안도 악화되어 황폐한 상태였다고 한다. 하지만 남은 주민들은 포기하지 않고 도시 재생을 위해 처음부터 다시 시작했다.

그러자 기회가 보이기 시작했다. 사람과 기업이 떠나서 땅값이 크게 떨어진 덕에 외려 새로운 시도를 할 여지가 있음을 주민들이 깨달은 것이다. 새로운 시도 중 하나는 도시농업이다. 노동자협동조합과 지역의 유지가 중심이 되어 황폐해진 거리를 부활시키기 위해 유기농업을 시도했다.[7]

도시농업 덕에 황무지 같던 도시의 풍경에 조금씩 초록빛이 돌아왔다. 그보다 더욱 중요한 변화는 치안이 악화된 탓에 소원해졌던 공동체 구성원끼리 다시 연결된 것이다. 채소 재배, 지역 시장을 통한 판매, 지역 음식점에 식자재 공급 같은 일들로 주민들의 네트워크가 다시 구축되었다고 한다. 물론 신선한 채소를 구하기 쉬워지면서 주민들의 건강 상태도 좋아졌다.

이와 같은 운동은 전 세계로 퍼지고 있다. 예컨대 2019년 덴마크의 코펜하겐은 누구나 무료로 먹어도 되는 '공공 과일나무'를 시내에 심기로 결정했다.[8] 앞으로 시 전체가 도시 과수원edible city이 되는 것이다. 이것은 현대판 입회지이며, '커먼즈의 부활'이라고 해도 무방하다. 자본주의의 논리로 설명하지 못할 '근본적 풍요'를 추구하는 것이다.

도시에서 채소와 과실을 재배하는 것은 굶주린 사람에게 식량을 공급할 뿐 아니라 주민들에게 농업과 환경을 향한 관심을 고취한다. 가령 누구도 배기가스로 범벅이 된 과일을 먹고 싶지는 않을 테니, 대기오염을 줄이기 위해 자전거도로를 늘리려고 행동하는 사람들이 늘어날 것이다. 그런 움직임은 주민들이 자동차 사회에 저항하여 도로라는 '커먼'의 풍요를 스스로 되찾기 위해 딛는 첫걸음이다.[9]

이렇게 점점 사람들의 상상력이 확산되면 지금껏 상상도 못 했던 새로운 미래가 떠오를 것이다. '만약 디트로이트에서 모든 식량을 자급자족한다면.' '만약 코펜하겐 시내에서 자가용 주행이 금지된다면.' 이런 구체적인 '만약'what if은 기존의 질서에 순응한 탓에 빈곤해진 상상력을 회복해 자본의 지배에 균열을 낸다.[10]

마르크스주의 이론가 프레드릭 제임슨Fredric Jameson은 "자본주의의 종말보다 세계의 종말을 상상하는 것이 더 쉽다."라는 말을 남긴 것으로 유명하다.[11] 하지만 생산 영역에 뿌려진 씨앗은 소비 영역에서 생겨나지 않았던 희망이라는 과실을 맺고 있다.

사회운동으로 '제국적 생산양식'을 극복하다

생산이라는 영역에서는 공동체가 태어난다. 제8장에서도 살펴보 겠지만, 그 공동체에는 더욱 넓게 퍼져서 사회 전체에 큰 영향을 미칠 수 있는 잠재력이 있다. 노동에서 생겨난 운동에 정치까지 움직일 가능성이 숨어 있는 것이다.

그 때문에 이 책에서 문제시하는 것은 일상생활 차원의 '제국 적 생활양식'이 아니라 그런 소비를 가능하게 하는 생산이다. 즉, 중요한 것은 '제국적 생산양식'의 극복이라는 말이다. 제국적 생 활양식을 바로잡기 위해서는 먼저 제국적 생산양식을 극복해야 한다.

단, 생각 없이 하향식 해결책에 의존하는 '정치주의' 모델로는 효과를 거둘 수 없다는 점을 다시금 강조해두겠다.

물론 정치는 필요하다. 기후 변화 대책의 제한 시간을 앞두고 하향식 대책을 요구하는 이들도 있다. 다만 정치가 기후 변화와 맞서려면 자본에도 도전해야 한다는 점을 떠올려보자. 그런 정치 를 실현하려면 사회운동의 강력한 지원이 반드시 이뤄져야 한다.

사회운동의 중요성에 대해 사회학자 마누엘 카스텔Manuel Castells은 바로 다음처럼 말했다. "사회운동 없이는 어떤 도전에 나서든 국가의 제도를 (…) 뒤흔들 만한 것을 시민사회에서 만들어낼 수 없다."[12]

그저 기다리기만 해서는 '인신세'의 위기에 대처할 수 있는 정치는 결코 이뤄지지 않는다. 그리고 애초에 기다릴 필요 따위는 없다. 우리가 먼저 움직이자.

인신세의 '자본론'

자, 그렇다면 어떡해야 할까? 드디어 이 질문에 답해보겠다.

앞서도 말했지만 『자본』에 따르면 자연과 인간의 물질대사에 생긴 균열을 메우는 유일한 방법은 생산이 자연의 순환에 맞춰서 이뤄지도록 노동을 근본적으로 변혁하는 것이다. 인간과 자연은 노동을 매개로 연결된다고도 했다. 그 때문에 노동 양식을 바꾸는 것은 환경위기를 극복하는 데 결정적으로 중요하다.

다만 이것만으로는 생산과 노동의 변화가 기후 위기를 어떻게 해결한다는 것인지 설명이 불충분하다. 왜 마르크스는 코뮤니즘의 노동이 물질대사의 '돌이킬 수 없는 균열'을 메울 수 있다고 생각했을까?

그 답을 『자본』에서 직접 읽어낼 수는 없다. 그 때문에 '균열'에 대한 마르크스의 이론이 너무 비관적이라고 비판하는 연구자도 있을 정도다.[13]

중요한 것은 만년기 마르크스의 관점이다. 『자본』 출간 후, 마르크스는 균열을 메울 방법을 찾아 자연과학 연구에 매진했다. 만년기 마르크스의 관점대로 『자본』을 다시금 읽어야 비로소 왜 탈성장 코뮤니즘이 '물질대사의 균열'을 메우는지 설명할 수 있는 것이다.

20세기의 마르크스주의는 만년기 마르크스의 도달점에 눈길을 주지 않으며 사회주의만 실현되면 노동자들이 기술과 과학을 자유롭게 이용하여 자연적 제약도 뛰어넘을 수 있다고 낙관했다. 기술로 '물질대사의 균열'을 메울 수 있다고 생각했던 것이다.

그렇지만 그런 생산력 지상주의는 잘못된 것이며 마르크스가 만년에 했던 생각과도 다르다. 기존의 마르크스주의는 에런 바스타니 같은 실리콘밸리 자본주의와 결합한 키메라까지 낳아버렸는데, 그것은 마르크스가 바란 코뮤니즘이 아니다.

그러니 지금껏 진보사관에 속박되어 있었던 마르크스의 『자본』을 '탈성장 코뮤니즘'이라는 입장에서 다시 읽을 필요가 있다. 그러기 위한 준비를 제4장에서 했다. 마르크스가 만년에 매진했던 생태학 및 공동체 연구의 의의를 분명히 파악해야 『자본』에 숨어 있던 진정한 구상이 보인다. 그리고 그 진정한 구상이야말로 오늘날 우리에게 큰 도움을 주는 무기가 될 것이다.

그 진정한 구상은 크게 다섯 가지로 정리할 수 있다. '사용가치 경제로 전환', '노동 시간 단축', '획일적인 분업 폐지', '생산 과정 민주화', '필수 노동 중시'.

얼핏 보면 비슷한 요구를 기존의 마르크스주의자들도 해왔다고 생각할지 모르겠다. 하지만 최종 목표가 전혀 다르다는 점이 금세 판명될 것이다.

마르크스의 탈성장 사상은 150년 가까이 주목받지 못했다. 그 때문에 비슷하게 보이는 요구도 결코 경제 성장을 **감속한다**는 맥락으로 정식화하지는 않았다. 지금 처음으로 '인신세'에 맞추어 『자본』을 업데이트하는 것이다.

핵심은 경제 성장을 감속하는 만큼 탈성장 코뮤니즘이 지속 가능한 경제로 전환을 촉진한다는 것이다. 또한 감속은 가속밖에 하지 못하는 자본주의의 천적이다. 끝없이 이윤을 추구하는 자본주의에서는 자연의 순환과 속도를 맞춘 생산이 불가능하다. 그러니 '가속주의accelerationism'가 아닌 '감속주의deaccelerationism'야말로 혁명적인 것이다.

자, 이제 탈성장 코뮤니즘으로 도약하기 위해 우리가 해야 하는 것을 확인해보자.

탈성장 코뮤니즘의 주춧돌 ① ― 사용가치경제로 전환
'사용가치'를 중시하는 경제로 전환하여 대량 생산·대량 소비에서 벗어나자

'사용가치'를 중시해야 한다는 주장은 기존의 마르크스주의에서도 나왔다. 『자본』에 말 그대로 그렇게 쓰여 있다. 일단 그것부터 설명하겠다.

마르크스는 '가치'와 '사용가치'라는 상품의 속성을 구별했다. 제6장에서 살펴봤듯이 자본 축적과 경제 성장이 목적인 자본주의에서는 상품의 '가치'가 중요하다. 자본주의의 첫 번째 목적인 것이다. 그래서 궁극적으로는 팔리기만 하면 뭐든 상관없다. 즉, '사용가치'(유용성)와 상품의 질, 환경 부하 등은 어찌 되어도 상관하지 않는다. 그리고 일단 상품을 팔면 그걸 곧장 버려도 상관하지 않는다.

폭넓게 바라보았을 때, 가치 증식만 목적하는 생산력 증대는 여러 모순을 만들어낸다. 예컨대 기계화를 해서 경비를 절감하면 수요가 자극되어 대량의 상품을 팔 수 있게 되는데, 그 과정에서는 극심한 환경 파괴도 일어난다.

또한 생산력 증대는 당연히 많은 상품이 만들어지는 것으로도 이어지는데, 상품의 '가치'만 중시하는 자본주의 시스템에서는 사회의 재생산에 유익하든 아니든 잘 팔리는 상품을 위주로 생산이 이뤄진다. 그리고 그 과정에서 사회의 재생산에 정말 필요한 것은 경시된다.

예를 들어 앞서 말했듯이 코로나 팬데믹 초기에는 사회를 지키는 데 꼭 필요한 인공호흡기, 마스크, 소독제 등을 충분히 생산할 시스템이 없었다. 경비 절감을 위해 해외로 공장을 옮긴 탓에 선진국이라고 하는 나라들에서 마스크조차 넉넉히 구하지 못한 것이다. 그 모든 일이 자본의 가치 증식을 우선하여 '사용가치'를 희생시킨 결과다. 그 결과, 위기 상황에서 다시 일어날 수 있는 회복력을 상실했다.

이처럼 '사용가치'를 무시한 생산은 기후 위기의 시대에 치명적일 수 있다. 기후 위기 시대에는 해야 하는 일이 많다. 식량, 물, 전력, 주거, 교통기관에 보편적 접근성을 보장하고, 홍수와 해일에 대비하며, 생태계도 보호해야 한다. 그렇기 때문에 이제는 '가치'가 아니라 위기 대응에 필요한 것을 우선해야 한다.

그러기 위해서 코뮤니즘은 생산의 목적을 크게 전환한다. 생산의 목적을 상품의 '가치' 증대가 아니라 '사용가치'에 두고, 사회적 계획에 따라 생산이 이뤄지도록 하는 것이다. 다르게 표현하면, GDP 증대를 목표하는 것이 아니라 사람들의 기본적인 수요를 충족하는 데 중점을 둔다. 이야말로 '탈성장'의 기본적인 입장이다.(제3장 참조)

만년의 마르크스라면 생산력을 끝없이 증대하여 사람들이 욕망하는 것이라면 뭐든 생산하려 하는 소비주의의 잘못을 신랄하게 비판했을 것이다. 현재와 같은 소비주의를 끊어내고, 사람들이 번영하는 데 더욱 필요한 것을 생산하며, 그와 동시에 자기 억제를 하는 것. 이것이 '인신세'에 필요한 코뮤니즘이다.

탈성장 코뮤니즘의 주춧돌 ② ─ 노동 시간 단축
노동 시간을 줄이고, 생활의 질은 높이자

사용가치경제로 전환하면 생산 영역의 역학 관계도 크게 달라진다. 돈벌이만을 위하던 쓸데없는 일이 대폭 줄어들기 때문이다. 사회의 재생산을 위해 정말로 필요한 생산에 노동력을 의식적으로 배분하게 된다.

마케팅, 광고, 포장 등으로 사람들의 욕망을 불필요하게 불러일으키는 것은 금지된다. 컨설턴트와 투자은행도 불필요해진다. 24시간 운영하는 편의점과 식당도 전부 열어둘 필요는 없어진다. 연중무휴 역시 그만두어도 괜찮아진다.

불필요한 것을 만들지 않으면, 사회 전체의 노동 시간을 크게 줄일 수 있다. 노동 시간을 단축해도 무의미한 일을 줄인 것이라서 실질적인 사회의 번영은 유지된다. 실은 유지 정도가 아니다. 노동 시간 단축은 사람들의 생활에도 자연환경에도 좋은 영향을 미친다. 마르크스 역시 『자본』에서 '사용가치'의 경제로 전환하기 위해서는 노동 시간 단축이 "근본조건"이라고 했다.

현대 사회의 생산력은 이미 충분히 높다. 특히 자동화 덕에 전에 없을 만큼 생산력이 높아졌다. 사실 이 정도면 인간이 임금 노예 상태에서 해방될 가능성도 있을 것이다.

그렇지만 자본주의에서 자동화는 '노동으로부터 해방'이 아니라 '로봇의 위협' 또는 '실직 위기'로 받아들여지고 있다. 그리고 실직이 두려운 우리는 여전히 과로사할 만큼 필사적으로 일하고 있다. 자본주의의 불합리가 드러나는 지점이다. 이처럼 불합리한 자본주의는 한시라도 빨리 버리는 게 낫다.

그에 비해 코뮤니즘은 '일자리 나누기'를 통해 GDP에 반영되지 않는 생활의 질 향상을 목표한다.[14] 노동 시간이 단축되면 스트레스가 줄어들고, 육아와 돌봄이 이뤄지는 가정에서는 역할 분담이 수월해질 것이다.

다만 노동 시간 단축이 중요하다고 해서 마구잡이로 생산의 자동화를 추진해도 된다는 말은 아니다. 현재 에런 바스타니 같은 가속주의자는 물론 일부 탈성장파도 '노동으로부터 해방', '주 15시간 노동' 같은 구호를 널리 퍼뜨리고 있다. '순수 기계화 경제' 같은 말은 꽤 매력적이긴 하다. 하지만 만년의 마르크스는 분명 이렇게 덧붙일 것이다. 완전 기계화로 노동 시간을 점점 줄인 끝에 아예 노동을 없애겠다는 극단적인 발상에는 문제가 있다고 말이다. 노동에서 해방되기 위해 이 이상 생산력을 높이면 자연

환경에 괴멸적인 영향이 미칠 것이기 때문이다.

또한 다른 측면에서도 자동화에 의한 노동 시간 감소를 살펴볼 필요가 있다. 바로 에너지문제다.

어느 공장에 신기술이 도입되어 그때껏 10명이 하던 작업을 혼자 하게 된다고 가정해보자. 생산력은 10배가 오른 것이지만, 노동자 개인의 능력이 10배가 되지는 않는다. 그저 노동자 9명이 하던 일을 화석연료의 에너지로 바꾸었을 뿐이다. 노동자라는 임금 노예 대신 화석연료라는 '에너지 노예'가 일하는 것이다.

여기서 문제는 화석연료의 '에너지 수지 비율EROEI, Energy Return on Energy Invested'이 매우 높다는 사실이다. 에너지 수지 비율은 에너지 투자 비율이라고도 하는데, 1에 해당하는 에너지를 써서 얼마나 많은 에너지를 얻을 수 있는지 나타내는 지표다.

1930년대의 원유에 대해 살펴보면, 당시에는 에너지를 1만큼 투자해서 얻을 수 있는 에너지가 100이었다. 즉, 투자한 에너지를 제외한 99의 에너지는 자유롭게 쓸 수 있었다. 그런데 그 뒤로 원유의 에너지 수지 비율은 계속해서 떨어졌다. 요즘은 1의 에너지를 투자해서 얻을 수 있는 에너지가 10 정도에 불과한 것이 문제시되고 있다.[15] 채굴하기 쉬운 원유를 전부 파냈기 때문이다.

점점 감소하고 있지만 사실 원유의 에너지 수지 비율은 재생에너지에 비하면 무척 높다. 태양광은 에너지 1을 투자해 2.5~4.3밖에 얻지 못한다. 심지어 옥수수 에탄올은 1 대 1에 가깝다고 한다. 1을 투자해서 얻는 게 1이라면 아예 무의미한 셈이다. 이런 재생에너지를 가리켜 '이른바 농도가 대단히 '옅다'고 하는데, 옅은 만큼 에너지를 얻기 위해 많은 자본과 노동을 투자해야 한다.

탈탄소 사회로 전환하려면 에너지 수지 비율이 높은 화석연료를 버리고 재생에너지를 쓸 수밖에 없다. 그러면 에너지 수지 비율이 저하되는 만큼 경제 성장은 어려워진다. 이처럼 이산화탄소 배출량을 줄이다 생산력이 저하되는 것을 '배출의 함정emissions trap'이라고 부른다.[16]

에너지 수지 비율이 저하되어 '에너지 노예'가 줄어들면, 그 대신 인간이 장시간 일해야 할 것이다. 당연히 생산력 증대로 하는 노동 시간 단축에 제동이 걸리고, 생산도 감속된다.

이산화탄소 배출량을 줄이기 위한 생산 감속을 우리는 받아들일 수밖에 없다. 그리고 '배출의 함정'에 빠져 생산력이 저하될 것이기 때문에 '사용가치'를 만들어내지 않는 무의미한 일을 줄이고 그 외 필요한 부문에 노동력을 배분하는 것이 점점 더 중요해질 것이다. 생산력을 증대하여 '노동으로부터 해방'이나 '노동 폐기'를 실현하는 것은, 탈탄소 사회에서는 불가능한 일이다.

바로 그 때문에 우리는 노동의 본질을 충실하고 매력적인 것으로 바꿔야 한다고 했던 마르크스의 주장을 재평가해야 한다. 이러한 인식에서 비롯된 구상을 이어서 이야기하겠다.

탈성장 코뮤니즘의 주춧돌 ③ ― 획일적인 분업 폐지
노동을 획일하게 하는 분업을 폐지하여 노동의 창조성을 회복시키자

소련의 인상이 워낙 강해서 놀랄지도 모르겠는데, 사실 마르크스는 노동을 '매력적'으로 바꾸길 원했다. 노동 시간이 단축되어도 노동 자체가 지루하고 힘들면 사람들은 스트레스를 해소하려고 소비주의적 활동에 몰두할 것이다. 그래서 노동이라는 활동의 핵심을 바꿔서 스트레스를 줄이는 것이 인간다운 생활을 되찾기 위해 꼭 필요하다.

그렇지만 현대의 생산 현장을 보면 자동화로 인한 자본의 '포섭'이 노동을 한층 더 단조롭게 만들고 있다. 철저한 매뉴얼화 덕에 작업 효율이 비약적으로 높아졌지만, 그와 동시에 노동자 개개인의 자율성은 박탈되었다. 그 탓에 지루하고 무의미한 노동이 만연하고 있다.

그럼에도 불구하고 기존의 탈성장파는 노동문제를 기피하여 이 문제에 제대로 파고들지 않았다. 기존 탈성장파의 논의에서는 어디까지나 노동 이외 시간에 창조적이고 사회적인 활동을 실현하는 것이 목표였다. 노동 시간을 자동화로 가능한 단축한 다음에는 괴로워도 참고 견디라는 것이다.

그에 비해 마르크스는 노동을 기피해야 한다고 전혀 생각하지 않았다. 오히려 "노동이 매력적인 노동이기 위한, 다르게 표현해 개인의 자기실현이기 위한 주체적·객관적 조건들"을 획득하여 창조성과 자기실현의 계기로 삼는 것을 지향했다.[17]

여가를 위한 자유 시간을 늘릴 뿐 아니라 노동 시간에서도 고통과 무의미함을 없애자는 뜻이다. 그러면 노동을 더욱 창조적인 자기실현 활동으로 바꿀 수 있다.

마르크스에 따르면 노동의 창조성과 자율성을 되찾기 위한 첫 단계는 바로 '분업 폐지'다. 자본주의 분업체제에서 노동은 획일적이고 단조로운 작업 속에 갇힌 채 이뤄진다. 그에 저항하여 노동을 매력적으로 바꾸려면 사람들이 다종다양한 노동에 종사할 수 있도록 생산 현장을 설계하는 것이 바람직하다.

그래서 마르크스는 거듭하여 '정신노동과 육체노동의 대립' 및 '도시와 농촌의 대립'을 극복하는 것이 미래 사회의 과제라고 주장했다.

마르크스는 말년에 쓴 「고타 강령 비판」에도 그런 점을 강조했다. 미래 사회에서는 노동자들이 "분업에 노예적으로 종속되지 않게 되고", "노동이 생활을 위한 수단일 뿐 아니라 그 자체가 첫 번째 생활 욕구"가 된다. 그 결과 노동자들의 능력은 틀림없이 "전면적 발전"을 할 수 있을 것이다.[18]

마르크스는 이 목적을 위해서라도 평생에 걸친 평등한 직업 교육이 중요하다고 생각했다. 노동자가 자본의 '포섭'을 극복하고, 진정한 의미로 산업의 지배자가 되기 위해서 말이다. 이런 관점에서 오늘날 이뤄지는 활동을 평가한다면, 노동자협동조합을 비롯한 여러 협동조합이 열심히 직업 훈련을 하는 것에는 큰 의의가 있다고 할 수 있다.

실은 여기에도 만년기 마르크스의 입장에서 더욱 파고들어 말할 것이 있다. 인간다운 노동을 되찾기 위해 획일적인 분업을 그만두면, 경제 성장을 추구하는 효율화는 더 이상 최우선 사항이 아니게 된다. 이익보다 보람과 상호부조를 우선하기 때문이다. 노동자가 활동하는 폭을 넓히고, 평등한 작업 부담 분담과 지역사회 공헌 등을 중시하면, 역시 경제 활동의 속도가 늦춰질 것이다. 이는 바람직한 변화다.

변화하는 과정에서 과학과 기술을 거부할 필요는 전혀 없다. 실제로 기술의 도움을 받으면 사람들은 한층 다양한 활동에 종사할 수 있을 것이다. '열린 기술'(227면 참조)은 그렇게 활용해야 한다.

단, 그런 열린 기술을 발전시키려면 노동자와 소비자를 지배하기 십상인 '닫힌 기술' 중심 경제, 즉 이익 우선 경제에서 벗어날 필요가 있다. 그리고 생산의 중점을 '사용가치'에 두는 경제로 전환해야 한다.

탈성장 코뮤니즘의 주춧돌 ④ — 생산 과정 민주화

생산 과정에서 민주화를 진행하여 경제를 감속시키자

'사용가치'를 중시하면서 노동 시간을 단축하기 위해 열린 기술을 도입하자. 그처럼 일하는 방식을 개혁하려면 노동자들이 생산 과정에서 의사결정권을 지닐 필요가 있다. 바로 피케티도 강조하는 '사회적 소유'(288면 참조)가 필요한 것이다

'사회적 소유'를 실현해 생산수단을 '커먼'으로서 민주적으로 관리해야 한다. 다시 말해 생산 과정에서 어떤 기술을 개발하고 어떻게 사용할지를 더욱 열린 형식으로 민주적인 토의를 거쳐 결정하는 것이다.

기술뿐 아니다. 에너지와 원료에 대해서도 민주적으로 결정하면 많은 변화가 일어난다. 가령 원자력으로 발전하는 회사와 계약을 끊고, 지역에서 생산해 지역에서 소비하는 재생에너지를 선택할 수도 있다.

만년기 마르크스의 관점으로 보았을 때 중요한 것은 생산 과정의 민주화 역시 경제 감속을 일으킨다는 점이다. 생산 과정의 민주화란 '어소시에이션'에 의한 생산수단의 공동 관리를 뜻한다. 즉, 무엇을 얼마나 어떻게 생산할지 민주적인 의사결정으로 정하는 것을 목표한다. 당연하지만 의견이 갈릴 때도 있을 것이다. 그럴 때는 강제적인 힘이 없기에 의견을 조율하는 데 시간이 걸릴

수밖에 없다. 다시 말해 '사회적 소유'가 일으킬 결정적인 변화란 의사결정 과정의 감속인 것이다.

이는 일부 대주주의 의견이 우선하여 반영되는 현재 대기업의 의사결정 과정과 크게 다르다. 대기업이 시시각각 변하는 상황에 맞춰서 신속하게 의사결정을 할 수 있는 이유는 경영진의 의향에 기초하여 비민주적으로 의사결정이 이뤄지기 때문이다. 마르크스는 그것을 '자본의 전제'라고 불렀다.

그런 대기업에 비해 마르크스의 어소시에이션은 생산 과정에서 민주주의를 중시하기에 자연스레 경제 활동의 속도가 느려진다. 소련은 경제 활동이 느려지는 것을 받아들이지 못해서 관료가 주도하는 독재국가가 되어버렸다.

탈성장 코뮤니즘이 목표하는 생산 과정의 민주화는 사회 전체의 생산에도 변화를 일으킨다. 신기술을 특허로 보호해 제약회사나 GAFA 같은 일부 기업이 막대한 이윤을 독점하게 하는 지적재산권이나 플랫폼 독점은 금지될 것이다. 지식과 정보는 사회 전체의 '커먼'이어야 마땅하다. 우리는 본래 지식에 있던 '근본적 풍요'를 회복시켜야 한다.

물론 그러다 보면 이윤 획득과 시장 점유율 경쟁이라는 동기가 사라져서 사기업에 의한 혁신이 느려질 가능성이 높다.

그런데 그렇다고 해서 무조건 나쁜 것은 아니다. '인공적 희소성'을 만들어내는 자본주의의 '닫힌 기술' 개발이 오히려 과학과 기술의 발전을 방해할 때도 있기 때문이다. 「고타 강령 비판」에도 쓰여 있듯이, 시장의 강제력에서 해방된 개개인이 능력을 마음껏 발휘하여 새로운 혁신으로 효율화와 생산력 상승을 일으킬 가능성도 충분히 있다.

정리하면, 코뮤니즘의 목표는 노동자와 지구를 우선하는 새로운 '열린 기술'을 '커먼'으로서 발전시키는 것이다.

탈성장 코뮤니즘의 주춧돌 ⑤―필수 노동 중시
사용가치경제로 전환하여 노동집약적인 필수 노동을 중시하자

제4장에서 확인했듯이 마르크스는 만년에 생산력 지상주의와 결별하고 자연적 제약을 받아들이기에 이르렀다. 이 점과 관련하여 최근 유행하는 자동화와 AI화에 명확한 한계가 있음을 강조하고 넘어가겠다.

일반적으로 기계화가 어려워서 인간이 노동하지 않으면 안 되는 부문을 가리켜 '노동집약적산업'이라고 하며, 돌봄노동은 그 전형적인 예다. 탈성장 코뮤니즘은 노동집약적산업을 중시하는 쪽으로 사회의 방향을 전환한다. 그리고 그 전환에 의해서도 경제 활동의 속도가 느려진다.

우선 명백한 사실은 돌봄노동을 자동화하기란 매우 어렵다는 것이다. 돌봄을 비롯해 소통이 중요한 사회적 재생산 영역에서는 획일화와 매뉴얼화를 철저하게 하려 해도, 필요한 작업이 복잡하고 경우의 수도 많은 탓에 늘 변수가 발생한다. 변수를 도저히 제거할 수 없기 때문에 로봇이나 인공지능으로는 전부 대응하지 못하는 것이다.

이런 특성이야말로 돌봄노동이 '사용가치'를 중시하는 생산이라는 사실을 증명해준다. 예컨대 사회복지사의 일이란 단순히 매뉴얼에 따라 식사와 목욕과 옷 갈아입기 등을 도와주는 것이 아니다. 매일매일 상대의 고민을 들어주면서 신뢰관계를 쌓는 동시에 사소한 변화로부터 상대의 몸과 마음을 살피고 그때그때 유연하게 상대의 성격과 배경에 맞춰 대처해야 한다. 보육사나 교사의 일도 마찬가지다.

이런 특성 때문에 돌봄노동은 '감정노동'이라고 불린다. 벨트 컨베이어에서 이뤄지는 작업과 달리 감정노동은 상대의 감정을 무시하면 엉망진창이 된다. 그래서 감정노동은 한 노동자가 돌보는 사람의 수를 두 배, 세 배 늘리는 식으로 생산성을 올릴 수 없다. 돌봄과 소통에 충분히 시간을 들여야 하기 때문이다. 그리고 무엇보다 돌봄노동을 받는 이들이 빠른 속도를 원하지 않는다.

물론 돌봄과 간호 과정을 철저하게 패턴으로 만들어 효율을 높일 수는 있다. 하지만 돈벌이(=가치)를 좇아 노동 생산성을 과도하게 추구하면, 최종적으로는 서비스의 질(=사용가치) 자체가 저하될 수밖에 없다.

이렇듯 기계화가 어렵다는 이유로 오늘날 노동집약적인 돌봄 노동 부문은 생산성이 '낮고' 비용이 많이 든다고 여겨지고 있다. 그래서 관료부터 현장 감독까지 관리자들이 노동 현장에 무리한 효율화를 요구하기도 하고, 이해하기 어려운 개혁과 비용 절감을 단행하기도 한다.

불쉿 직업 대 필수 노동

자본주의사회에서 필수 노동에 가해지는 압박의 이면에는 '가치'와 '사용가치'의 극단적인 괴리라는 문제가 숨어 있다.

현재 고임금을 받는 부문으로 마케팅, 광고, 컨설팅, 금융업, 보험업 등이 있는데, 이런 일들은 얼핏 중요해 보이지만 실은 사회의 재생산에 거의 쓸모가 없다.

데이비드 그레이버가 지적했듯이, 이런 부문에서 일하는 당사자들조차 자신의 일이 없어져도 사회에 아무런 문제가 없음을 알고 있다고 한다. 이 세상에는 무의미한 '불쉿 직업bullshit job'[*]이 넘쳐나는 것이다.

---

[*] '불쉿 직업'이라는 역어는 『불쉿 잡』(데이비드 그레이버 지음, 김병화 옮김, 민음사 2021)의 옮긴이가 쓴 일러두기를 참고했다.

생각해보자. 우리는 쓸데없는 회의를 끝도 없이 하고, 쓸데없이 발표 자료에 공을 들이며, 누구도 안 볼 것 같은 페이스북의 회사 홍보 기사를 정리하고, 포토샵으로 사진을 매만진다.

이와 관련해 현재 상황 자체가 모순적인데, '사용가치'를 거의 만들어내지 않는 노동이 고임금을 받아서 그쪽으로 사람들이 쏠리는 것이다. 그 반면 사회의 재생산에 반드시 필요한 필수 노동('사용가치'가 높은 것을 만들어내는 노동)은 저임금인 탓에 항상 인력 부족에 시달리고 있다.

이 모순을 풀기 위해서라도 '사용가치'를 중시하는 사회로 바꿔어야 한다. 필수 노동이 제 가치를 인정받는 사회로 말이다.

이런 변화는 지구 환경에도 바람직하다. 돌봄노동은 사회적으로 유용할 뿐 아니라 자원을 적게 쓰고 탄소를 조금 배출하기 때문이다. 또한 경제 성장이 지상 목표가 아니게 되기에 남성중심적인 제조업 중시에서 벗어나 노동집약적인 돌봄 노동 중시로 나아가는 새로운 길도 열릴 것이다. 노동의 양상이 그렇게 변하는 것은 에너지 수지 비율이 저하될 미래 사회와도 어울린다.

계속 반복하지만, 이 대목에도 경제 활동이 감속할 계기가 있다. 돌봄노동의 생산성을 높이는 것이 돌봄노동의 질을 높여주진 않기 때문이다.

돌봄 계급의 반역

탈성장 코뮤니즘이 돌봄노동에 주목하는 것은 그저 환경 친화적이라서가 아니다. 지금 세계 각지에서 자본주의의 논리에 대항하여 들고일어나는 이들이 바로 돌봄노동 종사자들이기 때문이다. 데이비드 그레이버는 이런 현상을 '돌봄 계급의 반역revolt of the caring classes'이라고 했다.[19]

현재 돌봄노동자로 대표되는 필수 노동자들은 사회에 보탬이 되고 보람이 있는 노동을 한다는 이유로 저임금과 장시간 노동을 강요당하고 있다. 그야말로 보람을 착취당하는 것이다. 게다가 의미 없는 관리와 번거로운 규칙만 늘릴 뿐 실제로는 쓸모없는 관리자들이 필수 노동자들을 괴롭히고 있다.

그랬지만 드디어 필수 노동자들이 저항하기 위해 일어서고 있다. 그들도 이 이상 노동 조건 악화를 못 견디는 것이다. 그리고 무엇보다 비용 절감 때문에 자신이 제공하는 서비스의 질이 저하되는 걸 참지 못하는 것이다.

그 결과 일본에서도 보육사 일제 퇴직, 의료 현장의 이의 제기, 교사 파업, 간호사 파업 등이 눈에 띄게 일어나고 있다. 그 외에 편의점의 24시간 영업을 그만하자는 주장이나 고속도로 휴게소 노동자의 파업도 늘어나고 있다. 이런 일들은 SNS로 확산되어 많은 사람들의 지지를 받고 있다.[20]

이 흐름은 세계적인 것이다. 이런 연대의 흐름을 더욱 넓게, 그리고 더욱 근본적이며 급진적인 흐름으로 이어갈 수 있을까? 지금 이 순간 우리는 그들과 연대할 수 있을까? 아니면 '사용가치'를 소홀히 여기며, 쓸데없는 일을 중시하는 '불쉿 경제'에 연연할까?

우리는 지금 갈림길에 서 있다. 한쪽은 상호부조의 강화로, 다른 쪽은 분열의 심화로 이어진다. 잘 선택하면 더욱 민주주의적이고 상호부조가 이뤄지는 공동체가 다시금 형성되어 지금과 다른 사회로 나아갈 수 있을 것이다.

자주 관리를 실현하자

우리는 '돌봄 계급의 반역'이 일시적인 저항 활동에 그치지 않고, 자주 관리까지 이어질 가능성에도 주목해야 한다.

이 가능성이 나타난 사례가 있다. 2019년 도쿄의 세타가야구에 있던 한 보육원이 갑자기 파산을 선언하고 폐원하면서 벌어진 일이다.

실은 몇 년 전부터 무책임한 보육원 경영이 사회문제로 대두되고 있었다. 이익을 중시하는 경영회사가 보육원의 경영 상태가 나빠지면 갑자기 폐원해버리는 것이다.

아이들과 보호자들의 생활을 고려해보면 급작스러운 폐원은 난처하기 그지없는 일이다. 그런 상황에서 보육사들은 경영회사의 일방적인 폐원에 당황하면서도 노동조합 '개호·보육 유니언介護·保育ユニオン'의 힘을 빌렸다. 그리고 무려 보육원을 스스로 운영하는 길을 선택했다.

그러자 겉만 번지르르하던 허수아비의 실체가 탄로 났다. 이윤을 우선하는 회사 경영자와 회사가 고용한 원장 중에는 평소에 자신이 대단한 사람인 양 으스대는 이들이 있었는데, 그들의 일이 전형적으로 쓸모없는 일, 즉 '불쉿 직업'이었다는 사실이 밝혀진 것이다. 현실에서 보육원 운영을 맡은 이들은 바로 보육사들이었다. 그 때문에 경영자가 없어도 문제없이 보육원 사업을 계속할 수 있었다.

물론 애초에 경영 상황이 좋지 않았던 보육원에서 인건비를 어렵게 모으며 보호자와 신뢰를 쌓기란 쉽지 않았을 것이다. 하지만 보육사들의 자주 운영 사례는 노동자들이 경영자의 보람 착취를 거부할 수 있다는 것을 증명해준다.

이 사례는 그야말로 생산 영역에서 노동자들이 자주 관리를 스스로 되찾아 서비스의 질을 지켜낸 적극적인 '반역'이라 할 수 있다. 나아가 노동자(보육사)와 소비자(보호자)가 연대함으로써 더욱 안정적인 협동조합 방식으로 자주 운영을 해낼 수 있다는 가능성도 보여주었다.

탈성장 코뮤니즘이 물질대사의 균열을 메운다

마지막으로 탈성장 코뮤니즘이라는, 마르크스의 도달점을 다시 한 번 정리하겠다.

마르크스가 만년에 펼친 주장을 요약하면, 생산을 '사용가치'를 중시하는 방향으로 바꿔서 쓸모라고는 없는 '가치'를 만들어내는 생산을 줄이고 노동 시간도 단축하자는 것이었다. 그러려면 노동자들의 창조성을 빼앗는 분업을 줄이고, 그와 동시에 생산 과정의 민주화도 이뤄야 한다. 노동자들은 시간이 걸려도 괜찮으니 생산과 관련한 의사결정을 민주적으로 해야 한다. 또한 사회에 유용하고 환경 부하가 적은 필수 노동의 사회적 평가도 지금보다 높여야 한다.

그 결과는, 경제 활동의 감속이다. 물론 그간 자본주의의 경쟁 사회에 물들어 있었던 이들에게 감속 같은 발상은 받아들이기 어려우리라 짐작한다.

그렇지만 이윤 최대화와 경제 성장을 끝없이 추구하는 자본주의로는 지구 환경을 지킬 수 없다. 자본주의는 인간도 자연도 모두 수탈 대상으로 삼아버린다. 자본주의는 인공적 희소성으로 수많은 사람들을 가난하게 만든다.

그에 비해 한층 느린 경제사회를 만들어낼 탈성장 코뮤니즘은 인간의 욕구를 채우는 동시에 환경문제에 대처할 여지도 넓힌다.

생산 민주화와 감속으로 인간과 자연의 물질대사에 벌어진 균열을 메우는 것이다. 물론 그 과정은 전력과 물 공영화, 사회적 소유 확충, 필수 노동 중시, 농지 개혁 등을 아우르는 포괄적 프로젝트여야 한다.

이렇게 말하면 지금껏 살펴본 노동자협동조합의 번성과 돌봄계급의 반역 같은 사례들이 너무 사소한 저항으로 보일지도 모르겠다. 그럴 수 있다. 하지만 현재 전 세계에는 그 외에도 자본주의에 저항하는 수많은 활동이 존재한다. 그런 저항들이 점에서 면으로 확장되고 있다.

특히 글로벌 자본주의 탓에 피폐해진 도시에서 사람들의 고통을 줄이기 위해 모색된, 새로운 경제를 추구하는 물결이 일어나고 있다. 현재 그런 운동은 세계 각지의 도시, 나아가 나라의 정치를 움직일 정도로 거대해지고 있다.

그런 저항운동이 모두 탈성장을 내걸고 있지는 않고, 의식적으로 코뮤니즘을 목표하고 있지도 않다. 하지만 탈성장 코뮤니즘의 새싹을 품은 운동들이 퍼지고 있는 건 분명하다. 왜냐하면 '인신세'라는 환경 위기의 시대에 자본주의와 맞서서 지금과 전혀 다른 사회를 만들어내려 하는 운동은 필연적으로 탈성장 코뮤니즘을 지향하게 마련이기 때문이다.

부엔 비비르

새로운 사회의 가능성은 '부엔 비비르buen vivir'라는 개념이 널리 퍼지는 것에서도 드러난다. 이 말을 직역하면 '좋은 삶'이라고 할 수 있는데, 에콰도르 선주민들이 쓰던 말을 스페인어로 옮긴 것이다. 2008년 에콰도르에서는 헌법을 개정하며 이 말을 사용했다. 국민의 '부엔 비비르'를 실현하는 것이 국가의 의무로 명기된 것이다.

'부엔 비비르'는 점차 남아메리카로 퍼져 나갔고, 지금은 유럽과 미국의 좌파들도 쓰고 있다. 서양식 경제 발전만 추구하지 말고 선주민의 지혜를 더욱 공부하자고 가치관이 전환된 것인데, 그 현상이 세계적으로 확산된 것이다. 널리 알려진 부탄의 '국민총행복GNH, Gross National Happiness'*도 비슷한 사례다.

또한 미국의 스탠딩 록Standing Rock에서 벌어진 석유 파이프라인 건설 반대운동에서는 신성한 수원을 지키기 위해 선주민과 백인이 협력하여 대규모 항의 활동을 펼쳤다. 이 운동에 관여했던 저널리스트 나오미 클라인Naomi Klein도 지금은 자본주의 극복을 강하게 주장하고 있다.

---

* 부탄에서 1970년에 만들어진 개념으로 문화적 전통 유지, 환경 보호, 부의 분배 등으로 국민의 삶의 질을 높이는 것을 우선하겠다는 국정 철학이 담겨 있다. 이에 영향을 받아 OECD에서도 GNH 관련 지수들을 조사해 발표하고 있다.

나오미 클라인의 활동 중 주목하고 싶은 것은 당시 그가 "현 세대는 미래 세대를 보호할 의무가 있고 모든 생명이 서로 연결되어 있음을 강조하는 원주민 문화의 가르침을 겸허하게 수용"할 필요가 있다고 했던 것이다.[21] 그리고 나오미 클라인 역시 탈성장을 지지하고 있다.

지금, 기후 위기를 계기로 유럽중심주의를 재고하고 글로벌 사우스에서 배우려 하는 새로운 운동이 일어나고 있다. 바로 마르크스가 만년에 바랐던 대로.

코뮤니즘의 새싹들은 기후 위기가 심각해질수록 더욱 야심을 품고 21세기의 환경혁명으로 피어날 가능성을 준비하고 있다.

마지막 장에서는 그 새싹들을 소개하겠다.

기후 정의라는 '지렛대'

Das Kapital im Anthropozän

마르크스의 '렌즈'로 살펴보는 실천

탈성장 코뮤니즘의 씨앗이 전 세계에서 싹트고 있다. 이 책의 마지막 장에서는 만년기 마르크스의 '렌즈'를 통해 몇몇 도시에서 이뤄지고 있는 혁신적 시도를 깊숙이 들여다보겠다. 이 책이 발굴한 마르크스의 새로운 렌즈를 사용하면, 오늘날의 운동과 실천이 어떤 측면을 더욱 발전시켜야 하는지 자연스레 알 수 있다. 만년기 마르크스 덕에 세계가 다르게 보이는 것이다. 이론이란 바로 그러기 위해서 필요하다.

물론 반대로 이론가가 지난한 현장과 저항운동 등에서 배우기도 한다. 마르크스가 진보사관을 버리고 탈성장을 받아들인 배경에도 글로벌 사우스를 향한 관심이 있었다. 글로벌 사우스에 진지하게 관심을 기울인 끝에 마르크스의 가치관이 크게 바뀐 것이다. 만약 마르크스가 유럽중심주의를 계속 고집했다면, 만년의 인식에 도달하기란 불가능했을 것이다.

마르크스가 만년에 글로벌 사우스로부터 배운 자세는 21세기 들어 더욱 중요해지고 있다. 왜냐하면 제1장에서 살펴봤듯 자본주의가 일으킨 환경 위기의 모순이 전가와 외부화 탓에 글로벌 사우스에서 가장 격렬해지고 있기 때문이다.

자연 회귀가 아닌 새로운 합리성이 필요하다

오해하지 않도록 거듭 이야기하지만, 마르크스가 만년에 했던 주장은 도시 생활과 첨단 기술을 버리고 촌락공동체 사회로 돌아가자는 것이 아니었다. 이미 불가능한 일이고, 그런 생활을 이상화할 필요도 없다. 촌락공동체 같은 생활에도 이런저런 문제가 있으며 도시에도 기술 발전에도 높게 평가할 점은 많이 있다. 도시와 기술의 합리성을 전부 부정해버릴 필요는 전혀 없다.

그렇지만 현재의 도시에는 문제가 많으며 수정이 필요하다. 공동체의 상호부조가 속속들이 해체되었고, 막대한 에너지와 자원을 낭비하는 지속 불가능한 생활을 하고 있기 때문이다. 다르게 말하면 도시화가 도를 지나친 상태다.

그 결과 도시는 이산화탄소 배출량 중 약 70퍼센트를 차지하고 있다. 기후 위기와 맞서 상호부조를 되찾으려면, 도시 생활을 바꿔야 한다. 도시를 버리고 산골에 틀어박힌들, 최종적으로 지구 전체가 '대홍수'에 휩쓸리면 아무것도 남지 않을 것이다. 지금 우리는 자본이 만들어낸 도시라는 공간을 비판하고 새로운 도시의 합리성을 만들어낼 필요가 있다.

다행히 합리적이고 생태적인 도시 개혁이 지방자치단체에서 조금씩 움트고 있다. 그중에서 전 세계의 주목을 받고 있는 것이 '두려움을 모르는 도시Fearless Cities'라는 기치를 내건 스페인 바르셀로나와 그에 동조해 함께 투쟁하는 세계 각국의 자치단체들이다.

지금부터 바르셀로나의 시도를 만년기 마르크스의 관점에서 평가해보겠다. 그러면 바르셀로나의 혁명적 의의가 드러날 것이다.

'두려움을 모르는 도시' 바르셀로나의 기후비상사태선언

'두려움을 모르는 도시'란 국가가 강압하는 신자유주의적 정책에 반기를 든 혁신적 지방자치단체를 가리킨다. 그 도시들은 상대가 국가든 세계적 기업이든 두려워하지 않고, 주민을 위해 행동하는 것을 목표한다.

에이비앤비Airbnb의 영업일수를 규제한 암스테르담과 파리, 글로벌 기업의 제품을 학교 급식에서 제외한 그르노블 등 여러 도시의 정당과 시민단체가 '두려움을 모르는 도시' 네트워크에 참가하고 있다.* 자치단체 한 곳의 노력만으로는 글로벌 자본주의

---

* '두려움을 모르는 도시'의 홈페이지(www.fearlesscities.com)에서 참가 현황을 살펴볼 수 있다.

를 바꿀 수 없기 때문에 전 세계 여러 도시와 시민이 연계하고 지혜를 교환하며 새로운 사회를 만들어내려 하는 것이다.

특히 처음 '두려움을 모르는 도시'로 나선 바르셀로나 시정은 야심만만한 시도를 하고 있다. 그런 혁신적인 자세는 2020년 1월에 발표한 바르셀로나의 '기후비상사태선언'에도 잘 드러난다.

그 선언은 '기후 변화를 멈추자.'라는 얄팍한 호소만 하는 데 그치지 않는다. 2050년까지 탈탄소화(이산화탄소 배출량=0)를 이루겠다는 목표를 명확히 밝히고, 수십 면에 걸친 분석과 행동 계획까지 담고 있다. 그 선언을 보면 아무리 대도시라지만 수도가 아닌 일개 지방자치단체에 그 정도 정책을 책정할 능력이 있다는 데 놀라게 된다. 심지어 그 선언은 자치단체 직원이 쓴 것도, 전문가 집단이 제안한 것도 아니다. 시민의 힘이 결집한 결과물이다.

선언서의 행동 계획을 보면 포괄적이며 구체적인 항목이 240개 이상 이어진다. 도시 공공 공간의 녹지화, 전력과 식량의 자급자족, 공공 교통기관의 확충, 자동차·비행기·선박 제한, 에너지 빈곤 해소, 쓰레기 삭감·재활용 등 이산화탄소 배출량 감소를 위한 전면적 개혁 계획이 담겨 있다.

구체적인 내용을 살펴보면 항공기의 단거리 노선 폐지, 시가지에서 자동차의 제한속도 강화(시속 30킬로미터) 등 글로벌 기업과 대치하지 않으면 실현할 수 없는 것도 많다. '두려움을 모르는

도시'로서 투쟁심을 드러낸 것이다. 선언문에서는 내내 경제 성
장이 아니라 시민의 생활과 환경 보호를 우선하겠다는 의지가 뚜
렷이 읽힌다. 마르크스가 탈성장 사회의 핵심이라 했던 '가치'에
서 '사용가치'로 전환을 바르셀로나의 선언에서 찾아낼 수 있는
것이다.

실제로 선언의 '경제 모델 변혁' 항목에서는 탈성장 사회를 추
구하는 자세가 더욱 분명히 나타난다.

> 기존 경제 모델은 변함없는 성장과 이윤 획득을 위한 무한한
> 경쟁에 기초하기에 자연자원의 소비가 계속 늘어나고 있다. 그
> 와 동시에 경제 격차도 현저하게 벌어지고 있다. 풍요로운 나
> 라의 일부 초부유층에 의한 지나친 소비가 세계적인 환경 위
> 기, 특히 기후 위기의 대부분 원인임은 틀림없는 사실이다.[1]

자본주의에서 일어나는 끝없는 이윤 경쟁과 과잉 소비가 기후
변화의 원인이라고 신랄하고 강하게 비판하고 있다. 이와 같은
급진적인 주장이 시민들 사이에서 대두되어 지지를 얻고 시정을
움직이는 데 이른 것이다. 이 일련의 흐름에야말로 미래를 위한
희망이 있다.

사회운동이 낳은 지역정당

당연하지만, 바르셀로나의 획기적인 선언은 하룻밤 사이에 만들어진 것이 아니다. 선언에 이르기까지 10년에 걸친 시민들의 끈질긴 노력이 있었다.

스페인은 리먼 브라더스 사태로 촉발된 EU의 경제 위기에서 가장 큰 타격을 입은 나라 중 하나다. 당시 실업률이 25퍼센트나 되었고, 빈곤이 확산되었으며, EU가 강요한 긴축 정책에 따라 사회보장과 공공 서비스를 축소할 수밖에 없었다.

바르셀로나에서는 그 빈궁함을 뒤쫓듯이 오버투어리즘 overtourism, 즉 지나치게 발전한 관광업이 일반 시민의 생활을 압박했다. 본래 시민을 위한 것이던 임대주택을 관광객용 '민박'으로 전환하는 집주인들이 속출했다. 집세도 급등하여 주거지를 잃은 서민이 많아졌다. 당연히 물가도 올랐다. 바르셀로나는 신자유주의적 세계화의 모순이 분출되는 도시였던 것이다.

결국 가혹한 상황에 견디다 못한 젊은이들을 중심으로 2011년에 '15M 운동'이라 불리는 광장점거운동이 시작되었다. 형태를 바꾸며 계속된 그 운동의 성과 중 하나가 바로 '바르셀로나 엔 코무Barcelona en Comú'라는 지역 밀착형 시민 플랫폼 정당이다.(영어로 하면 '바르셀로나 인 커먼Barcelona in Common'이다.)

2015년의 지방선거에서 이 정당은 막 만들어졌음에도 약진하여 당의 중심인물인 아다 콜라우Ada Colau가 바르셀로나 시장으로 취임했다. 바르셀로나 최초의 여성 시장이기도 한 아다 콜라우는 반빈곤운동, 그중에서도 주거의 권리를 위한 운동을 해왔던 사회 활동가였다.

운동과 접점을 버리지 않은 새 시장은 풀뿌리의 목소리를 시정에 반영할 수 있도록 시스템을 정비했다. 반상회 같은 역할을 하는 주민 모임의 의견도, 수도와 에너지 등 '커먼'의 영역에서 일하는 사람들의 의견도 꼼꼼히 정성스레 건져 올렸다. 시청사를 시민에게 개방했고 시의회는 시민의 의견을 한데 모아 정리하는 플랫폼으로 기능하도록 했다. 그렇게 사회운동과 정치가 훌륭하게 연결되었다.

앞서 소개한 기후비상사태선언의 초고를 작성하는 과정도 비슷했다. 선언문은 200개 남짓한 단체에서 300명이 넘는 시민이 참여한 '기후비상사태위원회'의 검토를 거치며 집필되었다. 자연에너지 공영기업Barcelona Energia과 주택공단 등에서 일하는 사람들도 워크숍에 참가했다.

기후비상사태선언은 사회적 생산 현장에서 일하는 각 분야의 전문가를 비롯해 노동자와 시민이 공동 집필을 한 것이다. 그 선언 자체가 실로 다양한 시민 참가형 프로젝트였다. 그랬기에 그토록 구체적인 개혁안이 나올 수 있었다. 마르크스가 말했듯 생산 영역에서 사회를 변혁으로 이끄는 지혜가 자라난 것이다.

기후 변화 대책을 만들어내는 횡적 연대

물론 지금껏 바르셀로나에서는 물, 전력, 주택 등을 둘러싸고 다양한 사회운동과 프로젝트가 펼쳐져왔다. 하지만 수도 공영화를 비롯해 사안별로 뿔뿔이 이뤄지고 있었는데, 그 운동들을 서로 연결해준 것이 기후 변화 문제다. 한 가지 사안만 다루던 개혁들이 기후 변화 대책이라는 관점이 더해지니 개별 문제를 뛰어넘어 횡적 연대를 하게 된 것이다.

전력문제를 예로 들어보겠다. 전기료를 인상하면, 빈곤 세대는 곧장 피해를 입는다. 그에 비해 지역 생산·지역 소비를 목표하는 공영 재생에너지로 전환하면, 지역 경제가 활성화하고 수익을 지역 공동체에 활용할 수 있다. 재생에너지 전환은 기후 변화 대책뿐 아니라 빈곤 대책이기도 한 것이다. 다른 예로 태양광 패널을 갖춘 공영 주택을 건설하면, 환경 친화적인 동시에 시민의 생활 공간을 확보하여 자본이 호시탐탐 노리는 젠트리피케이션에 저항할 수 있다. 또한 지역에서 생산하여 지역에서 소비하는, 즉 지산지소地産地消의 새로운 경제 활성화는 지역에 새로운 일자리를 만들어내어 청년 실업 문제도 개선한다.

기후 변화 문제를 매개로 수많은 운동들이 연대하면 경제, 문화, 사회를 아우르는 더욱 커다란 시스템 변혁을 추구할 수 있다. 이런 연대의 목표는 바로 자본주의가 만들어낸 인공적 희소성을

'커먼'의 '근본적 풍요'로 바꾸는 것이다.

협동조합이 만들어내는 참여형 사회

바르셀로나의 시도는 정책 내용은 물론 운동 방법론도 혁신적이었다. 그토록 혁신적인 시도를 차례차례 성공해서 시민의 지지를 얻을 수 있었던 비결 중 하나가 전통 있는 노동자협동조합이다. 그렇다. 마르크스가 "'가능한' 코뮤니즘"이라고 했던 노동자협동조합 말이다.

예전부터 스페인은 협동조합이 융성한 곳이었고, 그중에서도 바르셀로나는 노동자협동조합 외에 생활협동조합, 공제조합, 유기농 작물 소비 그룹 등 많은 단체가 활동하는 '사회연대경제'의 중심지로 유명하다. 사회연대경제가 바르셀로나의 전체 일자리 중 8퍼센트에 이르는 5만 3000개를 창출하고, 바르셀로나 총생산의 7퍼센트를 차지할 정도다.[2]

노동자협동조합의 활동은 무척 폭이 넓어서 제조업, 농업, 교육, 청소, 주택 등 분야에서 여러 사업을 펼치고 있다. 청년 대상 직업 교육, 실업자 지원, 지역 주민 교류 같은 활동들로 오버투어리즘과 젠트리피케이션에 대항하는 주민 주도형 도시를 만들어 낼 길을 모색하고 있다.

자치단체와 협동조합의 연대는 양쪽 모두에 좋은 결과를 이끌어낸다. 이를테면 자치단체가 공공 조달의 공급자를 결정할 때 공정성과 지역적인 것을 우선함으로써 협동조합이 수주하는 경우가 늘어나는 것이다.

또한 협동조합의 의견이 시정에 반영되어서 정치도 사회운동도 활발해진다. 단기적인 이윤 추구가 아니라 조합원들의 자율과 참여, 상호부조를 중시함으로써 생산 영역을 뛰어넘어 정치에서도 참여민주주의를 촉진하는 것이다. 그렇게 지금껏 없었던 시민과 정치의 역동적 관계가 생겨나면 양쪽 모두에게 더 나은 성과를 낼 수 있다.

이런 것이야말로 약탈의 경제 모델에서 지속 가능하며 상호부조를 중시하는 '참여사회주의'로 전환하는 첫걸음이다. 그 과정에는 마르크스가 말했던 '어소시에이션'이 존재한다.

기후 정의를 이뤄내는 경제 모델을 향해

자, 슬슬 바르셀로나의 기후비상사태선언에서도 가장 획기적인 부분을 살펴보겠다. 바르셀로나는 이렇게 강조한다. 선진국 대도시들은 자신들이 기후 변화에 끼치는 막대한 영향을 분명히 인정해야 하며, 그것을 바로잡는 것이 '기후 정의'를 실천하는 첫걸음이라고.

기후 정의climate justice라는 말이 낯설지도 모르겠는데, 최근 유럽과 미국에서는 매일같이 언론에 등장하고 있는 말이다. 기후 변화를 일으키는 것은 선진국의 부유층이지만, 그 피해를 입는 것은 화석연료를 그다지 사용하지 않았던 글로벌 사우스의 사람들과 미래 세대다. 이 불공정을 해소하고 기후 변화를 멈춰야 한다는 사고방식이 기후 정의다.

바르셀로나의 선언은 기후 정의에 걸맞은 경제 시스템으로 변화하기 위해 가장 피해를 입기 쉬운 글로벌 사우스의 여성들이 내는 목소리에 귀 기울여야 한다고 강조한다. "사실 기후 위기 때문에 이주를 할 수밖에 없는 사람들의 80퍼센트가 여성이다. 그들은 피해자인 동시에 중요한 돌봄 제공자이기도 하다. 기후비상사태와 맞서려 한다면, 지속 불가능하며 불공정한 경제 모델을 바꿔야 한다."

뒤이어 바르셀로나의 선언은 분명히 표명한다. 선진국 대도시는 "협동적인 돌봄노동" 및 타인이나 자연과 맺는 "우호적 관계"를 중시하여 "누구도 뒤처지지 않는" 사회로 전환하는 것을 앞장서서 이끌 책임이 있다고. 물론 그 비용을 부담하는 것은 "가장 특권적인 지위의 사람들"이라고 단호하게 주장한다.[3] 그야말로 '돌봄 계급의 반역'이다.

국경을 뛰어넘는 '지방자치주의'

바르셀로나의 사례에서 가장 중요한 점은 선진국 일개 도시의 운동에 만족하지 않고, 글로벌 사우스를 아우르는 관점을 지니고 있다는 것이다. 그런 자세 덕에 자본의 전제에 맞서는 국제적 연대가 만들어지고 있다.

실제로 바르셀로나에서 시작된 '두려움을 모르는 도시' 네트워크는 아프리카, 남아메리카, 아시아 등으로 확산되어 77개의 거점에서 함께하고 있다.

'두려움을 모르는 도시'가 과감히 도전할 수 있는 이유는 시민 간 상호부조만이 아니라 도시 간 협력 관계도 있기 때문이다.

예컨대 신자유주의 정책이 극성을 부리던 시대에 민영화했던 수도 사업을 다시 공영화하기 위해 필요한 노하우도 네트워크에서 공유되고 있다. 민간 수도 사업자는 거대한 글로벌 기업인 경우가 많은데 그들과 교섭하는 과정은 가혹할 정도로 격렬하고 때로는 소송이 벌어지기도 한다. 그럴 때 '두려움을 모르는 도시'의 국제적인 횡적 연대에서 도움이 되는 지식을 구할 수 있다.

이처럼 국경을 뛰어넘어 연대하는 혁신 자치단체의 네트워크 정신을 가리켜 '지방자치주의municipalism'라고 한다.[4] 기존의 폐쇄적인 지방자치단체와 대조적으로 국제적으로 열려 있는 자치주의를 추구하는 것이다.

글로벌 사우스의 가르침

지방자치주의에 기초한 시도가 처음부터 완벽하지는 않았다. 유럽과 미국에서 처음 지방자치주의가 시작되었을 무렵에는 외려 글로벌 사우스의 비판과 직면했다고 한다. 지방자치주의라고 해도 어차피 선진국의 백인 중심 운동이지 않느냐는 비판이었다.

사실 국가에 의존하지 않는 참여민주주의와 공동 관리를 처음 시도한 것은 글로벌 사우스다. 세계적으로 가장 유명한 것은 멕시코 치아파스주의 선주민이 주도한 사파티스타Zapatista 저항운동일 듯싶다. 1994년 북미자유무역협정NAFTA이 발효되던 무렵에 운동이 시작되었는데, 유럽과 미국의 지방자치주의보다 훨씬 앞서 신자유주의와 글로벌 자본주의에 반기를 내걸었다.*

또 다른 예를 들면, 고통을 겪는 사람들의 국제적 연대라는 의미에서 국제농민조직 비아 캄페시나Via Campesina(스페인어로 '농민의 길')도 있다. 비아 캄페시나는 농산품 무역의 자유화가 가속하던 1993년에 결성되었으며, 전 세계 180여 개 참가 단체 중 중남아메리카의 단체가 가장 많다. 그야말로 글로벌 사우스의 목소리인 것이다.

농업을 우리 손으로 되찾아 우리가 자주 관리를 하는 것은 살

---

* 한국에는 사파티스타 민족해방군으로 대표되는 무장 게릴라 운동이라 널리 알려져 있지만, 사실 궐기 이후에는 신자유주의와 세계화에 저항하는 정치적 운동을 주로 하고 있다.

아가기 위해 필요한 당연한 권리다. 이런 권리를 비아 캄페시나는 '식량 주권'이라고 했다.

중소 규모 농업 종사자가 많이 참여하는 비아 캄페시나는 전통적 농업과 농생태학agroecology을 추구하며, 당연히 환경 부하가 적은 쪽을 지향한다. 이 단체가 결성된 1990년대는 냉전 종결 후 이산화탄소 배출량이 급증하던 시기였다. 그 이면에서 사파티스타와 비아 캄페시나 같은 혁신적 저항운동이 펼쳐졌던 것이다.

글로벌 자본주의가 환경 파괴를 멈추지 않던 시대에 잠들어 있던 쪽은 선진국이 아니었을까. 사파티스타와 비아 캄페시나 같은 선구적 운동을 제대로 평가하고 그들에게서 배워야 하지 않을까. 글로벌 사우스는 오랫동안 이런 질문을 던져왔던 것이다.[5] 현재 80여 개국에서 2억 명이 넘는 농업 종사자가 비아 캄페시나에 참여하고 있는데, 그에 대해 아는 선진국 사람은 얼마나 될까.

새로운 계몽주의의 무력함

이 책이 '제국적 생활양식'과 '생태제국주의'를 비판하면서 시작했던 걸 떠올려보자. 앞서 글로벌 사우스를 희생양 삼아 부를 약탈하고 환경 부하를 전가함으로써 선진국이 풍요로운 생활을 누릴 수 있었다고 비판했다.

환경 부하를 글로벌 사우스에 떠넘기는 '외부화 사회', 즉 선진국 사회에서 우리는 불공정을 외면하고 지구에서 정말로 무슨 일이 벌어지고 있는지 알려고 하지 않으며 계속 자본주의의 꿈을 꿔왔다.

지속 가능하고 공정한 사회를 목표한다면, 제국적 생활양식과 생태제국주의에 도전해야 한다. 선진국 내에서 소비 패턴을 바꾸는 정도로는 문제를 해결할 수 없다. 전 세계적인 대전환이 필요한 것이다.

다만 글로벌 사우스에서 벌어지는 수탈에 대해 '세계 시민' 같은 세계주의적 이념을 갖고 와서 '계몽주의'가 필요하다고 주장하기만 해서는 결코 문제를 해결할 수 없다. 잔혹한 현실에 대고 추상적인 이념을 대치시킨들 공허할 뿐이다.

그보다는 수탈에 맞서 현실에서 저항을 실천하는 쪽으로 눈을 돌려야 한다. 그러는 와중에 국제적 연대 경제를 세울 구체적인 계기를 찾아내는 것이 결정적으로 중요하다.

바로 그런 것을 마르크스가 만년에 시도하려 했다. 자본주의의 외부, 오늘날로 치면 글로벌 사우스에서 자본주의의 잔혹함이 노골적으로 드러난다는 사실을 마르크스는 깨달았던 것이다.

그 때문에 만년의 마르크스는 인도의 반식민주의운동과 러시아 촌락공동체에서 반자본주의운동의 가능성을 적극적으로 찾아내고 받아들이려 했다. 그 도달점이 제4장에서 살펴본 탈성장 코뮤니즘이다.

마찬가지로 오늘날 지속 가능하며 공정한 사회를 목표하는 지방자치주의의 자치체도 앞선 비판을 수용하여 글로벌 사우스의 저항운동으로부터 적극적으로 배우고 있다. 그중 핵심이 '기후정의'와 '식량 주권'을 추구하는 운동이다.

식량 주권을 되찾다

먼저 식량 주권에 대해 살펴보겠다.

너무나 당연하지만 인간이 살아가려면 식량이 필요하며, 그 때문에 식량은 본래 '커먼'이어야 한다. 그런데 자본주의는 글로벌 사우스에서 기업식 농업 경영agribusiness을 하여 수확물을 선진국으로 수출해버렸다. 그 때문에 농업이 번성한 농산품 순수출국 안에 기아로 고통받는 빈곤층이 수없이 있는 것이다.

이런 현상은 선진국의 식탁을 장식하는 값비싼 수출품을 우선하여 생산하고, 정작 농민의 생존에 필요한 값싼 식량을 기르지 않는 탓에 벌어진다. 그와 더불어 다국적 기업이 특허로 종자와 비료, 농약 등에 대한 권리와 정보를 독점하는 것도 농가에 혹독한 경제적 부담을 지우고 있다.

상품의 '가치'를 좇아 생산을 하는 반면 '사용가치'는 경시하는 자본주의의 모순은 글로벌 사우스에서 매우 가혹한 상황으로 나타나고 있다.

예컨대 남아프리카공화국에는 영국의 식민 지배에서 유래한 인종차별 정책 아파르트헤이트가 남긴 부정적 유산이 있다. 백인 중심인 20퍼센트의 대규모 농가가 남아프리카공화국의 농업 생산액에서 80퍼센트를 차지하고 있는 것이다. 그리고 아프리카 최대의 농산물 수출국 중 하나임에도 남아프리카공화국의 기아율은 26퍼센트에 달한다고 한다.[6] 아파르트헤이트 체제에서 지력이 쇠하고 물을 대기 어려운 토지를 할당받았던 소규모 농가는 자급자족조차 녹록지 않은 것이다. 신흥국인 브릭스BRICS* 중 한 자리를 차지하고 축구 월드컵까지 개최한 나라이지만 실상은 드러난 것과 사뭇 다르다.

이러한 상황에 저항하여 시민들이 2015년부터 '남아프리카공화국 식량 주권 운동South African Food Sovereignty Campaign'(이후 남아공 식량 주권 운동)을 개시했다.[7] 참여한 이들은 소규모 농업 경영자와 농업 노동자, 그리고 NGO와 사회운동 활동가였다. 그들은 풀뿌리부터 협동조합형 농업을 촉진하려고 플랫폼을 만들어냈다. 하향식으로 국가가 주도하는 기업식 농업 경영이 사람들에게 풍요를 가져다주지 못한 것에 대한 반역이라 할 수 있다.

---

* 2000년대를 전후하여 빠르게 경제가 성장한 브라질, 러시아, 인도, 중국, 남아프리카공화국을 아울러 부르는 말.

그들은 가난한 농민들이 지속 가능한 농업에 필요한 지식도 자금도 갖고 있지 않은 상황을 해결하려 했다. 관개시설조차 갖춰지지 않은 땅에서 아무 지식 없이 농업에 뛰어들었던 농민들은 실패할 수밖에 없었고, 빚을 내어 화학비료와 농약을 구입해야 했다. 그렇게 기업식 농업 경영의 먹이가 되어버렸다.

'남아공 식량 주권 운동'은 농민들이 스스로 협동조합을 설립하길 지향한다. 그리고 지역 NGO는 필요한 농기구를 빌려주고 유기농에 대한 교육을 한다. 자본이 독점한 기능을 되찾기 위해 마르크스도 중시했던 직업 훈련을 주의 깊고 꼼꼼하게 하는 것이다. 그럼으로써 유전자 변형 작물이나 화학비료에 의존하지 않고 농민이 종자를 직접 채취하여 관리하는 지속 가능한 유기농이 뿌리 내리기를 목표한다. 그야말로 '커먼'을 되찾으려는 것이다.

글로벌 사우스에서 세계로

물론 식량 주권 운동만으로는 부족하다는 것을 비아 캄페시나도 남아공 식량 주권 운동도 알고 있다. 더욱 거대한 문제가 닥칠 것이기 때문이다. 이 책의 주제, 기후 변화다.

실제 남아공의 농업은 기후 변화의 위협과 직면해 있다. 케이프타운에서는 물 부족이 심각한데, 앞으로 가뭄의 위험성이 비약적으로 높아지리라 예상된다. 가뭄으로 식량 가격이 급등하면 사람들의 생활부터 곧장 피해를 입을 것이다.

그렇기 때문에 농업을 지속 가능하고 안정된 일로 만드는 것만 목표해서는 부족하다. 아예 농업이 불가능한 지경으로 지구 환경이 악화되면 전부 끝장이기 때문이다. 이렇게 식량 주권 운동은 기후 정의 운동과 연결된다. 나아가 지역적인 운동이 전 세계의 운동과도 연결될 수 있다.

이 흐름이 잘 드러난 사례로 남아공 최대 기업에 대한 항의 운동을 소개하겠다.

제국적 생산양식에 도전하다

요하네스버그에 본사가 있는 사솔Sasol사는 석탄, 석유, 천연가스를 취급하는 자원 기업이다. 사솔의 이산화탄소 배출량은 매년 약 6700만 톤에 달하는데, 이 회사만으로 포르투갈의 배출량을 넘어선다. 당연히 사솔이 일으키는 대기오염은 심각하다.

왜 그렇게 이산화탄소 배출량이 많을까. 이유 중 하나는 석유 대체품인 인조석유를 석탄으로 정제하기 때문이다. 아파르트헤이트 시대에 남아공은 경제 제재를 받아 석유를 수입할 수 없었다. 그래서 당시 국영기업이었던 사솔은 나치 독일에서 쓰였던 피셔 트로프슈 공정을 이용해 인조석유를 정제했다.

지금은 남아공에서 원유 수입이 가능해졌지만 인조석유를 정제하는 사업은 계속되고 있고, 다시금 주목도 받고 있다. 석유 자원이 고갈되기 시작해도 석탄은 전 세계에 풍부할 것이기 때문이다. 그래서 석유 대체품을 만드는 방법으로 사솔의 기술이 주목받고 있다. 하지만 석탄에서 제조한 합성연료를 사용하면 석유와 비교해 두 배 가까운 온실가스가 배출된다고 한다. 기후 위기의 시대에 치명적인 전가를 일으키는 기술인 셈이다.

당연히 남아공의 환경활동가들도 인조석유로 인한 엄청난 환경 부하를 알기에 사솔에 조업 중지를 요구하고 있다. 흥미로운 점은 그들의 방법이다. 남아공 식량 주권 운동의 중심 멤버인 비셔스 사트가Vishwas Satgar가 남아공 내의 운동에서 나아가 국제적 운동이 되도록 연대를 꾀한 것이다. 그들이 연대하기 위해 만들어 낸 슬로건은 '숨 쉴 수 없어!We can't breathe!'다.

사트가가 주목한 것은 미국 루이지애나주 레이크찰스의 석유 화학공업에 사솔이 투자하고 있다는 사실이었다. 물론 그 프로젝트 때문에 미국에서도 막대한 이산화탄소가 배출되고 있다.

남아공 활동가들은 사솔에 조업 중지를 요구하는 것이 기후 변화를 염려하는 미국인들에게도 과제라고 지적한 것이다. 그리고 미국의 '선라이즈 무브먼트', '미래를 위한 금요일Fridays For Future', '블랙 라이브스 매터Black Lives Matter'(흑인의 생명은 소중하다) 등

사회운동에 연대를 호소했다.

아니, 정확히 말하면 단순히 이산화탄소 배출량 삭감을 위한 국제적 연대를 호소한 것이 아니다. 독일의 나치, 남아공의 아파르트헤이트, 미국의 석유 산업을 비롯한 제국주의 역사를 반성하고 자본주의가 낳은 부정적 유산과 결별해야 한다고 글로벌 사우스가 선진국에 외친 것이다. 즉, 제국적 생산양식에 도전하는 국제적 연대를 요구한 것이다.

이런 사실은 'We can't breathe!'라는 환경운동의 표어가 '블랙 라이브스 매터'의 슬로건 'I can't breathe!'에서 주어만 바꾼 것이라는 점에서도 드러난다. "숨 쉴 수 없어!"는 2014년 뉴욕에서 백인 경찰관에게 목이 졸려 살해당한 흑인 에릭 가너가 숨지기 직전 마지막으로 내뱉은 말이다.

남아공의 환경운동은 비슷한 폭력이 그 땅에서도 매일 벌어지고 있음을 고발한다. 나아가 노예무역에서 비롯된 제국주의와 인종차별을 기후 변화 문제와 연결해서 기후 정의로 이어지게끔 확장한다.

인권, 기후, 젠더, 그리고 자본주의. 모든 문제들은 서로 연결되어 있다.

이런 호소가 남아공에서만 나오고 있지는 않다. 전 세계의 수많은 운동이 비슷하게 외치고 있다. 우리가 눈치채지 못했거나 눈치챘어도 모른 척하고 있을 뿐이다. 그 호소에 답하지 않는다면, 우리는 결코 기후 정의를 실현할 수 없을 것이다.

마르크스는 만년에 잉글랜드의 아일랜드 식민 지배를 비판하면서 잉글랜드의 노동자들이 아일랜드의 억압받는 사람들과 연대해야 한다고 했다. 그리고 아일랜드 사람들을 해방하지 않으면 영국의 노동자도 절대 해방될 수 없다는 뜻으로 혁명의 '지렛대'는 아일랜드에 있다고 단언했다.[8]

오늘날에는 바로 글로벌 사우스에 혁명의 '지렛대'가 있다. 과연 연대가 가능할까?

기후 정의라는 '지렛대'

사실 앞서 소개한 바르셀로나의 기후비상사태선언이 바로 글로벌 사우스가 보내는 호소에 응답한 사례라고 할 수 있다. 흥미로운 점은 호소에 응답하는 행위가 실질적으로는 '탈성장' 경제로 전환하길 촉구한다는 것이다.

앞서 지적했듯이 바르셀로나의 기후비상사태선언은 선진국이 배출하는 이산화탄소 때문에 기후 변화가 일어나고, 그 탓에 개발도상국의 사회적 약자들이 심각한 피해를 입는 불공정한 상황을 분명히 인정했다. 그리고 선진국 대도시의 책임을 명시하고는 자국민뿐 아니라 진정한 의미로 "누구도 뒤처지지 않는" 사회를 만드는 기후 정의를 목표로 세웠다.

마르크스가 서유럽 밖 자본주의 이전 사회에서 '탈성장'의 이념을 받아들였듯이 바르셀로나는 글로벌 사우스에서 기후 정의를 수용한 것이다. 그 결과 혁신적인 기후-비상사태선언을 만들어낼 수 있었다. 다르게 표현하면 바르셀로나는 기후 정의를 혁명의 '지렛대'로 삼은 것이다.

어째서 기후 정의가 그토록 중요할까. 제2장과 제5장을 다시 떠올려보길 바란다. 토머스 프리드먼, 제러미 리프킨, 에런 바스타니는 모두 지속 가능한 경제로 전환하자고 주장했다. 하지만 그들의 주장은 최종적으로 경제 성장을 우선하기에 주변부에서 일어나는 수탈을 강화하고 만다.

그들에게 근본적으로 결여된 것은 글로벌 사우스를 대하는 관점이다. 아니, 더욱 정확하게 말하면 **글로벌 사우스에서 배우는 자세**다.

선진국은 지금껏 경제 발전과 환경문제를 동시에 다뤄왔고 앞으로도 그럴 수 있을 것이다. 하지만 제1장에서 살펴봤듯이 선진국은 그저 글로벌 사우스에 수많은 부하를 전가하여 보이지 않게 해왔을 뿐이다. 그러니 선진국과 같은 방법으로 글로벌 사우스에서 경제와 환경을 양립시키려 해도 제대로 될 리가 없다. 부하를 전가할 곳이 더 이상 남아 있지 않기 때문이다. 현대의 기후 위기는 이와 같은 외부화 사회의 궁극적 한계가 단적으로 드러난 것이다.

프리드먼과 바스타니처럼 위기를 외면하고 디커플링과 자본주의의 비물질적 전환이 전부 해결해줄 것이라 주장할 수는 있다. 하지만 그들과 달리 기후 정의라는 개념을 진지하게 받아들이고 글로벌 사우스로부터 배운다는 선택지도 있다. 그렇게 하면 지속 가능하며 공정한 사회를 만드는 데 무엇이 필요할지 비로소 생각해볼 수 있을 것이다.

탈성장을 노리는 바르셀로나

바르셀로나 역시 태양광 발전과 전기버스 도입 등 대담한 인프라 개혁을 목표하긴 한다. 반긴축 정책을 위해 지출도 계획한다. 다만 기후 정의를 염두에 둔 이상 그런 대개혁을 글로벌 사우스의 사람들과 자연환경을 희생시키면서 진행할 수는 없다. 희생을 막으려면, 자본주의의 경제 성장에 종지부를 찍어야 한다.

그 때문에 바르셀로나는 선언에서 '녹색 성장'을 말하는 대신 "변함없는 성장과 이윤 획득을 위한 무한한 경쟁"을 통렬하게 비판한다.

프리드먼 등의 '그린 뉴딜'과 바르셀로나의 '기후비상사태선언'이 다른 점을 정리하면, 궁극적인 방향이 '경제 성장형'과 '탈성장형'으로 차이가 난다는 것이다. 글로벌 사우스로부터 배우려고 하는지에 따라 지속 가능한 미래 사회에 대한 구상이 전혀 달라지는 것이다.

바르셀로나의 방식이야말로 마르크스가 만년에 추구한 것과 같지 않을까? 글로벌 사우스로부터 배워서 새로운 국제적 연대의 가능성을 개척하는 것. 그랬을 때 비로소 경제 성장이라는 생산력 지상주의와 결별하고 '사용가치'를 중시하는 미래 사회를 그려볼 수 있을 것이다.

기존 좌파의 문제점

바르셀로나가 목표하는 기후 정의와 비교해보면, 기존의 마르크스주의가 여태껏 성장의 논리에서 벗어나지 못했다는 것을 알 수 있다. 사회주의는 착취를 없애려고 했다. 하지만 기존의 마르크스주의가 그린 사회는 자본주의에서 실현한 물질적 풍요를 자국의 노동자 계급을 위해 쓰는 곳이었다.

그렇게 실현될 미래 사회는 자본가가 없을 뿐 나머지는 지금 사회와 별반 다르지 않다. 실제로 소련은 관료가 국영기업을 관리하려고 했기에 결과적으로 '국가자본주의'라고 할 만한 체제가 되어버렸다.

이대로 가면 마르크스주의는 '인신세'의 위기와 맞서 진정으로 근본적인 대책을 낼 수 없다. 자본주의의 모순이 심각해졌는데도 마르크스주의가 계속 쇠퇴하는 것은 그 때문이다.

좌파가 현재 저항하려 하는 신자유주의는 분명히 더욱 극심한 노동자 착취를 의미한다. 특히 신자유주의에서 이뤄진 긴축 정책은 사회보장비 삭감, 비정규직 채용 확대에 따른 임금 저하, 민영화에 의한 공공 서비스 해체 등을 추진하여 생활의 질을 한층 악화했다.

그렇다면 노동자에게 부가 향하도록 반긴축을 외치며 더욱 많은 공공 투자와 재분배를 국가에 요구하면 될까? 그렇게 해서 장기 침체를 극복하고 경기가 좋아진다면 지금보다야 낫긴 할 것이다. 그렇지만 반긴축만으로는 자연에서 이뤄지는 약탈을 멈출 수 없다. 경제 활성화만 해서는 '인신세'의 위기를 극복할 수 없는 것이다.

'근본적 풍요'를 위하여

기존 좌파의 생각에는 또 다른 문제가 있다. 반긴축파 사람들이 신자유주의의 긴축 정책이 희소성의 원인이라고 여기는 것이다. 만약 그 생각이 옳다면, 대규모 지출로 생산을 늘리고 더욱 많은 축적을 추구해 경제 성장을 함으로써 풍요를 실현할 수 있을 것이다. 하지만 그런 사고방식은 자본주의 친화적이다. 즉, 얼핏 혁신적인 듯한 좌파의 대책도 막상 들여다보면 '지금과 같은' 구조를 유지하려는 보수적 생각인 것이다.

그 정도 개혁으로는 부족하다. 신자유주의가 아니라 자본주의 자체가 희소성의 원인이기 때문이다. 기후 위기의 시대에는 정책 전환에서 나아가 사회 시스템 전환을 꾀해야 한다. 자본주의에서 벗어나 탈성장을 실현함으로써 손에 넣을 수 있는 '근본적 풍요' 야말로 마르크스가 만년에 내놓은 진정한 대책이다.

내일로 미루기만 하는 정치와 결별하자

'근본적 풍요'를 위해 이 책에서는 '커먼'을 주목하면서 생산 영역에서 혁신의 가능성을 고찰했다. 그리고 정책, 법률, 제도를 변경하는 데 의존하는 사회 혁신을 하향식 '정치주의'라고 비판했다. 정치는 경제에 대해 자율적이지 않으며, 외려 타율적이라고도 했다.(215면 참조)

하향식 정치주의의 문제점으로 특히 강조하고 싶은 것이 있다. 바로 정치의 선택지가 매우 좁아진 현재 상황이다. 이 책에서 살펴보았듯이 '녹색 성장'을 목표하는 그린 뉴딜도, 지구공학 같은 꿈의 기술도, MMT 같은 경제 정책도, 모두 위기를 앞두고 상식을 깨는 대전환을 요구하지만, 그 이면에서는 현재의 위기를 낳은 근본 원인인 자본주의를 필사적으로 유지하려 한다. 이보다 더한 모순은 없을 것이다.

그런 정치로 할 수 있는 일이란 기껏해야 문제 해결을 나중으로 미루는 것뿐이다. 그와 같은 시간 끌기야말로 지금의 지구 환경에 치명상을 입힌다. 허울뿐인 대책에 안심한 사람들이 위기를 진지하게 고민하지 않는 것이 가장 위험하기 때문이다. 마찬가지 이유로 UN의 SDGs 역시 비판해야 한다. 지금 필요한 것은 어중간한 해결책이 아니라 거대 석유 회사, 거대 은행, GAFA 같은 디지털 인프라에 사회적 소유를 실현하는 것이다. 즉, 혁명적인 코뮤니즘으로 나아가야 한다.

왜 당장 기후 변화 대책을 세우지 않느냐고 정치가를 추궁해도 소용없을 것이다. 글로벌 사우스의 사람들이나 미래를 살아갈 아이들은 현재 정치가의 유권자가 아니기 때문이다. 정치가란 다음 선거 이후의 일은 생각하지 못하는 생물이다. 또한 대기업의 후원금과 로비도 정치가들의 대담한 의사결정을 방해하고 있다. 그렇기 때문에 기후 위기에 맞서려면 민주주의 자체를 쇄신하는 수밖에 없다.

경제, 정치, 환경, 삼위일체의 쇄신

지금만큼 민주주의 쇄신이 중요했던 때는 없었다. 기후 변화에 대처하기 위해선 국가의 힘이 반드시 필요하기 때문이다.

앞서 '커먼', 즉 사적 소유나 국유와 달리 생산수단을 수평적으로 공동 관리하는 것이 코뮤니즘의 기반이라고 강조했다. 그런데 그 말이 국가의 힘을 거부하라는 뜻은 아니다. 인프라 정비와 산업 전환이 필요함을 고려하면, 국가라는 해결수단을 거부하는 것은 오히려 어리석다고 할 수 있다. 국가를 거부하는 무정부주의로는 기후 위기에 대처할 수 없다. 하지만 국가에 지나치게 의존하는 길에도 기후 마오쩌둥주의로 빠질 위험성이 도사리고 있다. 그렇기 때문에 코뮤니즘이 유일한 선택지인 것이다.

전문가와 정치가의 하향식 통치에 지배당하지 않으려면, 시민이 참여하게끔 주체성을 기르고 시민의 의견이 국정에 반영되는 과정을 제도화해야 한다.

그러기 위해 국가의 힘을 전제로 삼으면서도 '커먼'의 영역을 확장하여 민주주의를 의회의 바깥, 생산 차원까지 넓힐 필요가 있다. 앞서 소개한 협동조합, 사회적 소유, 시민영화가 그 사례들이다.(제6장 참조)

그와 동시에 의회 민주주의 자체도 크게 변화해야 한다. 이미 살펴봤지만 지방자치단체 수준에서는 지방자치주의가 새로운 시

제8장 기후 정의라는 '지렛대'

도를 하고 있다.(334면 참조) 국가 수준에서는 '시민의회'가 또 다른 모델이 될 수 있다.(216면 참조)

생산의 '커먼화', 지방자치주의, 시민의회. 이처럼 시민이 주체적으로 참여하는 민주주의가 확산되면 진정 살고 싶은 사회에 대해 더욱 근본적인 토론이 시작될 것이다. 즉, 일의 의미, 삶의 의미, 자유와 평등의 의미에 대해서 열린 형태로 처음부터 논의하는 것이다.

의미를 근본부터 다시 질문해서 지금 '상식'이라 여기는 것을 전복하자. 바로 그 순간 기존의 틀을 넘어서는, 참으로 '정치적인 것'이 현실에 나타난다. 지금 제안한 것은 '자본주의 극복', '민주주의 쇄신', '사회 탈탄소화'라는 목적들이 한데 모이는 삼위일체의 프로젝트다. 경제, 정치, 환경의 시너지 효과를 증폭하면 사회 시스템의 대전환이 가까워질 것이다.

지속 가능하며 공정한 사회로 도약하자

이 프로젝트의 기반이 되는 것은 신뢰와 상호부조다. 신뢰와 상호부조가 없는 사회에서는 비민주적인 하향식 해결책밖에 나오지 않기 때문이다.

문제는 우리가 신자유주의로 인해 상호부조와 타인을 향한 신뢰가 철저히 해체된 시대를 살아가고 있다는 것이다. 그러니 결국은 얼굴을 마주할 수 있는 관계인 공동체와 지방자치체부터 시작해 신뢰 관계를 회복하는 수밖에 없다.

그런 수수한 방법으로는 너무 오래 걸리지 않느냐고 조바심을 내는 사람도 있을 듯싶다. 하지만 희망은 있다. 얼핏 범위가 좁아 보이는 공동체, 지방자치체, 사회운동이 이제는 전 세계의 동료들과 연결되어 있다. 현대의 글로벌 자본주의와 맞서는 다양한 지역 운동이 전 세계의 운동과 연결을 구축하기 시작했다. "희망을 세계화하기 위해 투쟁을 세계화하자."[9] 이것은 비아 캄페시나의 메시지다.

국제적 연대를 맺으며 자본과 대치한 경험은 사람들에게 새로운 힘을 주고 기존의 가치관을 바꿔준다. 상상력이 크게 확장되어 사람들은 지금껏 상상도 못 했던 것을 생각해낼 것이고, 행동까지 일으킬 수 있을 것이다.

공동체와 사회운동이 점점 활성화하면 정치가 역시 더욱 커다란 변화를 향해 움직이는 걸 두려워하지 않게 된다. 바르셀로나의 시정과 프랑스의 시민의회가 상징적인 사례다.

그렇게 되면 사회운동과 정치의 상호작용이 촉진된다. 바로 그때 상향식 사회운동과 하향식 정당정치가 서로 힘을 최대한 발휘할 수 있다. '정치주의'와 전혀 다른 민주주의의 가능성이 실현되는 것이다.

여기까지 다다르면 무한한 경제 성장이라는 거짓과 갈라서고 지속 가능하며 공정한 사회를 향해 도약할 수 있으리라. 닫혀 있던 문을 여는 것이다.

물론 커다란 도약의 착지점은 상호부조와 자치에 기초한 탈성장 코뮤니즘이다.

역사를 이어가기 위해서

마르크스로 탈성장을 논한다니 제정신이냐. 이런 비판이 사방에서 쇄도할 것을 각오하고 이 책을 쓰기 시작했다.

좌파의 상식에서 보면 마르크스는 탈성장 같은 걸 주장한 적이 한 번도 없다. 아마 우파는 또다시 소련의 실패를 반복할 셈이냐고 비웃을 것 같다. '탈성장'이라는 단어에 대한 반감은 리버럴 내에도 매우 단단히 뿌리를 내리고 있다.

그럼에도 이 책을 반드시 써야 했다. 마르크스 연구의 최신 성과를 발판 삼아 기후 위기와 자본주의의 관계를 분석하는 와중에 만년의 마르크스가 탈성장 코뮤니즘에 도달했으며, 그것이야말로 '인신세'의 위기를 뛰어넘기 위한 최선의 길이라고 확신했기 때문이다.

이 책을 마지막까지 읽는다면 인류가 환경 위기를 넘어서서 '지속 가능하며 공정한 사회'를 실현할 수 있는 유일한 선택지가

'탈성장 코뮤니즘'이라는 것을 납득해주지 않을까 생각했다.

전반부에서 자세히 검토했듯이 SDGs도 그린 뉴딜도, 나아가 지구공학도 기후 변화를 멈출 수 없다. '녹색 성장'을 추구하는 '기후 케인스주의'는 '제국적 생활양식'과 '생태제국주의'를 우리 삶에 더욱 침투시킬 뿐이다. 그 결과 불평등은 한층 확대되고 전 세계적 환경 위기는 악화될 것이다.

자본주의가 일으킨 문제를 근본 원인인 자본주의를 그대로 둔 채 해결할 수 있을 리 없다. 해결로 향하는 길을 개척하려면 기후 변화의 원인인 자본주의를 철저하게 비판해야 한다.

또한 희소성을 만들어내어 이윤을 끌어모으는 자본주의야말 로 우리 생활에 결핍을 초래하는 주범이다. 자본주의 탓에 해체 된 '커먼'을 재건하는 탈성장 코뮤니즘은 더욱 인간적이고 윤택 한 생활을 가능하게 해줄 것이다.

그럼에도 자본주의를 연명시킨다면, 우리 사회는 기후 위기 가 일으킬 혼란 속에서 야만 상태로 되돌아갈 수밖에 없다. 냉전 종결 직후에 프랜시스 후쿠야마는 '역사의 종말'을 제창했고, 포 스트모더니즘은 '거대 서사'의 붕괴를 선언했다. 하지만 그 뒤로 30년 동안 명백해졌듯이, 자본주의를 등한시한 냉소주의의 미 래에 있는 것은 '문명의 종말'이라는 형태의 전혀 예상하지 못한 '역사의 종말'이다. 그렇기 때문에 우리는 연대해서 자본에 급제 동을 걸고 탈성장 코뮤니즘을 세워야만 한다.

* * *

그렇지만 우리는 자본주의의 생활에 흠뻑 빠져서 너무 익숙해져버렸다. 이 책에서 언급한 이념과 그 내용에 대해 큰 틀에서는 찬동하지만, 시스템 전환 같은 커다란 과제를 마주하고 어떡하면 좋을지 몰라 망연자실하는 사람들이 많으리라.

자본주의와 그것을 좌지우지하는 1퍼센트의 초부유층에 맞서자는 것이니 에코백과 텀블러를 쓰는 정도로는 부족하다. 지난한 '싸움'이 될 것은 자명하다. 잘 풀릴지 어떨지도 모르는 계획을 믿고 99퍼센트의 사람이 움직이는 건 도저히 불가능하다고 뒷걸음질하는 사람도 있을 것 같다.

그렇지만 우리에게는 '3.5퍼센트'라는 수치가 있다. 무슨 수치인지 아는 사람이 있을까. 하버드대학의 정치학자 에리카 체노웨스Erica Chenoweth의 연구진에 따르면 '3.5퍼센트'의 사람들이 비폭력적인 방법으로 들고일어나 진심으로 저항하면 반드시 사회에 큰 변화가 일어난다고 한다.[1]

필리핀의 마르코스 독재를 타도한 '피플 파워 혁명'(1986년), 예두아르트 셰바르드나제 대통령을 퇴임으로 몰고 간 조지아의 '장미 혁명'(2003년)은 '3.5퍼센트'의 시민이 비폭력 불복종을 한 끝에 사회혁명을 이룩한 수많은 사례 중 일부다.

뉴욕에서 벌어졌던 월스트리트 점령 시위도, 바르셀로나의 점거 시위도, 처음에는 적은 사람들이 시작했다. 심지어 그레타 툰베리의 '기후 학교 파업'은 처음에 '혼자'였다. '1퍼센트 대 99퍼센트'라는 슬로건을 만든 월스트리트 점령 시위에 본격적으로 참여한 사람도 들고 난 사람을 포함해 수천 명일 것이다.

작은 규모라도 대담한 항의 활동은 사회에 큰 영향을 미친다. 시위는 수천~수만 명으로 규모가 커진다. 그들의 시위 영상은 SNS에서 수십만~수백만 명에게 확산된다. 그 결과는 선거에서 수백만의 표로 나타난다. 이야말로 변혁으로 나아가는 길이다.

자본주의와 기후 변화 문제에 진심으로 관심을 갖고 열심히 참여할 사람들을 3.5퍼센트 모으는 것은 어떻게든 할 수 있을 듯하지 않은가. 자본주의의 격차 문제와 환경 파괴에 분노하고 미래 세계와 글로벌 사우스를 위해 투쟁할 상상력이 있는, 함께 싸워줄 사람은 분명 3.5퍼센트보다 많을 것이다. 그런 사람들이 여러 이유 때문에 당장 움직이지 못하는 사람들의 몫까지 대담하게 결의하고 먼저 행동하면 된다.

노동자협동조합이든, 학교 파업이든, 유기농이든, 다 좋다. 지방자치체 의원을 목표할 수도 있을 것이다. 환경 NGO에서 활동하는 것도 중요하다. 동료와 시민전력회사를 시작하는 것도 선택지 중 하나다. 물론 지금 속한 기업에서 더 엄격한 환경 대책을 추구하는 것 역시 커다란 한 걸음이라 할 수 있다. 노동 시간 단축과 생산 민주화를 실현할 셈이라면 노동조합도 반드시 필요하다.

그런 행동에서 나아가 기후비상사태선언을 향해 서명운동을 해야 하고, 부유층에 부담을 요구하는 운동도 펼쳐야 한다. 그렇게 상호부조가 이뤄지는 네트워크를 발전시켜서 강인하게 단련해가자.

당장 할 수 있는 일, 해야 하는 일은 얼마든지 있다. 그러니 시스템 변혁이라는 과제의 거대함을 핑계로 아무것도 하지 않아서는 안 된다. 한 사람 한 사람의 참여가 3.5퍼센트에는 결정적으로 중요하기 때문이다.

지금까지 우리가 무관심했던 탓에 1퍼센트의 부유층·엘리트층은 자기들 멋대로 규칙을 바꾸고 자신들의 가치관에 맞춰서 사회의 구조와 이해득실을 주무를 수 있었다. 그랬지만 이제는 단호하게 'NO'를 외칠 때다.

냉소주의를 버리고 99퍼센트의 힘을 보여주자. 그러기 위한 열쇠는 3.5퍼센트의 사람들부터 지금 당장 행동하는 것이다. 그 행동을 커다란 물결로 만들면, 자본의 힘을 제한하고 민주주의를 쇄신해서 틀림없이 탈탄소 사회를 실현할 수 있을 것이다.

* * *

이 책의 첫머리에서 '인신세'란 자본주의가 만들어낸 인공물, 즉 부하와 모순이 지구를 뒤덮은 시대라고 설명했다. 자본주의가 지구를 부수고 있다는 점을 고려하면, '인신세'가 아니라 '자본세'라고 부르는 게 어울릴지도 모르겠다.

그렇지만 사람들이 연대하여 자본의 전제에서 인류의 유일한 고향 지구를 지켜낸다면, 그때는 긍정적인 의미로 인류의 새로운 시대를 '인신세'라 부르게 될 것이다. 이 책은 인류의 새로운 미래로 향하는 길을 비추는 한 줄기 빛을 찾아내기 위해서 자본에 대해 철저하게 분석한 '인신세의 자본론'이다.

물론 새로운 미래는 이 책을 읽은 여러분 한 사람 한 사람이 3.5퍼센트에 가담할 것을 결단하느냐에 달려 있다.

주

- 본문에 수록된 인용문 중에는 표기와 표현을 수정한 경우가 있다.
- 인용문 중 '[]'는 기본적으로 저자가 보충한 것이다.
- 마르크스가 쓴 글은 한국어판을 인용하되, 한국어판이 없는 경우 저자의 인용문을 한국어로 옮겼다.
- 저자가 참고하고 인용한 마르크스의 저작물은 다음과 같은 약칭을 이용하여 권수와 면수를 표기한다.

『全集』: 大内兵衛·細川嘉六監訳, 『マルクス=エンゲルス全集(마르크스 엥겔스 전집)』大月書店.

『資本論草稿集』: 資本論草稿集翻訳委員会訳, 『マルクス資本論草稿集(마르크스 자본론 초고집)』大月書店.

『資本論』: 資本論翻訳委員会訳, 『資本論(자본론)』新日本出版社.

제1장

1   Jason Hickel, "The Nobel Prize for Climate Catastrophe," *Foreign Policy*: https://foreignpolicy.com/2018/12/06/the-nobel-prize-for-climate-catastrophe (last access on 2020.5.15)

2   William D. Nordhaus, "To Slow or Not to Slow: The Economics of The Greenhouse Effect," *The Economic Journal* 101, no. 407, 1991: p.920-937.

3   ウィリアム·ノードハウス, 『気候カジノ: 経済学から見た地球温暖化問題の最適解』藤崎香里訳, 日経BP社 2015, p.97. (한국어판: 윌리엄 노드하우스 지음, 황성원 옮김, 『기후 카지노: 지구온난화를 어떻게 해결할 것인가』한길사 2017, 115면.) 이 책을 보면 알 수 있듯이 노드하우스는 시간이 흐르며 기온 상승에 엄격한 제약을 두게 되었지만, 그래도 1.5~2도라는 일반적인 수준과 차이가 많은 2~3도를 지향하고 있다. 심지어 이 책에서 2도 목표를 가리켜 "그렇게 과학적이지는 않다"고 말하기도 한다.(한국어판 291면 참조)

4   Nina Chestney, "Climate policies put world on track for 3.3C warming: study," *Reuters*: https://www.reuters.com/article/us-climate-changeaccord-warming/climate-policies-put-world-on-track-for-3-3cwarming-study-

idUSKBN1OA0Z2 (last access on 2020.5.15)

5   Climate Central, "New Report and Maps: Rising Seas Threaten Land Home to Half a Billion": https://sealevel.climatecentral.org/news/global-mapping-choices (last access on 2020.6.30)

6   Ulrich Brand and Markus Wissen, *Imperiale Lebensweise: Zur Ausbeutung von Mensch und Natur im Globalen Kapitalismus*, Munich: oekom 2017, p.64-65. (한국어판: 울리히 브란트·마르쿠스 비센 지음, 이신철 옮김, 『제국적 생활양식을 넘어서: 전 지구적 자본주의 시대의 인간과 자연에 대한 착취』 에코리브르 2020, 68~69면.)

7   다큐멘터리 영화 「더 트루 코스트」가 이와 관련한 문제를 다루었다.

8   Stephan Lessenich, *Neben uns die Sintflut: Wie wir auf Kosten anderer leben*, Munich: Piper 2018, p.166.

9   水野和夫, 『資本主義の終焉と歴史の危機』集英社新書 2014.

10   물론 월러스틴의 영향을 받은 많은 논자들이 자연에서 벌어지는 수탈을 분석해왔다. 그중 하나가 브라질 아마존 문제를 다룬 스티븐 분커의 고전적 명작이다. Stephen G. Bunker, "Modes of Extraction, Unequal Exchange, and the Progressive Underdevelopment of an Extreme Periphery: The Brazilian Amazon, 1600-1980," *American Journal of Sociology* 89, no. 5, 1984: p.1017-1064. 그 뒤로 이러한 접근법은 '생태학적 부등가 교환'(ecologically unequal exchange)으로 전개되었다. 대표적인 사례로 다음과 같은 것들이 있다. Alf Hornborg, "Towards an ecological theory of unequal exchange: Articulating world system theory and ecological economics," *Ecological Economics* 25, no.1, 1998: p.127-136; Andrew K. Jorgenson & James Rice, "Structural Dynamics of International Trade and Material Consumption: A Cross-National Study of the Ecological Footprints of Less-Developed Countries," *Journal of World-Systems Research* 11, no.1, 2005: p.57-77.

11   マルクス·ガブリエル, マイケル·ハート, ポール·メイソン, 斎藤幸平, 『未来への大分岐: 資本主義の終わりか, 人類の終焉か?』集英社新書 2019, p.156-157.

12   ポール·エーリック, アン·エーリック, 『人口が爆発する!: 環境·資源·経済の視点から』水谷美穂訳, 新曜社 1994, p.36. (원서: Paul R. Ehrlich and Anne H. Ehrlich, *The population explosion*, London: Hutchinson 1990.)

13   옮긴이 주―그레타 툰베리가 COP24에서 한 연설의 한국어 번역문을 다음 사이트에서 볼 수 있다. https://www.huffingtonpost.kr/entry/story_kr_5c170f65e4b049efa7539bb8 (last access on 2021.7.16)

14   デイビッド·ウォレス·ウェルズ, 『地球に住めなくなる日:「気候崩壊」の避けられない真実』藤井留美訳, NHK出版 2020, p. 11. (한국어판: 데이비드 월러스 웰즈 지음, 김재경 옮김, 『2050 거주불능 지구: 한계치를 넘어 종말로 치닫는 21세기 기후재난 시나리오』추수밭 2020, 17면.)

15 2019년 4월 23일, 영국 의회에서 있었던 강연을 참조했다. https://www.theguardian.com/environment/2019/apr/23/greta-thunberg-full-speech-to-mps-you-did-not-act-in-time (last access on 2020. 5. 15)

16 斎藤幸平, 『大洪水の前に: マルクスと惑星の物質代謝』堀之内出版 2019, 第4章. 옮긴이 주―사이토 고헤이의 『대홍수 전에(大洪水の前に)』는 저자의 박사 논문에 기초한 독일어판 『자본에 반하는 자연(*Natur gegen Kapital*)』(Campus 2016)의 개정증보판이다. 사이토 고헤이는 『자본에 반하는 자연』의 영어판 『*Karl Marx's Ecosocialism*』(Monthly Review Press 2017)도 직접 집필했으며, 영어판이 더 주목을 받아 2018년 도이처 기념상을 수상했다. 한국에는 영어판이 『마르크스의 생태사회주의』(추선영 옮김, 두번째테제 2020)로 출간되었다.

17 "Researchers dramatically clean up ammonia production and cut costs": https://phys.org/news/2019-04-ammonia-production.html (last access on 2020.5.15)

18 Fredrick B. Pike, *The United States and the Andean Republics: Peru, Bolivia, and Ecuador*, Cambridge MA: Harvard University Press 1977, p.84.

19 '생태제국주의'는 앨프리드 크로즈비(Alfred W. Crosby)가 사용한 용어로 유명하지만, 여기서 근거한 논고는 다음과 같다. Brett Clark and John Bellamy Foster, "Ecological Imperialism and the Global Metabolic Rift: Unequal Exchange and the Guano/Nitrates Trade," *International Journal of Comparative Sociology* 50, no. 3-4, 2009: p.311-334. 역사학자 후지하라 다쓰시(藤原 辰史)도 『벼의 대동아공영권(稲の大東亜共栄圏)』(吉川弘文館 2012)에서 '생태제국주의' 개념을 이용하여 크로즈비와 다른 점을 논하는데, 클라크와 포스터의 입장 역시 굳이 말하면 후지하라와 가깝다.

20 森さやか, 「コロナがもたらす人道危機」 『世界』 2020年 6月号, p140-141.

21 ビル・マッキベン, 『ディープエコノミー: 生命を育む経済へ』大槻敦子訳, 英治出版 2008, p.30. (원서: Bill McKibben, *Deep Economy: The Wealth of Communities and the Durable Future*, New York: Times Books 2007.)

22 "Auf der Flucht vor dem Klima?," *FAZ*: https://www.faz.net/aktuell/wissen/klima/gibt-es-schon-heute-klimafluechtlinge-14081159-p3.html (last access on 2020.5.15)

23 "The unseen driver behind the migrant caravan: climate change," *The Guardian*: https://www.theguardian.com/world/2018/oct/30/migrant-caravan-causes-climate-change-central-america (last access on 2020.5.15)

24 イマニュエル・ウォーラーステインほか, 『資本主義に未来はあるか: 歴史社会学からのアプローチ』若森章孝・若森文子訳, 唯学書房 2019, p.37. (한국어판: 이매뉴얼 월러스틴 외 4인 지음, 성백용 옮김, 『자본주의는 미래가 있는가』 창비 2014, 49면.)

25 イマニュエル・ウォーラーステイン, 『入門・世界システム分析』山下範久訳, 藤原書店 2006, p.185. (원서: Immanuel Wallerstein, *World-Systems Analysis: An Introduction*, Durham: Duke University Press Books 2004.)

제2장

1 トーマス・フリードマン, 『グリーン革命 増補改訂版(上・下)』伏見威蕃訳, 日本経済新聞出版社 2010, 下 p.321. (원서: Thomas L. Friedman, *Hot, Flat, and Crowded 2.0: Why We Need a Green Revolution—and How It Can Renew America*, New York: Picador, 2nd Revised & Enlarged edition 2009.) 옮긴이 주―한국에 출간된 『코드 그린』(최정임·이영민 옮김, 왕윤종 감수, 21세기북스 2008)은 원서의 개정증보판이 아닌 초판을 옮긴 것이다.

2 The New Climate Economy, *Unlocking the Inclusive Growth Story of the 21st Century: Accelerating Climate Action in Urgent Times*, p.10: https://newclimateeconomy.report/2018/wp-content/uploads/sites/6/2019/04/NCE_2018Report_Full_FINAL.pdf (last access on 2020.5.15)

3 ヨハン・ロックストローム, マティアス・クルム, 『小さな地球の大きな世界: プラネタリー・バウンダリーと持続可能な開発』谷淳也ほか訳, 丸善出版 2018, p.79. (한국어판: 요한 록스트룀·마티아스 클룸 지음, 김홍옥 옮김, 『지구 한계의 경계에서』 에코리브르 2017, 100면.)

4 Johan Rockström, "Önsketänkande med grön tillväxt-vi måste agera," *Svenska Dagblade*t: https://www.svd.se/onsketankande-med-gron-tillvaxt--vi-maste-agera/av/johan-rockstrom (last access on 2020.5.15)

5 Cameron Hepburn and Alex Bowen, "Prosperity with growth: Economic growth, climate change and environmental limits," in Roger Fouquet (ed.), *Handbook on Energy and Climate Change*, Cheltenham: Edward Elgar Publishing 2013, p.632.

6 Peter A. Victor, *Managing without Growth: Slower by Design, not Disaster* 2nd ed., Cheltenham: Edward Elgar Publishing 2019, p.15.

7 다음 논문을 참조하길 바란다. Jason Hickel and Giorgos Kallis, "Is Green Growth Possible?" *New Political Economy* 2019, p.9.

8 ウィリアム・ノードハウス, 앞의 책, p.31. (한국어판: 윌리엄 노드하우스, 앞의 책, 41면.)

9 Tim Jackson, *Prosperity without Growth: Foundations for the Economy of Tomorrow* 2nd ed., London: Routledge 2017), p.87, p.102. 옮긴이 주―초판은 한국 어판이 출간되었다. 팀 잭슨 지음, 전광철 옮김, 『성장 없는 번영』 착한책가게 2015.

10 같은 책, p.92.

11 ジェレミー・リフキン, 『グローバル・グリーン・ニューディール: 2028年までに化石燃料文明は崩壊, 大胆な経済プランが地球上の生命を救う』幾島幸子訳, NHK出版 2020. (한국어판: 제러미 리프킨 지음, 안진환 옮김, 『글로벌 그린 뉴딜: 2028년 화석연료 문명의 종말, 그리고 지구 생명체를 구하기 위한 대담한 경제 계획』 민음사 2020.)

12 "Climate crisis: 11,000 scientists warn of 'untold suffering'," *The Guardian*:

https://www.theguardian.com/environment/2019/nov/05/climate-crisis-11000-scientists-warn-of-untold-suffering (last access on 2020.5.15)

13 Kevin Anderson, "Response to the IPCC 1.5°C Special Report": http://blog.policy.manchester.ac.uk/posts/2018/10/response-to-the-ipcc-1-5c-special-report/ (last access on 2020.5.15)

14 Kate Aronoff et al., *A Planet to Win: Why We Need a Green New Deal*, London: Verso 2019, p.148-149.

15 アムネスティ・インターナショナル、「命を削って掘る鉱石: コンゴ民主共和国における人権侵害とコバルトの国際取引」: https://www.amnesty.or.jp/library/report/pdf/drc_201606.pdf (last access on 2020.5.15)

16 "Apple and Google named in US lawsuit over Congolese child cobalt mining deaths," *The Guardian*: https://www.theguardian.com/global-development/2019/dec/16/apple-and-google-named-in-us-lawsuit-over-congolese-child-cobalt-mining-deaths (last access on 2020.5.15)

17 Thomas O. Wiedmann et al., "The Material Footprint of Nations," *Proceedings of the National Academy of Sciences of the United States of America* 112, no. 20, 2015: p.6271-6276.

18 Peter A. Victor, 앞의 책, p.109.

19 *The Circularity Gap Report 2020*: https://www.circularity-gap.world/2020 (last access on 2020.5.15)

20 Samuel Alexander and Brendan Gleeson, *Degrowth in the Suburbs: A Radical Urban Imaginary*, New York: Palgrave Macmillan 2019, p.77. 이산화탄소 배출량이 줄어들지 않는 이유 중 하나는 앞으로 개발도상국의 경제가 발전하며 가솔린차가 더욱 늘어날 것이기 때문이다.

21 ギョーム・ピトロン、『レアメタルの地政学: 資源ナショナリズムのゆくえ』児玉しおり訳、原書房 2020, p.43. (한국어판: 기욤 피트롱 지음, 양영란 옮김, 『프로메테우스의 금속』 갈라파고스 2021, 64면)

22 Kevin Anderson and Glen Peters, "The trouble with negative emissions," *Science* 354, issue 6309, 2016: p.182-183. 바츨라프 스밀의 다음 책에서도 비슷한 비판을 확인할 수 있다. Vaclav Smil, *Energy Myths and Realities: Bringing Science to the Energy Policy Debate*, Washington, D.C.: AEI Press 2010.

23 파타고니아에서 제작한 다큐멘터리 영화 「인공생선」의 카피에서 따왔다.

24 Vaclav Smil, *Growth: From Microorganisms to Megacities*, Cambridge MA: The MIT Press 2019, p.511. 바츨라프 스밀은 『가디언』과 한 인터뷰에서 명확하게 "성장은 끝나야 한다."고 말했다. https://www.theguardian.com/books/2019/sep/21/vaclav-smil-interview-growth-must-end-economists (last access on 2020.5.15.) 방대한 데이터에 기초한 스밀의 주장을 제러미 리프킨과 모로토미 도오루(諸富 徹) 등의 '비물질화'나 '디커플링' 같은 낙관적 주장과 비교해보길 바란다.

25 Tim Jackson, 앞의 책, p.143.

26 ナオミ・クライン,『これがすべてを変える: 資本主義vs.気候変動 (上・下)』幾島幸子・荒井雅子訳, 岩波書店 2017, 上 p.126. (한국어판: 나오미 클라인 지음, 이순희 옮김,『이것이 모든 것을 바꾼다』열린책들 2016, 139면.)

제3장

1 대표적인 비판으로 다음 책이 있다. Jason Hickel, *The Divide: A Brief Guide to Global Inequality and its Solutions*, London: Windmill Books 2018. 생태학적 관점의 비판은 다음 책을 참조하자. ハーマン・E・デイリー,『持続可能な発展の経済学』新田功ほか訳, みすず書房 2005, p.8. (한국어판: 허먼 데일리 지음, 박형준 옮김,『성장을 넘어서: 지속 가능한 발전의 경제학』열린책들 2016, 12면.)

2 ケイト・ラワース,『ドーナツ経済学が世界を救う: 人類と地球のためのパラダイムシフト』黒輪篤嗣訳, 河出書房新社 2018, p.55-64. (한국어판: 케이트 레이워스 지음, 홍기빈 옮김,『도넛 경제학: 폴 새뮤얼슨의 20세기 경제학을 박물관으로 보내버린 21세기 경제학 교과서』학고재 2018, 58~67면.)

3 Daniel W. O'Neill et al., "A good life for all within planetary boundaries," *Nature Sustainability* 1, 2018: p.88-95.

4 Kate Raworth, "A Safe and Just Space for Humanity," *Oxfam Discussion Paper*, 2012, p.19. 하루에 1.25달러라는 빈곤 기준치가 너무 낮다고 보는 사람도 있을 것이다. 레이워스가 언급한 수치는 2012년의 것인데, 그 뒤 세계은행은 빈곤 기준치를 하루에 1.9달러로 조정했다. 물론 그 역시 부족하다며 하루에 10달러는 되어야 한다고 비판하는 이들도 있다. 당연하지만 이 기준치를 상향할수록 빈곤문제 해결에 필요한 환경 부하가 추가로 커지고, 그에 따라 도넛 경제를 실현하기도 점점 어려워진다.

5 「世界の平均寿命ランキング・男女国別順位, WHO 2018年版」, *MEMORVA*: https://memorva.jp/ranking/unfpa/who_whs_life_expectancy.php (last access on 2020.5.15)

6 Daniel W. O'Neill et al., 앞의 글, p.92.

7 Joel Wainwright and Geoff Mann, *Climate Leviathan: A Political Theory of Our Planetary Future*, London: Verso 2018. 이 책에서도 네 종류의 미래를 논한다.

8 ヴォルフガング・シュトレーク,『時間かせぎの資本主義: いつまで危機を先送りできるか』鈴木直訳, みすず書房 2016, p.55-56. (한국어판: 볼프강 슈트렉 지음, 김희상 옮김,『시간 벌기: 민주적 자본주의의 유예된 위기』돌베개 2015.)

9 『주니치신문(中日新聞)』2017년 2월 11일 조간, 「생각하는 광장(考える広場)」에 실린 우에노 지즈코의 발언. 옮긴이 주—우에노 지즈코는 이 칼럼에서 일본은 "단일민족신화를 지나치게 믿었다. 일본인은 다문화 공생을 버티지 못한다"고 하며, "일본은 인구 감소와 쇠퇴를 받아들여"서 "사회민주주의적인 방향"으로 나아가야 한

다고 했다. 이 칼럼에 대해 이주민과 빈곤층을 지원하는 단체를 비롯해 사회 각계가 반발하고 반론을 제기했다. 특히 우에노 지즈코의 제자로 도쿄대학교 교수인 기타다 아키히로는 오늘날 우에노 지즈코를 비롯해 우치다 다쓰루, 오구마 에이지 등이 공유하는 탈성장론이 "결국은 '청빈 사상'일 뿐"이라며, 탈성장론이 "유복한 인텔리의 장난감이 되었다"고 강하게 비판했다. 나중에 우에노 지즈코는 『주니치신문』 칼럼의 문제점과 자신의 잘못을 인정했다.

10 실제로 미국 민주당의 엘리자베스 워런(Elizabeth Warren)은 중도적인 그린 뉴딜로 선거에 나섰다가 실패했다. 어중간한 해결책으로는 제너레이션 레프트의 지지를 모을 수 없었던 것이다. 제너레이션 레프트에 대해서는 다음 책을 참조하자. Keir Milburn, *Generation Left*, Cambridge: Polity 2019.

11 새로운 탈성장론을 정리한 것으로 다음 책을 참고하면 좋다. Giacomo D'Alisa et al. (ed.), *Degrowth: A Vocabulary for a New Era*, London: Routledge 2015. (한국어판: 자코모 달리사 외 2인 엮음, 강이현 옮김, 『탈성장 개념어 사전: 무소유가 죽음이 아니듯, 탈성장도 종말이 아니다』 그물코 2018.)

12 セルジュ・ラトゥーシュ, 『経済成長なき社会発展は可能か?: 〈脱成長〉と〈ポスト開発〉の経済学』 中野佳裕訳, 作品社 2010, p.246. (한국어판: 세르주 라투슈 지음, 이상빈 옮김, 『발전에서 살아남기』 민음사 2015.)

13 広井良典, 『定常型社会: 新しい「豊かさ」の構想』 岩波新書 2001, p.162-163.

14 佐伯啓思, 『経済成長主義への訣別』 新潮社 2017, p.79, 32.

15 ジョセフ・E・スティグリッツ, 『スティグリッツ PROGRESSIVE CAPITALISM』 山田美明訳, 東洋経済新報社 2020. (한국어판: 조지프 스티글리츠 지음, 박세연 옮김, 『불만 시대의 자본주의: 공정한 경제는 불가능한가』 열린책들 2021.)

16 スラヴォイ・ジジェク, 『絶望する勇気: グローバル資本主義・原理主義・ポピュリズム』 中山徹・鈴木英明訳, 青土社 2018, p. 68-70. (원서: Slavoj Žižek, *The Courage of Hopelessness: Chronicles of a Year of Acting Dangerously*, London: Allen Lane 2017.)

17 広井良典, 『ポスト資本主義: 科学・人間・社会の未来』 岩波新書 2015, p.v. (한국어판: 히로이 요시노리 지음, 박제이 옮김, 『포스트 자본주의: 과학·인간·사회의 미래』 AK커뮤니케이션즈 2017, 7면.) 최근에는 다음 책에서도 비슷한 주장을 했다. 相沢幸悦, 『定常型社会の経済学: 成長・拡大の呪縛からの脱却』, ミネルヴァ書房 2020.

18 ケイト・ラワース, 앞의 책, p.69. (한국어판: 케이트 레이워스, 앞의 책, 74면.)

19 水野和夫, 앞의 책, p.180.

제4장

1 アントニオ・ネグリ, マイケル・ハート, 『〈帝国〉: グローバル化の世界秩序とマルチチュードの可能性』 水嶋一憲ほか訳, 以文社 2003, p.389. (한국어판: 안토니오 네

그리·마이클 하트 지음, 윤수종 옮김,『제국』이학사 2001, 396면.)

2 宇沢弘文,『社会的共通資本』岩波新書 2000, p.5.

3 Karl Marx, *Das Kapital* Band I, in *Marx-Engels-Werke* Band 23, Berlin: Dietz Verlag 1972, p.791. (한국어판: 카를 마르크스 지음, 강신준 옮김,『자본 I-2』길 2008, 1022면, '[]'는 한국어판 옮긴이가 보충한 것이다.)

4 スラヴォイ·ジジェク, 앞의 책, p.23.

5 デヴィッド·グレーバー,『官僚制のユートピア: テクノロジー, 構造的愚かさ, リベラリズムの鉄則』酒井隆史訳, 以文社 2017, p. 217-218. (한국어판: 데이비드 그레이버 지음, 김영배 옮김,『관료제 유토피아: 정부, 기업, 대학, 일상에 만연한 제도와 규제에 관하여』메디치미디어 2016, 226면.)

6 カール·マルクス, フリードリヒ·エンゲルス,『共産党宣言』森田成也訳, 光文社古典新訳文庫 2020, p.62-63. (한국어판: 카를 마르크스·프리드리히 엥겔스 지음, 심철민 옮김,『공산당 선언』도서출판 b 2018, 16면.)

7 『資本論』第1巻, p.304. (한국어판: 카를 마르크스 지음, 강신준 옮김,『자본 I-1』길 2008, 265~266면.)

8 Karl Marx, *Marx-Engels-Gesamtausgabe*, II. Abteilung Band 4.2, Berlin: Dietz Verlag 1993, p.752-753.『資本論』第3巻, p. 1421. 이 부분은 마르크스의 초고와 현행『자본』의 문장이 다르기에 초고를 참고하여 번역문을 수정했다. 옮긴이 주—이 부분은 한국어판을 인용하지 않고, 저자가 수정한 번역문을 한국어로 옮겼다.

9 『資本論』第1巻, p.868. (한국어판:『자본 I-1』앞의 책, 673면.)

10 斎藤幸平, 앞의 책, 第5章.

11 『全集』第32巻, p.45. 옮긴이 주—1868년 3월 4일 마르크스가 엥겔스에게 보낸 편지다.

12 다음 문헌에서 관련 내용을 찾아볼 수 있다. Suniti Kumar Ghosh, "Marx on India," *Monthly Review* 35, no. 8, 1984: p.39-53.

13 『資本論』第1巻, p.10, 강조는 이 책의 저자가 한 것이다. (한국어판:『자본 I-1』, 앞의 책, 45면.)

14 エドワード·サイード,『オリエンタリズム(上·下)』今沢紀子訳, 平凡社ライブラリー 1993, 上 p.351-353, 강조는 이 책의 저자가 한 것이다. (한국어판: 에드워드 W. 사이드 지음, 박홍규 옮김,『오리엔탈리즘』교보문고 2015, 271~272면)

15 『全集』第9巻, p.127. (한국어판: 김태호 옮김,「영국의 인도 지배」, 칼 맑스·프리드리히 엥겔스 지음, 박종철출판사 편집부 엮음,『칼 맑스 프리드리히 엥겔스 저작선집 2』박종철출판사 1997, 417면.)

16 『全集』第9巻, p.213. (김태호 옮김,「영국의 인도 지배의 장래의 결과」『칼 맑스 프리드리히 엥겔스 저작선집 2』419면.)

17 『資本論草稿集』第6巻, p.160-161. 이런 발언은 전체주의를 긍정하는 것으로도 읽힌다.

18 『全集』第19巻, p.392.

19 『全集』第4巻, p.593. (『공산당 선언』앞의 책, 108면.)

20   ケヴィン・B・アンダーソン、『周縁のマルクス: ナショナリズム、エスニシティおよ び非西洋社会について』平子友長監訳, 社会評論社 2015, p.349. (한국어판: 케빈 앤더슨 지음, 정구현·정성진 옮김, 『마르크스의 주변부 연구: 민족주의, 종족, 비서 구사회』한울아카데미 2020, 452면)

21   예컨대 다음 같은 책들이 있었다. 和田春樹,『マルクス・エンゲルスと革命ロシア』 勁草書房 1975; Teodor Shanin (ed.), *Late Marx and the Russian Road: Marx and 'the peripheries of capitalism,'* New York: Monthly Review Press 1983.

22   Georg Ludwig von Maurer, *Geschichte der Dorfverfassung in Deutschland*, Erlangen: Ferdinand Enke 1865, p.313.

23   『全集』第32巻, p.43. 옮긴이 주―1868년 3월 25일 마르크스가 엥겔스에게 보낸 편지다.

24   『全集』第32巻, p.44. 옮긴이 주―앞의 편지와 동일하다.

25   『資本論』第3巻, p.1454. (한국어판: 강신준 옮김, 『자본 III-2』1109면.)

26   『全集』第19巻, p.389.

27   『全集』第19巻, p.238.

28   MEGA I/25. S. p.220.『全集』第19巻, p.393.

29   『全集』第19巻, p.21. (한국어판: 이수흔 옮김, 「독일 노동자당 강령에 대한 평주」 『칼 맑스 프리드리히 엥겔스 저작선집 4』377면.)

30   예컨대 다음 책이 생산력 지상주의로 해석했다. G. A. Cohen, *Self-Ownership, Freedom, and Equality*, Cambridge: Cambridge University Press 1995, p.10.

31   『資本論』第3巻, p.1420, 강조는 이 책의 저자가 한 것이다. (한국어판:『자본 III-2』 앞의 책, 1082면.)

32   『全集』第19巻, p.393.

33   『全集』第19巻, p.21, 강조는 이 책의 저자가 한 것이다. (한국어판: 이수흔 옮 김, 「독일 노동자당 강령에 대한 평주」『칼 맑스 프리드리히 엥겔스 저작선집 4』 377면.) 이와 관련한 내용은 사사키 류지의 도움을 받은 것이다. 앞으로 이 시기의 노트를 정밀하게 조사해서 주장을 뒷받침해야 할 것이다.

제5장

1   Aaron Bastani, *Fully Automated Luxury Communism: A Manifesto*, London: Verso 2019, p.38. (한국어판: 아론 바스타니 지음, 김민수·윤종은 옮김, 『완전히 자 동화된 화려한 공산주의: 21세기 공산주의 선언』황소걸음 2020, 23면.)

2   Bruno Latour, "Love Your Monsters: Why We Must Care for Our Technologies as We Do Our Children," *Breakthrough Journal* no. 2, 2011: p.19-26.

3   Nick Srnicek and Alex Williams, *Inventing the Future: Postcapitalism and a World Without Work*, London: Verso 2015, p.15.

4 Aaron Bastani, 앞의 책, p.195. (한국어판: 아론 바스타니, 앞의 책, 268면.)

5 '정치주의'에 대해서는 앞의 책 『미래를 향한 대분기(未来への大分岐)』의 제1부 제2장을 참조하길 바란다.

6 시민의회의 동향에 대해서는 다음 글을 참조했다. 三上直之,「気候変動と民主主義: 欧州で広がる気候市民会議」『世界』 2020年 6月号.

7 롭 홉킨스(Rob Hopkins)는 다음처럼 신랄하게 비판했다. "서양 사회에서 살아가는 우리는 실천적인 기능이라는 관점에서 보면 지금껏 지구에서 살아온 인류 중 가장 무능력한 세대라고 해도 지나치지 않습니다."『トランジション・ハンドブック: 地域レジリエンスで脱石油社会へ』城川桂子訳, 第三書館 2013, p.154. (원서: Rob Hopkins, *The Transition Handbook: From Oil Dependency to Local Resilience*, Cambridge: Green Books 2008.) 이런 무능력함은 이반 일리치(Ivan Illich)의 말을 빌리면 '근본적 독점'이라 할 수 있다.『エネルギーと公正』大久保直幹訳, 晶文社 1979, p.45. (한국어판: 신수열 옮김,『행복은 자전거를 타고 온다: 에너지와 공정성에 대하여』사월의책 2018, 68면.)

8 ハリー・ブレイヴァマン,『労働と独占資本: 20世紀における労働の衰退』富沢賢治訳, 岩波書店 1978, p.128. (원서: Harry Braverman, *Labor and Monopoly Capital: The Degradation of Work in the Twentieth Century*, New York: Monthly Review Press 1974.)

9 『資本論』第3巻, p.1435. (한국어판:『자본 Ⅲ-2』앞의 책, 1095면.)

10 André Gorz, *Écologica*, Paris: Galilée 2008, p.48. (앙드레 고르 지음, 임희근·정혜용 옮김,『에콜로지카: 정치적 생태주의, 붕괴 직전에 이른 자본주의의 출구를 찾아서』생각의나무 2008, 51면.)

11 같은 책, p.16. (한국어판: 같은 책, 13면.)

12 「『裕福26人の資産』=『38億人分』なお広がる格差」,『朝日新聞』デジタル版, 2019.1.22: https://www.asahi.com/articles/ASM1Q3PGGM1QUHBI00G.html (last access on 2020.5.15)

제6장

1 물론 그들이 느닷없이 근면한 노동자가 되었던 것은 아니다. 처음에는 부랑자, 거지, 산적이 되어 도시의 치안을 위협했다. 이때도 국가의 폭력으로 그들이 시간을 준수하고 성실하게 일하는 노동자가 되도록 규율 훈련을 시켜야 했다.

2 Andreas Malm, *Fossil Capital: The Rise of Steam Power and the Roots of Global Warming*, London: Verso 2016.

3 이 역설에 다시 주목한 이가 '정상형 경제'를 제창한 것으로 유명한 미국의 환경경제학자 허먼 데일리다. Herman E. Daly, "The Return of Lauderdale's Paradox," *Ecological Economics* 25, no. 1, 1998: p.21-23.

4　James Maitland, Earl of Lauderdale, *An Inquiry into the Nature and Origin of Public Wealth: and into the Means and Causes of its Increase*, Edinburgh: Archibald Constable and Co. 1819, p.58, 강조는 이 책의 저자가 한 것이다.

5　같은 책, p.53-55.

6　Stefano B. Longo, Rebecca Clausen, and Brett Clark, *The Tragedy of the Commodity: Oceans, Fisheries, and Aquaculture*, New Brunswick: Rutgers University Press 2015. 불특정 다수가 커먼즈를 이용하면 나만 살기 위한 약탈이 시작되어 최종적으로 자원이 고갈된다고 하는 '커먼즈의 비극'은 애초부터 잘못된 발상이다. 오히려 경제학자 엘리너 오스트롬(Elinor Ostrom)이 노벨상을 수상한 연구로 밝혀냈듯이 지속 가능한 생산을 이뤄낸 사례가 세계 도처에 존재한다. Elinor Ostrom, *Governing the Commons: The Evolution of Institutions for Collective Action*, Cambridge: Cambridge University Press 2015. (한국어판: 윤홍근 옮김, 『공유의 비극을 넘어: 공유자원관리를 위한 제도의 진화』 랜덤하우스코리아 2010.)

7　デヴィッド・ハーヴェイ, 『ニュー・インペリアリズム』本橋哲也訳, 青木書店 2005, p.146. (원서: David Harvey, *The New Imperialism*, Oxford: Oxford University Press 2003.)

8　「米富裕層の資産, コロナ禍の3カ月で62兆円増える」: https://www.cnn.co.jp/business/35154855.html (last access on 2020.6.22.) 옮긴이 주—CNN을 참조한 한국 기사는 다음과 같다.「美 억만장자 재산, 코로나 사태 후 석 달 새 680조 원 증가」『조선비즈』 2020.6.8.

9　이 모순은 최근 들어 '부의 역설'로 논의되고 있으며, 로더데일도 참조되고 있다. John Bellamy Foster and Brett Clark, *The Robbery of Nature: Capitalism and the Ecological Rift*, New York: Monthly Review Press 2020, p.158.

10　ジェイムス・スーズマン, 『「本当の豊かさ」はブッシュマンが知っている』佐々木知子訳, NHK出版 2019. (원서: James Suzman, *Affluence without Abundance: The Disappearing World of the Bushmen*, New York : Bloomsbury 2017.) 이와 더불어 데이비드 그레이버가 소개한 마셜 살린스의 '사모아 제도 사람에게 한 선교사의 설교에 대한 농담'도 꼭 읽어보길 바란다. デヴィッド・グレーバー, 『負債論: 貨幣と暴力の5000年』酒井隆史監訳, 以文社 2016, p.589. (한국어판: 데이비드 그레이버 지음, 정명진 옮김, 『부채, 첫 5,000년의 역사: 인류학자가 고쳐 쓴 경제의 역사』 부글북스 2021.)

11　노예제와 임금 노동의 관계는 다음 책의 4장에 자세히 쓰여 있다. 植村邦彦, 『隠された奴隷制』集英社新書 2019.

12　『資本論草稿集』第1巻, p.354.

13　ナオミ・クライン, 『新版 ブランドなんか, いらない』松島聖子訳, 大月書店 2009. (한국어판: 나오미 클라인 지음, 이은진 옮김, 『슈퍼 브랜드의 불편한 진실: 세상을 지배하는 브랜드 뒤편에는 무엇이 존재하는가』 살림Biz 2010.)

14　John Bellamy Foster and Brett Clark, 앞의 책, p.253. 광고가 소비에 비치는 영

향에 대해서는 다음 글을 참고했다. Robert J. Brulle and Lindsay E. Young, "Advertising, Individual Consumption Levels, and the Natural Environment, 1900-2000," *Sociological Inquiry* vol. 77, no. 4, 2007: p.522-542.

15 和田武, 豊田陽介, 田浦健朗, 伊東真吾編著,『市民・地域共同発電所のつくり方: みんなが主役の自然エネルギー普及』かもがわ出版 2014, p.12-18.

16 『全集』第16巻, p.194. (한국어판: 김태호 옮김, 「임시 중앙 평의회 대의원들을 위한 개별 문제들에 대한 지시들」『칼 맑스 프리드리히 엥겔스 저작선집 3』137면.)

17 『全集』第17巻, p.320. (한국어판: 안효상 옮김, 「프랑스에서의 내전, 국제노동자협회 총평의회의 담화문」『칼 맑스 프리드리히 엥겔스 저작선집 4』68면.)

18 다음 책에서 옮긴이 오타니 데이노스케의 주석을 참고했다. ヨハン・モスト原著, カール・マルクス加筆・改訂,『マルクス自身の手による資本論入門』大谷禎之介訳, 大月書店 2009, p.165.

19 *Alternative Models of Ownership*: https://labour.org.uk/wp-content/uploads/2017/10/Alternative-Models-of-Ownership.pdf (last access on 2020.5.15)

20 Jason Hickel, "Degrowth: a theory of radical abundance," *Real-World Economics Review*, no. 87, 2019: p.54-68.

21 『資本論』第3巻, p.1434-1435. (한국어판: 『자본 Ⅲ-2』 앞의 책, 1095면, '[]'는 한국어판 옮긴이가 보충한 것이다.)

22 그야말로 프랑스의 생태사회주의자 코르넬리우스 카스토리아디스가 말한 대로 "사회 자치의 문제는 '또한' 사회의 '자기'='규제'의 문제"인 것이다. C・カストリアディス, D・コーン・ベンディット, ルーヴァン・ラ・ヌーヴの聴衆,『エコロジーから自治へ』江口幹訳, 緑風出版 1983, p.40. (원서: Cornelius Castoriadis, Daniel Cohn-Bendit and public de Louvain-la-Neuve, *De l'écologie à l'autonomie*, Paris: Seuil 1981.)

23 Giorgos Kallis, *Limits: Why Malthus Was Wrong and Why Environmentalists Should Care*, Stanford: Stanford University Press 2019.

제7장

1 "The Boogaloo: Extremists' New Slang Term for A Coming Civil War," *ADL*: https://www.adl.org/blog/the-boogaloo-extremists-new-slang-term-for-a-coming-civil-war (last access on 2020.7.28)

2 マイク・デイヴィス, 「疫病の年に」マニュエル・ヤン訳, 『世界』2020年 5月号, p.38.

3 スラヴォイ・ジジェク, 앞의 책, p.67-68.

4 Thomas Piketty, *Capital et Idéologie*, Paris: Seuil 2019, p.1112. (한국어판: 토마 피케티 지음, 안준범 옮김, 『자본과 이데올로기』 문학동네 2020, 1022면.)

5   같은 책, p.60. (한국어판: 같은 책, 60면.)

6   이를테면 '자치'(autogestion)는 카스토리아디스에게 핵심 단어였다. コルネリウス・カストリアディス, 『社会主義の再生は可能か: マルクス主義と革命理論』江口幹訳, 三一書房 1987, p.224. (원서: Cornelius Castoriadis, *L'Institution imaginaire de la société*, Paris: Seuil 1975.)

7   Samuel Alexander and Brendan Gleeson, 앞의 책, p.179.

8   木村つぐみ, 「コペンハーゲン市に『公共』の果樹 街全体を都市果樹園に」: https://ideasforgood.jp/2020/01/18/copenhagen-public-fruit/ (last access on 2020.5.15)

9   이와 같은 문제의식이 있었기에 코로나로 인한 봉쇄가 해제된 뒤 유럽 각국에서는 자동차 통행을 금지하면서 자전거 도로를 큰 폭으로 확장하는 움직임이 나타나고 있다. 그중에서도 적극적인 곳이 이탈리아의 밀라노다. 이런 경향은 코로나를 계기로 외려 자가용 이동이 늘어난 일본 같은 나라들과 대조적이다. 이 사례에서도 알 수 있듯 위기에 대비하여 평소부터 준비해두는 것이 중요하다.

10 Rob Hopkins, *From What is to What If: Unleashing the Power of Imagination to Create the Future We Want*, White River Junction: Chelsea Green Publishing Company 2019, p.126.

11 フレドリック・ジェイムソンほか著, スラヴォイ・ジジェク編, 『アメリカのユートピア: 二重権力と国民皆兵制』田尻芳樹ほか訳, 書肆心水 2018, p.13. (원서: Fredric Jameson et al., Slavoj Žižek (ed.), *An American utopia: Dual Power and the Universal Army*, London and New York: Verso 2016.)

12 マニュエル・カステル, 『都市とグラスルーツ: 都市社会運動の比較文化理論』石川淳志監訳, 法政大学出版局 1997, p.517. (원서: Manuel Castells, *The City and the Grassroots: A Cross-Cultural Theory of Urban Social Movements*, Berkeley: University of California Press 1983.) 참고로 『미래를 향한 대분기』에서 '정치주의'를 비판했다는 이유로 필자가 정치 그 자체를 경시한다고 오해하기도 하는데, 그렇지 않다. 핵심은 사회운동이 없으면 정당도 제 기능을 못 한다는 것이다. 카스텔도 본문에서 인용한 문장 다음에 비슷한 내용을 적었다. "정당 없이는, 또한 개방적 정치 시스템 없이는 사회운동으로 만들어진 새로운 가치들, 요구들, 욕구들이 쇠퇴할(언제나 어떻게도 그렇게 된다) 뿐 아니라 사회 개혁과 제도 변혁을 창출하기 위한 등불까지도 꺼질 것이다."

13 다음 책에 수록된 카를에리히 폴그라프(Carl-Erich Vollgraf)의 논문에 그런 의견이 담겨 있다. 岩佐茂・佐々木隆治編著, 『マルクスとエコロジー: 資本主義批判としての物質代謝』堀之内出版 2016, p.276.

14 당연한 말이지만 실업률이 높아지면 안 되기에 일자리 나누기가 필요하다. 또한 그저 단순히 일자리만 나누면 임금이 줄어들 테니, '임금 인상을 동반하는 일자리 나누기'가 목표 달성의 열쇠가 될 것이다.

15 水野和夫, 『閉じてゆく帝国と逆説の21世紀経済』集英社新書 2017, p.223-225.

16   Peter A. Victor, 앞의 책, p.127-128.

17   『資本論草稿集』第2巻, p.340

18   『全集』第19巻, p.21. (한국어판: 이수흔 옮김,「독일 노동자당 강령에 대한 평주」
      『칼 맑스 프리드리히 엥겔스 저작선집 4』 377면.)

19   David Graeber, "Against Economics," *The New York Review of Books*,
      December 2019: https://www.nybooks.com/articles/2019/12/05/against-
      economics/ (last access on 2020.5.22)

20   今野晴貴,『ストライキ 2.0: ブラック企業と闘う武器』集英社新書 2020, p.68-71.

21   Naomi Klein, *On Fire: The (Burning) Case for a Green New Deal*, New York:
      Simon & Schuster 2019, p.251. (한국어판: 나오미 클라인 지음, 이순희 옮김,『미
      래가 불타고 있다: 기후 재앙 대 그린 뉴딜』열린책들 2021, 342면.)

제8장

1   *This is not a Drill: Climate Emergency Declaration*, p.19.: https://www.
      barcelona.cat/emergenciaclimatica/sites/default/files/2020-01/Climate_
      Emergency_Declaration.pdf (last access on 2020.5.22)

2   廣田裕之,「カタルーニャ州における連帯経済の現況: バルセロナ市を中心とし
      て」, 集広舎ホームページ: https://shukousha.com/column/hirota/4630/ (last
      access on 2020.7.28)

3   *Climate Emergency Declaration*, 앞의 글, p.5.

4   岸本聡子,『水道, 再び公営化!: 欧州・水の闘いから日本が学ぶこと』集英社新書
      2020, 第7章. 이 책을 참고한 것을 비롯해 기시모토 사토코(岸本聡子)는 지방자치
      주의에 대해서 쓰는 데 많은 도움을 주었다. 그 사실을 밝히며 감사를 전한다.

5   *7 Steps to Build a Democratic Economy: The Future is Public Conference
      Report*, p.7.: https://www.tni.org/files/publication-downloads/tni_7_steps_to_
      build_a_democratic_economy_online.pdf (last access on 2020.5.22)

6   Andrew Bennie, "Locking in Commercial Farming: Challenges for Food
      Sovereignty and the Solidarity Economy," in Vishwas Satgar (ed.), *Co-
      Operatives in South Africa: Advancing Solidarity Economy Pathways from
      Below*, Pietermaritzburg: University of KwaZulu-Natal Press 2019, p.216.

7   SAFSC homepage: https://www.safsc.org.za/ (last access on 2020.5.22)

8   『全集』第32巻, p.336. 옮긴이 주―1869년 12월 10일 마르크스가 엥겔스에게 보낸
      편지다.

9   「国際農民組織ビア・カンペシーナとは？」『しんぶん赤旗』2008.7.17: http://
      www.jcp.or.jp/akahata/aik07/2008-07-17/ftp20080717faq12_01_0.html (last
      access on 2020.5.22)

마치며

1   Erica Chenoweth and Maria J. Stephan, *Why Civil Resistance Works: The Strategic Logic of Nonviolent Conflict*, New York: Columbia University Press 2012. (한국어판: 에리카 체노웨스·마리아 J. 스티븐 지음, 강미경 옮김, 『비폭력 시민운동은 왜 성공을 거두나?』 두레 2019.) 다음 기사에도 잘 정리되어 있다. David Robson, "The '3.5% rule': How a small minority can change the world," *BBC*: https://www.bbc.com/future/article/20190513-it-only-takes-35-of-people-to-change-the-world (last access on 2020.5.24.) 체노웨스의 연구는 영국의 환경운동 '멸종 저항'에 직접적인 영향을 미쳤다.

이 책은 일본학술진흥회의 과학연구비를 지원받은 연구 '환경 위기 시대에 있어 탈성장과 그린 뉴딜의 비판적 통합'(20K13466) 및 한국연구재단의 지원을 받은 연구(NRF-2018S1A3A2075204)의 성과로 간행된 것이다.

지속 불가능 자본주의

기후 위기 시대의 자본론

초판 1쇄 발행 2021년 10월 19일
초판 9쇄 발행 2024년 5월 29일

지은이 사이토 고헤이
옮긴이 김영현
펴낸이 김효근
책임편집 김남희
도판작성 MOTHER
펴낸곳 다다서재
등록 제2023-000115호(2019년 4월 29일)
전화 031-923-7414
팩스 031-919-7414
메일 book@dadalibro.com
인스타그램 @dada_libro

한국어판 ⓒ 다다서재 2021
ISBN 979-11-91716-03-0 03300